岩倉使節団の群像

日本近代化のパイオニア

米欧亜回覧の会
泉　三郎
［編］

ミネルヴァ書房

まえがき

日本列島の二〇〇〇年に及ぶ歴史を俯瞰してみれば、二つの大きな転換期があったと言えましょう。第一は七世紀、大中国文明に遭遇し、その文明を取り入れて日本国としての基礎をつくり上げていく時期です。その結果、奈良時代には律令国家をつくり、平安時代には華麗な貴族文化を築き上げ、鎌倉時代から江戸時代にかけては武家政治の下に独特の日本文明を熟成させてきました。その契機になったのが、六三〇年を第一回とし以後一六回にわたった遣唐使だったと思います。

第二の転換期は、言うまでもなく「黒船」に象徴される江戸末期における大西洋文明との遭遇でした。それは一八六〇年の遣米使節以来八回におよぶ米欧使節団の派遣となり、その代表的な集大成とも言うべきものが明治政府派遣の岩倉使節団だった、と解釈していいでしょう。

欧米から見れば当時の日本は、エキゾチックな極東の小国でしかありませんでした。しかし、その小さな島国の日本が、岩倉具視、木戸孝允、大久保利通というトップリーダーをはじめ、次世代を担う若き伊藤博文を含む一〇〇人もの団体を組織して「米欧文明」の探索に出かけたのです。それは欧米諸国の人々にとっても大きな驚きであり、わが国の歴史にとっても画期的な事象となりました。

本書は、その岩倉使節団の「知られざる群像」とその後の日本近代化一五〇年における今日的意義を論じるものです。それは岩倉使節団の研究会とも言うべき「米欧亜回覧の会」(Iwakura Mission Society)が設立二〇周年を記念して催したグランドシンポジウム「岩倉使節団の世界史的意義と地球時代の日本の未来像」を素材に再構成したものです。

岩倉使節団の最重要目的は「新しい国のかたち」をどう定め、どのように具体的な方針を確定するかの探索でした。それは「廃藩置県」という歴史的大改革断行のわずか四カ月後のことであり、その高い志と高揚した気分は、次に掲げる太政大臣三条実美の歓送の辞によく表れています。

今ヤ大政維新　海外各国ト並立ヲ圖《はか》ルノ時に方《あた》リ
使命ヲ絶域萬里ニ奉ス
外交内治前途ノ大業其成其否、實ニ此挙ニ在リ　豈《あに》大任ニアラスヤ
大使天然ノ英資ヲ抱キ中興ノ元勲タリ
所属諸卿皆国家ノ柱石　而《しこうして》所率《ひきいるところ》ノ官員亦是一時ノ俊秀
各欽旨《きんし》ヲ奉シ　同心協力以テ其職ヲ盡ス　我其必ス奏功ノ遠カラザルヲ知ル
行ケヤ海ニ火輪ヲ轉《てん》シ　陸ニ瀛車ヲ輾《めぐ》ラシ
萬里馳驅《ちく》　英名ヲ四方ニ宣揚シ　無恙《つつがなき》帰朝ヲ祈ル

格調高き名文です。旅立つ者も見送る者も、使命感に溢れて武者震いするような心境であったであり

ましょう。結果、この使節団は、当初予定の一〇カ月半を大幅に越えて一年九カ月を要することになり、米欧一二カ国、一二〇の都市や村を回覧して、政治・行政、経済・産業、宗教・教育、運輸・通信、都市インフラから地方の田園地帯まで見聞考究し、西洋文明の原理原則まで洞察する大いなる旅となりました。また、マルセーユからの帰途では中東・アジアにおける西洋列強の植民地の現状を見聞することになり、弱肉強食の現実世界を目の当たりに見ることにもなったのです。

帰国後は内地優先か外地優先かで留守政府と大衝突を起こし、西郷隆盛以下参議多数が辞職するという大波乱を招きました。いわゆる「明治六年の政変」です。しかし、これを機に大久保利通は次世代の最有力者と目される伊藤博文や旧幕臣の代表ともいうべき勝海舟をも取り込んで強力な新政権を誕生させ、米欧回覧の知見を充分に生かして日本近代化路線を確定していくのです。

本書の第I部では、使節団の中でもあまり知られていなかった団員や留学生も含めて、使節団の概要を伝えることをねらいとしました。第II部では、明治維新後一五〇年を経て幾多の失敗も重ねながら西洋近代化を成し遂げた日本が、その近代文明の矛盾に直面して迷走する今日、いかにその壁を乗り越えていけるかの課題について論じることにしました。

今や地球は、科学技術の驚異的進歩と産業経済の著しい発展によって一つになり、運命共同体となりました。その中で日本は、大中国文明と大西洋文明を二つながら摂取消化し、そのうえ日本古来の伝統を保持する世界でもきわめてユニークな文明として存在しています。

顧みれば、現代文明は人類に大いなる恩恵を与えましたが、一方で深刻なる課題を投げかけています。

その顕著な例が、核兵器やミサイルによる壊滅的な戦争の恐怖であり、世界各地で大災害を惹起している異常気象であり、グローバルに拡がる富の偏在格差による貧困層の増加です。この全人類的な未曾有の危機にいかに対処するか、真剣に考えなくてはならない時機に来ていると思います。

岩倉使節団の公式記録とも言うべき『米欧回覧実記《べいおうかいらんじっき》』（全五巻）を書いた久米邦武は、その中でこう述べています。「日本は〝道義国家〟であり、米欧諸国は利益優先の〝町人国家〟である」と。そして議会政治も一見理想のようにも見えるが、実は「衆愚」と「利権」に堕する怖れがあると見抜いています。徳川の平和と徳治の環境に育ったサムライたちの価値観はそこにあったといえましょう。「利か、義か」、どちらを優先するか、義を重んずる日本人であればこそ、米欧人も誇り高きサムライたちの凛とした姿に敬意を表したのだと思います。

近代の特徴とも言うべき科学技術や産業経済は本来手段であり道具であります。ところが今日、それが主人面して人間がその召使いになっていないか、手段が目的になってしまい主従が逆転しているのではないか。いまや唯一の価値基準であるかのようになった「ＧＤＰ信仰」はまさにその象徴であると思います。

平成日本は、三〇年間ずっと低迷を続けました。それは近代を超える思想や哲学が確立されておらず、この先の理念やそのヴィジョンが描けないからではないでしょうか。では、それをどこに求めればよいのか、「迷ったら原点に還れ」と言います。今こそ私たちは、近代化の源流に遡って、真に目指すべきものに思いを致すべきであろうと思います。

「文明とは何か、近代化とは何か」、そもそも明治創業世代はどう考えたのでしょうか。福沢諭吉は「衣食を豊かにし、人品を高尚にする」ことだといい、久米邦武は「民が生業に励み、自主を享受し、交際に礼があり信頼がある」ことだと言いました。西郷隆盛は「文明とは道の普く行われたるを賛称せる言にして、宮室の壮麗、衣服の美麗、外観の浮華をいうにはあらず」と言い、「敬天愛人」を唱導しました。

人類普遍の究極の目的は有史以来不変であり、「人がよく生きられること」であり、「安全に暮らせること」でありましょう。つまり「個人の幸福」と「世界の平和」こそが人類がひとしく求めることなのです。では、現今の地球時代に必要なことは何か。一つには傲慢になった人間が謙虚さを取り戻し足るを知ることであり、もう一つはそれらを保障する社会、グローバルにはナショナリズムを超える新しい地球システムを創り出すことではないでしょうか。

かつて横井小楠は言いました。「堯舜孔子の道を明らかにし、西洋器械の術を尽さば、何ぞ富国にとどまらん、何ぞ強国にとどまらん、大義を四海に布かんのみ」と。我々日本人は、果敢にあの明治維新をやり遂げたように、グローバルな大革新を先導する気概をもつべきではないかと思います。「歴史を学べば、未来がみえてくる」、それが本書を編む趣旨であります。

本シンポジウムは二〇一六年一二月二～四日の三日間、東京一橋の学術総合センターで行われました。開催にあたっては、芳賀徹先生、五百旗頭真先生、保阪正康先生に特別顧問になっていただき、格別のご協力をいただきました。また、講師の諸先生方には貴重なご講演やパネルでのご発言をいただきました。心より厚く御礼を申し上げます。

また、シンポジウムの開催については公益財団法人東芝国際交流財団と一般社団法人東京倶楽部より資金援助を、本書の出版に関してはミネルヴァ書房のご協力と公益財団法人渋沢栄一記念財団より助成金をいただきました。まことに有難く深謝いたします。また編集作業は、ミネルヴァ書房編集部の田引勝二氏に多大のご尽力によるものであり、心より厚く御礼を申し上げます。

なお本書の内容については、第一日目のテーマ「岩倉使節団の群像」を軸に、第三日目のテーマ「日本の未来像を求めて」の主要部分を併せて構成し編集しました（読みやすくなるよう講演部分は「である調」に修正しました）。第二日目のテーマ「日本近代一五〇年を考える」他は、別に全体の報告書を作成し掲載しますのでご理解をいただきたく思います。

最後に、本書は二年余をかけてシンポジウムを準備開催してきた会員との共同作業の成果であり、またその後二年近くかかった加筆訂正や編集作業によって仕上げられたものであることを書き添えたいと思います。主たるメンバーを挙げれば、塚本弘、岩崎洋三、小野博正、山田哲司、半澤健市、近藤義彦、畠山朔男、吉原重和、植木園子、小松優香の各氏です。記して深く感謝の意を表したいと思います。

二〇一八年一一月二九日

米欧亜回覧の会　代表・編集責任者　泉　三郎

岩倉使節団の群像——日本近代化のパイオニア　目次

目　次

世界的視野で国の方向を定めた
急進から漸進へ、英国式君主国から独逸式帝王国へ

第6章　金子堅太郎——日本文明の伝播者・広報外交の先駆者……吹田尚一…78

第Ⅰ部　岩倉使節団の群像

第1章　岩倉使節団は徳川文明の凱旋門である

芳賀　徹

1　空前絶後の使節団と報告書

エンサイクロペディア的見聞録

最初に述べたいのは、岩倉使節団が明治四年に派遣されて明治六年まで一年九カ月間、アメリカとヨーロッパを徹底して調査して回ってきたこと、そして四年ほどかけて報告書である『特命全権大使米《べい》欧回覧実記《おうかいらんじっき》』（以下、『実記』）全五巻がまとまったこと、この二つの驚くべき事業のことである。明治以降今日に至るまでこれほど徹底して積極的に文化史的使命を果たした外交使節団は他にないだろう。外国にもその例はめったにない。とにかく、ただ旅するだけではない、国民の代表として見聞するわけだから、国民に対してちゃんとした報告の義務があると自覚し、初めからそのための書記官として久米邦武《くめくにたけ》という幕末佐賀の秀才の一人を岩倉大使は常時身辺に置いて世界見聞の一切を見事な報告書に書かせた。こんなことはほかにない。まさに空前にして絶後とはこのことである。

それは岩倉具視が初めから考えていたことだった。フルベッキというオランダ系アメリカ人の宣教師がそういうアドバイスをしたことがあるようだが、それも参考にしながらきちんと実行したというのはいまから見ても感服すべきことである。維新革命がだいたい収まって、いやまだ収まってはいない、収まりかけている明治四年、廃藩置県をやったその年の年末から始めてこういう知的大冒険を完遂したというのは、それだけでも我々子孫に突きつけられる凄いインパクトである。

ただ、この報告書は『実記』とあるだけに日々の米欧文明の見聞日記の形をとっていて、外交関係の面倒な交渉のことなどは書いていない。国民に直接は関係ないから外した。外交史の研究者は肝心な条約改正交渉の記事など載っていないからこの書の研究をしなかった。また国文学者たちは、この作品を文学じゃないと思って無視した。文学というのは島崎藤村だ、北村透谷だ、あるいは坪内逍遙だ、詩歌とか戯曲とか小説とか、そういうのが文学であって、こんなのはただの報告書にすぎない、というのでこの本をまったく振り返りもしなかった。それから外国文学の研究者たち、彼らは自分が専門にしている分野だけに関心があって視野が狭い。この人たちは文明全体を見ることをしない。だから一九世紀西洋文明の全体像を捉えるエンサイクロペディア的な『実記』を手にしても、その良さが分からない。ここには西洋文明の本質を衝くような洞察があちこちに盛られているにもかかわらず、それに気づかない。フランスとかイギリスとかの記述についても、国の上っ面を見てきた記録にすぎないと思ってしまっていた。

読むと「元気が出る」格調高き名文

そんな時、我々は比較文学・比較文化史といった視点から研究をやり出した。そんな我々にはこれが宝物に見えた。まだ土の中に埋もれたままの宝物だったから、これを初めて読み進めていった時は、本当に欣喜雀躍した。こんな面白い分野がまだあったのか、と驚いた。国文学からも歴史学からも外国文学研究からも手がつけられずに、一〇〇年近くずっと放ったらかしにされていたのだ。ところが読んでいくと、こんなに面白い文学はほかにない。福沢諭吉に匹敵する、坪内逍遙よりもっと面白い。北村透谷なんて、あんな陰鬱な詩人より遥かに我々の心身の健康にいい。本当に宝物であった。

この岩倉使節団は、明治四年の一一月一二日（西暦では一八七一年一二月二三日）、横浜の港から出発した。その数日前、時の太政大臣である三条《さんじょう》実美《さねとみ》が送別会を催してくれた。その時に述べた「送別の辞」というのが、また実に壮麗な名文である。今、私たちが読んでも胸が高鳴るような、急に元気が出てくるような文章である。私は昨日、一日具合が悪くて寝ていたのだが、この文章を読んだらにわかに元気が甦ってきた。これは歴史的な名文である。当時のエリート、公家でもサムライでも、久米もそうだが、彼らにはこういう文章を書ける素質があり、教養があった。まずはそれを言いたい。

つまり、それは「岩倉使節団」派遣の背後に、徳川日本以来の西洋研究の蓄積があったということである。非常に長い豊かな、中国にも朝鮮半島にもまだなかったような、西洋研究がすでに二〇〇年ほど続けられて蓄積されていた。その蓄積を背後にして、それを自分たちの力としてこの岩倉使節団は出発した。そのことはいくら強調しても足りないぐらいだろう。

2　後ろ姿から見る岩倉使節団

徳川日本の西洋研究

我々は今、二一世紀の初めにいるが、平成日本から振り返ってみる岩倉使節団ではなくて、私はむしろ逆に徳川日本から、つまり江戸時代の日本から彼らを追っかけて、「後ろ姿から眺める岩倉使節団」という形で話したいと思っている。

その一つのアプローチが徳川日本に蓄積された西洋研究との深い繋がりである。これを抜きにして岩倉使節団はあり得ない。たとえこの報告書の中に新井白石が引いてなくても、福沢諭吉の『西洋事情』が引いてなくても、彼らの背後にはその蓄積がある。前野良沢、杉田玄白、大槻玄沢、高野長英、山村才助等々、多くの蘭学者たちが次々に広く深く模索してきた西洋研究があった。その蘭学研究は一八世紀から一九世紀にかけて、単に医学を中心とした学問ではなくなって、同時代の西洋列強がアジアに勢力を伸ばしてきているただ中で、日本はどんな危機にさらされているのか、そういう国際的政治関係のなかでの西洋事情の把握、つまり、洋学に広がっていった。これは近世日本のきわめて重要な歴史的な事実であったと思う。

その魁が新井白石の『西洋紀聞《せいようきぶん》』である。一七〇九年にジョヴァンニ・バッティスタ・シドッチというイタリアからやってきたイエズス会宣教師を相手にして白石が小石川のキリシタン屋敷で聞き取って記した『西洋紀聞』。これは、文学として読んでもおそらく日本最高の文章の一つだ。シドッチと直接に西洋の地理的な位置、キリスト教信仰の問題、さらに芸術文化全般にわたる問答をした。それを洞察と同情に富んだ文章で浮き彫りにして残した。読んでいくと、キリシタン屋敷の冬、正月が間もない頃の冬の日三日ほど、ローマから「鎖国」ただなかの日本にやってきた勇敢な修道士と、当時日本で最も学問が広く心がゆたかでしかも目の鋭かった、新井白石という当代日本一の知識人と、その東西の二人が対決したのだから、迫力がある。面白い。このような文化対決の実績がすでに背景にある。

それから、大黒屋光太夫という伊勢の白子の船頭さんだ。光太夫は漂流してカムチャツカ半島の先端のアリューシャン列島に辛うじて上陸し、そこからロシアへ渡りペテルブルグまで行ってエカテリーナ女王に拝謁して、やがて返されてきた。帰ってきたところを、杉田玄白や前野良沢らと共に『解体新書』を翻訳して出版したばかりの若い秀才である桂川甫周が面談し問答して、ロシアという国ではどんなものを食べているか、どんな服を着ているか、ロシアという国はどんなふうに広がっているか、冬はどれくらい寒いか、政治制度はどうなのか、裁判はどうなのか、経済はどうなのか、そういうことを全般にわたって書き留めて、『北槎聞略《ほくさぶんりゃく》』としてまとめた。北槎とは、北の方に筏で渡るような遠い島国のこと。光太夫という男自身が知力胆力ともに旺盛な人だったから、この報告書も本当に生き生きとしていて痛快だ。光太夫や甫周が書いた挿絵もたくさん入っていて、しかも色付きで、立派なロシア入門、ロシア文明入門書になっている。こういう文献を、徳川のインテリ武士たち、武士知識人たちは、ちゃんと知っていたはずだ。ましてこれから西洋に渡ろうという岩倉使節団のメンバーや優秀な留学生たちはそうだったろう。

それから、渡辺《わたなべ》崋山《かざん》の『鴃舌或問《げきぜつわくもん》』というのがある。鴃舌というのは、鴃《もず》がキキキキャキャと鳴く、あの声。あんな言葉をしゃべる異国人にある人が色々と質問をした、その記録との意味である。長崎のオランダ商館にいたニーマンという非常に学問好きな、お相撲さんぐらい大柄な商館長から、崋山が江戸で直接に対面して聞き書きした。これはさらにアクチュアルな同時代の、一八二〇～三〇年代のオランダを中心としたヨーロッパが、どんなふうにして学問の振興を図っているか、その学問の成果を国がどのように公益に、殖産興業に採用し使っているか、それから軍隊の制度はどうなっているか、ヨーロッパから見た日本像はどんなものか、しつっこく聞きとっている。

この系列を見ていると、白石から光太夫、崋山とたどるに従って、だんだん質問の仕方が現実的になっている。目の前の問題を聞くようになってくる。それから対日本だけではなくて、西洋はどのようにしてアフリカ、インドから南北アジアに進出して植民地化を図っているか、そうした非常に切迫した問題に迫っている。こういうものを読むだけでも、日本人が直接に西洋人に接した時、何を疑問に思い、何を問題にしてどういう答えを期待していたか、その対西洋の知的展開の歴史を知ることができる。これだけでも独立した研究になるだろう。

栗本鋤雲から福沢諭吉まで

幕末になると、一八六四年、ちょうど箱館に勤務していた栗本鋤雲《くりもとじょうん》、さっきから日本一の秀才とばかり言っているが、この人も抜群の秀才だった。非常にしっかりした学問があって、本草学にも漢籍にも詳しくて、外交の実務にも精通していた箱館奉行のお役人。新しく開かれたばかりの蝦夷地の役所でロシア側との接触もした。ちょうどそこに、フランスからメルメ・ド・カションという本当はイエズス会の坊さんでありながら日本語ができて通訳もやっていた変りもののインテリがやってきた。そのカションという坊さんを捕まえて、フランスを中心とした同時代の文化、芸術、政治制度、軍事の制度、そういうことを一つひとつ聞いた。そしてそれを記録する時、もう筆ではなくて鉛筆で書き記したというので『鉛筆記聞《えんぴつきぶん》』と題されている。これも切迫感があって、具体的で実に面白い。以上の四書を通して見るだけでも、一八世紀のごく初頭から一九世紀半ばにかけて日本に対する西洋の圧力が次第に強まってきて、日本側のその当時の最先端の知識人たちはそれに鋭敏に反応して、自らの西洋研究を進めたことが分かる。

その他にも、当時の知識人たちはいわゆる蘭学系統の書物を通しての西洋文明の研究、今我々が考えるように、ただ外科学とか眼科とかあるいは婦人科とか、そういうことだけではなくて、言語学や西洋画までふくむ多様な分野の勉強をした。狭い専門分野だけではない。たとえば杉田玄白はロシア問題についても非常に詳しかった。レザノフの艦隊が長崎にやってきた時、玄白は非常な危機感を持って、西洋に対して日本はこれからどういうふうに対決していかなければならないか、そのための西洋事情を知ろうというので色々情報を集めて、『野叟獨語《やそうどくご》』という本を書いている。彼もただのお医者さんではなかったのである。

それに何といっても福沢諭吉がいる。彼の場合は幕末のうちに三回も米欧を回っている。最初にアメリカ西海岸、それからヨーロッパ六カ国、そしてアメリカ東海岸、それに福沢は本当の学者だったから、当時の西洋の書物を、政治、経済、語学、地理、工学にわたってをたくさん買い込んで来て、蕃書調所に収め、それらを使いながら自分の実地体験をも込めて、『西洋事情』その他の本を書いた。このように新井白石から福沢諭吉まで、徳川日本には同時代の韓国にも中国にもまだなかったような、分厚い鋭い西洋研究の蓄積がすでにあったのである。

だから、岩倉使節団の人たちだって、いちいち書物の名前や学者たちの名前を挙げていなくても、それらのいずれかを読んで知っていたに違いない。そのあたりのこと、西洋に関する徳川期の知識、情報と使節団員との繋がり具合、そのことも今後ぜひ研究してもらいたいと思う。

3　徳川人こそが明治国家をつくった

幕臣系の多かった使節団員

そして注目すべきことは、この使節団のメンバーには意外にも旧幕臣系が多いことで、これも中国や韓国ではあり得なかったことである。昨日まで敵と味方だった連中が一緒に旅をする。同じ船、アメリカ丸に乗って太平洋を渡っていったわけで、まさに「呉越同舟」であった。薩長土肥出身者が上の方にいて、幕臣、佐幕派は書記官クラスにたくさんいて、全五〇名の団員のうち少くとも一四名は明らかに旧幕臣系である。この組み合わせも非常に微妙で面白い。

我々が歴史をやるならば、過去の方から改めてこの大事業を追っかけて調べてみてみたい。それで改めて気がつかなくてはならないのは、岩倉使節団に参加した約五〇名は、要するにその全員が徳川時代の日本に生まれて徳川の教育を受けて、幕府や諸藩の官僚として徳川行政の訓練を受けて新政府に加わった、という人たちだ。だから実は使節団全員がみな徳川人なのだ。

明治生まれの人間が明治維新をやったわけではない。明治維新をやったのはすべて徳川生まれの徳川育ちの武士たちであった。このことが非常に重大である。世界史的に見れば徳川日本の優秀なエリートたちが明治維新を起こしてこれを進め、その結論を出したということになる。

徳川が本当に終わって明治らしい明治が始まるのは、明治一〇年代後半になってからではないか。岩倉使節団が帰ってきて、その頃からたとえば学制という国民教育制度の基礎がつくられた。そういう新しい明治になってからの教育制度、その制度下で学んだ人たちが初めて明治日本をつくり出すということであって、明治一五年ぐらいまでは、あれは徳川日本による明治日本への助走であった。つまり徳川のマラソンの最後の部分であった、ということを言いたい。

要するに明治維新は徳川日本がやったことであり、明治人は誰一人いない。森鷗外にしても夏目漱石にしても正岡子規にしても黒田清輝《くろだせいき》にしても、みんな幕末ギリギリの生まれで、すべて明治新政府の新しい教育制度によって訓練されて欧米に行った。岡倉天心、新島襄《にいじまじょう》、内村鑑三たちもそうだ。アメリカに行き、ドイツ、フランスに行き、あるいはロシアに行って勉強してきた。二葉亭四迷もそうだ。そして新しい文明、明治の文化をつくることになる。だから明治一〇年代後半に入ってようやく日本は明治人による明治になっていったのである。

家康没後四〇〇年、「パクス・トクガワーナ」を再評価

私は現在、静岡県立美術館の館長を務めているが、二〇一六年九月から一一月初めまでの一月半ほど、「徳川の平和（パクス・トクガワーナ）」というかなり大規模な展覧会を催した。徳川家康が一六一六年に亡

くなってちょうど四〇〇年ということで、初めから終わりまで徳川の日本はいかに完璧な平和を作り上げて維持し、それを士農工商にわたって上下民衆は日本列島の隅々に至るまでいかに享受したか、そのなかからいかに優れた所産を今日の日本に残してくれたか、という趣旨の、徳川がもたらした平和とその文明の礼賛を目的とした展覧会だった。

徳川時代は暗黒だったという史観がある。農民・百姓というのはみんな地べたに這いつくばって空を仰いだこともなく、真っ黒になって働いては権力側に搾取されていたという暗黒史観。人民史観といいながら、人民の顔なんて一つも見えないような、真っ黒けの貧しい時代だったとし、鎖国でもあったし、日の光などまったく射さない国民生活。こういう見方が戦前からあって、戦後も長く支配していて、徳川日本を見下して、卑しめて、足蹴にして馬鹿にした左翼系の歴史観。これに対して真っ向から批判して、徳川の人民をこの暗黒史観の中から救済しよう、浄土に送ってあげよう、と思ったわけである。我々がこれまで犯してきた徳川の民衆に対する思い上がりの罪をここで償おうじゃないか、そういう趣旨の展覧会だった。

そこで問題になったのは、徳川展の最後に何を置こうか、ということだった。最初は、広重の『名勝江戸百景』が候補になった、あれを見ていると「あの江戸の楽しかった、良かった日々よ、さらば」という感じが、百何枚かの浮世絵の至る所に滲み出ている。あれを見ているだけで、江戸に対する我々のノスタルジアが強く湧き起こってくるような作品だ。あれを百何十枚ずらーっと並べるのもいいと思っていたが、今さら浮世絵でもあるまいし、と考え直した。

4　岩倉使節団は徳川日本の凱旋門

徳川日本の最後の凱旋門

やはりここは、徳川日本が明治日本に凱旋するという意味で、アルク・ド・トリオンフを最後に置こうと考えた。それでは徳川日本の最後の凱旋門は何になるかと考えたら、岩倉使節団以外にない。徳川文明の最も優秀な最先端の部分を吸収して、明治の日本を開いていくために、新しい文明に、世界の近代文明に向かってこの日本列島を開いていくために派遣され、そしてその成果を十分に上げた、これ以上期待できないほどの大成果を上げたこの岩倉使節団。これをもってこの徳川日本の凱旋門としようではないかということを、私ども美術館スタッフは、少くとも館長としての私は、考えた。

そしてその凱旋門として何を飾るか。それはもちろん明治神宮外苑の聖徳記念絵画館にある、山口蓬春の「岩倉大使欧米派遣」という大作である（カバー写真）。蓬春という日本画家は、東京美術学校の西洋画の出身でありながら日本画を描くようになった。この人のおそらく生涯最大の作品を最後に華々しく飾ろうと思った。

聖徳記念絵画館に行ったことがありますか。岩倉使節団の横浜出港の絵を見たことがありますか。明治神宮へは参拝してもこの絵画館には意外に行ってない人が多い。これは必見の記念館である。そこに明治天皇の事績を顕彰する意味で八〇枚の大きな絵が掛けてある。どれもみな縦三m、横幅二・七mの大画面で、日本画が四〇点、油絵が四〇点で、日本画の方が明治天皇の生涯前半を、それから後半を油彩で表現している。昭憲皇太后の御事蹟も含めた明治一代における日本創生の主な事件を選んで描いているのだ。山口蓬春の岩倉使節団の絵は、明治四年に当るから割合早い部分に出ている。

山口蓬春というのはもともとてもいい画家で、花や鳥や果物などの絵もたくさん描いた。しかしこの「岩倉大使欧米派遣」という歴史画は聖徳記念絵画館の企画委員会に頼まれて、たまたま蓬春がこの画題にあたったのだろう。だが、実によく当時の情況を調べて描いている。この出発日、明治四年十一月十二日の朝の横浜の港の情景。これは『実記』第一巻の最初のところに久米がいきいきと書いている情景である。

寒く晴れた朝、勇気凜々の「横浜出帆」

その日はとても寒くて、地面には霜が降りており、歩くとバリバリ音がする。そこに朝日が差し込む頃にようやく使節団の人たちが港に全員揃って、さらに五十何名の男女留学生たちもそこに集合して、港のはずれに碇泊している蒸気帆船アメリカ丸に、和船、手漕ぎの船、あるいはポンポン蒸気で渡っていった、その情景がとてもよく描けている。空や水の色もいいし鮮やかだ。この出発の朝の使節団たちの胸騒ぎする表情、勇気凜々という姿、それに相応しい冬らしい寒く晴れた朝の港、それがとてもよくとらえられている。

画面の上の方に大きく描かれているのがアメリカ丸、それから右側に少し伸びて出ている半島が本牧の鼻と言われる岬だ。その煙を上げているアメリカ丸に向かってポンポン蒸気が日の丸を翻して進んでいるが、これの後尾に立って見送りの人たちに別れを告げているのが大使と副使の三人で、真ん中に立つのが岩倉具視、左側にいるのが大久保利通、右側にいるのが木戸孝允。

それから、一番手前に、屋根をかけた手漕ぎの和船がある。そこに乗っている女の子たち、その中で一番小さい赤い着物を着たのが満七歳の津田梅子《つだうめこ》。その傍には一緒にアメリカまで同行するデロング駐日アメリカ公使の夫人がいる。山川捨松（のちの大山巌夫人）、永井繁子らも、みなまだ和服姿でそこに並んで座っている。この船着き場の向こうの波止場、埠頭には見送りの人が大勢いる。画面左下の波止場にも、外国人日本人を含めて大勢の人がいて、これはよく顔を調べると、誰かまで分かるかもしれない。

ここまで詳細に描くには、誰かがよく調べたのである。実は、画家五姓田芳柳《ごせだほうりゅう》の養子になった人（二世）が絵画館の中央委員会から使命を受けて、全八十景について京都や東京の一流の画家に委嘱するための下調べもした。それを担当したのが五姓田芳柳二世だった。岩倉使節団についても、この日の天気、場所、それからどういう人がいたか、着物が多いか洋服が多いか、それからどんな小船に乗ったか、そういうことを詳しく調べて、一種の下絵を作って、それを参考に山口蓬春が描いた。だがその時、芳柳二世の下絵は横長になっていた。蓬春はそれをすっかり変えて、こういう縦型の画面にした。縦にして良かった。絵の中に重力が生まれた。アメリカ丸は遠くにあるのだから、こんなに大きくは見えないはずなのに、これはやはり中心だから大きくして描いた。使節団の中の一番の中心人物、岩倉と大久保と木戸はくっきり見えるようにしているし、五人の少女たちもちゃんと分かるように描いてある。この日の朝の冷たく晴れて緊張した雰囲気までがよく出ている。

話を戻すと、徳川平和展の最後の凱旋門としてこの絵を飾りたかった。なに！　凱旋門？　という声もあったけれど、これでいいじゃないか、分かる人には分かる。分からない愚か者には、それでよろしい、と私はそこまで考えたけど、そううまくはいかなかった。

この絵は大きすぎる。高さ三m、横幅が二・七mもある。記念館のケースから運び出すだけでもたいへんである。重くて大きくて、静岡県立美術館の玄関を通らない、エレベーターにも乗っけられない、階段を人力で持ち上げるには重すぎる。それに、東京から運ぶのもたいへんで、重たい立派な額縁にはまっているから大型トラックの代金だけでも二〇〇万円ぐらいかかる。そんなふうに色々なやや大げさなクレームがあって、結局ダメだということになった。

それで、私の言いたいことは何かというと、要するに、岩倉使節団は徳川日本の制度を抜きにしては成り立たないということ、それのみならず、岩倉使節団の米欧研究も徳川時代の先駆的な西洋研究をおろそかにしては成り立たないであろうということである。

文明開化のマーチ「行ケヤ海ニ火輪ヲ転シ…」

さて、この凱旋門から船出していく、その岩倉使節団の序曲、行進曲とは何か。そこで思いついたのが、あの有名な歓送文、「行ケヤ海ニ火輪ヲ転シ」。まさに文明開化のマーチだ。この出発の六日前に三条実美の屋敷で開かれた送別会で読まれたのがこの有名な激励の挨拶である。これは当時の国民が岩倉使節団に何を期待したか、どんなふうに緊張した雰囲気の中で、この実験的な大冒険である使節団を送り出したか、それがよく伝わってくる。だからこれをここでぜひ繰り返し紹介したい。

「外国ノ交際ハ国ノ安危ニ関シ、使節ノ能否ハ国ノ栄辱ニ係ル、今ヤ大政維新、海外各国ト並立《へいりつ》ヲ図ル時ニ方《あた》リ、使命ヲ絶域万里ニ奉ス」

この「使命ヲ絶域万里ニ奉ズ」という言葉は、昔遣隋使や遣唐使が派遣されていた頃からの決まり文句である。それがここでもそれが繰り返されている。幕末にアメリカやヨーロッパに幕府使節団が派遣されていた時もこの言葉はしきりに出てきた。

「大使天然ノ英資ヲ抱キ、中興ノ元勲タリ、所属諸卿皆国家ノ柱石、而《しこうし》テ所率ノ官員、亦是《これ》一時ノ俊秀、各欽旨ヲ奉シ、同心協力、以テ其職ヲ尽ス、我其必ス奏功ノ遠カラサルヲ知ル」

所属諸卿とは木戸や大久保、伊藤博文らのこと、所率の官員とは書記官や随員のこと。薩長も幕臣も老いも若きもみんな心を一つにして頑張れよ、ということだろう。

「行ケヤ海ニ火輪ヲ転シ、陸ニ汽車ヲ輾《めぐ》ラシ、万里馳駆《ちく》、英名ヲ四方ニ宣揚シ、無恙《つつがなき》帰朝ヲ祈ル」

こういう文面を三条実美自身が書いたのだろうか、それとも誰か秘書官がいてそれに書かせたのか。それでもお公家さんは古典の教養があるから、やはり三条実美自身が書いているのではないか。非常に調子の高い、そして当時の日本、新政府の代表者たちがいかに強く切実な期待を岩倉使節団に寄せていたか、それが今読み直してみるだけでもしみじみとよく伝わる文章である。

私はこれを、若い頃初めて岩倉使節団のことを論じた時に、「文明開化の行進曲」、「文明開化のマーチ」と呼んだ。まさにそうである。これを草臥《くたび》れた時、なにかこの世にいるのが嫌になった時、声を出して読むと、やはりサプリメントなどを飲むよりも遥かに元気が出る。これを大きな声を出して読む、すると「我もまた、この血をひく日本人の一人なり、今、我、何を為さんか」との気概が湧いてくる。

5　久米はなぜ、見事な見聞録が書けたか

佐賀藩の生んだ大教養人

久米邦武という『実記』の編著者が、なぜこういう見事な見聞録を書けたか。その秘密の鍵は久米の育った佐賀藩にある。この藩は当時日本で最先端の西洋科学技術の研究実験センターだった。薩摩を超えるのはもちろんのこと、幕府方にも匹敵するくらいの優れた研究者を擁し、藩士の秀才たちは海軍軍事のことも、溶鉱炉（反射炉）での鉄砲製造のことなども進んでやっていた。しかもその反射炉を造るために必要なレンガを焼くには、佐賀藩が最も得意とする陶磁器製造の技術を生かした。大砲の鋳造には刀鍛冶の長い蓄積がある。それから色々な重い器具を動かしたり釣り上げたり運んだりしなければいけない時には、車大工の技術が活用動員された。

そういうふうに、佐賀に伝わる伝統の技術や芸術が、新しくアレンジされ編成し直されると、途端にそれがモダン・テクノロジーになっていった。「からくりからテクノロジーへ」と、一変することができた。そしてそれを指導したのが佐野常民《さのつねたみ》という幕末諸藩の中でも秀才中の秀才の人であった。佐野常

民は、これまた非常に面白い人で、幕末の佐賀藩や日本と諸外国との関係を論じる時には欠かすことのできない、有能な男であった。一種の起業家、アントゥルプルヌールで、彼がこういう三つの伝統的な地元の技術を再統合すると、たちまちそれが洋式の反射炉になって近代技術が出来上がる。江川太郎左衛門の伊豆の反射炉よりもはるかにうまく出来た。水戸藩の徳川斉昭のつくらせた大砲などとは比べものにならなかった。幕末の水戸では国のあちこちの寺の鐘楼まで集めて大砲を造り、海岸に出てその実験をした。そうしたら黒い玉がボンと出て、黒いままポロポロと飛んで三間先の波の中にボトンと落ちたそうだ、と山川菊栄が書いている。そんな大砲しかできなかった。ところがこの佐賀藩の佐野常民の指導の下でできた反射炉で造られた大砲や小銃は性能が良いので、薩摩藩にも売れ、幕府側も大量に買った。だから佐賀藩はたいへん儲かった。

当時の佐賀藩藩主は、鍋島閑叟《なべしまかんそう》（直正《なおまさ》）である。これまた卓抜な殿様で、薩摩の島津斉彬《しまづなりあきら》に匹敵するような、藩という単位を超えた開明派の名君であった。『葉隠《はがくれ》』の国だからといって、隠れてごそごそいうような侍ではまったくなかったわけである。

この人たちがリーダーになって教育を徹底した。その徹底した教育を藩校でやった。そこから育ってきた秀才の中から選ばれて岩倉の秘書官となったのが久米邦武である。どこへ行っても成績一番。藩校で首席であったから江戸の昌平黌《しょうへいこう》に遊学した。そこでも最優秀の成績を上げた。そして帰ってきて佐賀藩の教育や行政に携わり、直正公の秘書官になった。岩倉具視はそこに目をつけた。最初、この使節の記録掛には薩摩の漢学者の重野安繹《やすつぐ》が候補だったという。ところが、待遇が悪いのなんのとゴネたので、久米にお鉢がまわった。閑叟公（直正）と岩倉は懇意にしていたから久米のことは知っていて、岩倉は久米を抜擢した。これは抜群の人選だった。もし、維新当時の国学の流行から国学者を選んだりしていたらどうだろうか。もうメロメロで、なにも書けなかったと思う。読んでも何も通じない。汽車という言葉ですら使えない、火を焚いて走る車とか、鉄の道と書いて鉄道《くろがねのみち》を行く蒸気車、いや蒸気という言葉も使えない。まだこの頃は蒸気機関という言葉も定まっていなかったから。

ところが、久米邦武にはまさに莫大な漢語のストック、漢語の知識のストックがあったから、そこから自由自在に語彙を選んで『実記』を書き上げた。これは久米邦武のような漢籍の大教養の持ち主でなければできないことだった。

密度の高い漢語と漢籍の蓄え

その例を少し紹介すると、私の古い論文ですでに触れたことだが、『実記』のアメリカ編では、ロッキー山脈を越えてようやくワイオミング州に入っていったところで、「張騫《ちょうけん》カ未ダ探ラサル、遼遠ノ漢野ヲ始テ鑿空《さくくう》シ」との記事がある。ここでの鑿空というのは、空間を押し切り開いていくこと、それで、張騫については「前漢の時代の探検家であり政府の役人であった」と、岩波文庫版では田中彰さんが簡単な註をつけている。ところが、『諸橋大漢和』で張騫のことを引いてみると、その彼の探検に関する故事の引用の中にちゃんと「鑿空」という熟語が出てくる。新しい空間を切り開くとの意味である。そうすると、久米邦武はこの張騫という有名な名前を知っていただけではなくて、『漢書』だったか『前漢書』だったかをちゃんと知っていたことまで分かってくる。だから『実記』の背後には、いかに密度の高い漢籍知識の蓄えがあったか、やまと言葉では表現のしようもない、このロッキー山脈を初めて越えて渡っていく日本人のドキドキするような、中国の史書にすら滅多にないような冒険のスリル、それはこういう漢語によってこそ初めて表現されたと言える。

とても芭蕉の『奥の細道』では、あるいは紀貫之の『土佐日記』では表現できないような大旅行、危険を孕み大いなる期待を寄せているその旅行に、一歩一歩深く入ってゆく。その感情を表現するには、結局この張騫とか、鑿空とか、こういった漢籍の語を用いないとその景観と感情の表現が十分に出来なかった。日本列島の、春夏秋冬の美しい、優しい風景の中を、いい旅をしたとか、行けば至る所で俳句の会を開いて、そこでご馳走になったとか、そういう奥の細道の旅とはまったく違っていたわけである。

6　愉悦の仙境・ヴェネチアの恍惚

「飄々乎トシテ登仙スルカ如シ」

最後に例として挙げるのは、ヴェネチアの愉悦というところで、これはこの旅行も終わりかけた明治六年の五月末の、イタリアが最も美しい季節の官能のよろこびの旅である。麦が青々となって、そこに赤いコクリコが咲いて、空は青々と晴れ、風は涼しい。その中を岩倉使節団は行く。そしてヴェネチアに寄った。五月二七日、お天気がいい。駅についてすぐ目の前の運河から小船に乗る。グランカナルを行く時の一種の官能的な歓び。ゴンドラに揺られて行く時の空気の爽やかさ、空の青さ、それから両側の建物を写す水の煌き。ゆらゆらとグランカナルを下っていくと、ラグーナの方に幾艘も船が停まっていて、その船の上でヴェネチアの市民たちが集まって何か美しい歌を歌っている。そこで、その場面を表現する文章をぜひ紹介したい。

「艇ノ製作奇異ナリ、舳首《じくしゅ》騫起《けんき》シ、艇底円転トシテ、舳ニ屋根アリ、中ニ茵席《いんせき》ヲ安ンス、棹《さお》ヲ打テ泛泛《はんぱん》トシテ往返ス」

ゴンドラが行ったり来たりしている。岩倉使節団は、ヴェネチアに本当は夜に着いている。それが明るい昼間にここに着いたかのように、久米は少しフィクショナイズしている。

「身ヲ清明上河《せいめいしょうか》ノ図中ニオクカ如シ」

この「清明上河図」というのは、北宋の画家張択端《ちょうたくたん》が描いた有名な、大きな絵巻で中国一の名画である。清明節、春のちょうど半ばの頃。お彼岸のような日。郊外のお墓に親たちのお墓参りに行って、汴京《べんけい》（現・開封）という南からの運河の終点の街の中で食事したりしている。大きな太鼓橋があって、それを潜ろうとする大きな船が橋桁に引っかかりそうになったりしていて、太鼓橋の上下では大騒ぎだ。の東西交易の一つの中心地汴京の街中の賑わいが克明に描かれている。あの絵の中の河の上を行くかのようだ、と久米は書いたのである。ついでにいうと、私は京都の洛中洛外図屏風絵はこの汴京俯瞰図から発想しているに違いないと推測しているが、美術史家たちはまだ賛成してくれていない。

「市廛《してん》鱗鱗トシテ水ニ鑑ミ」。運河の両側の石造りの建物が皆んなキラキラと、このグランカナルの水の上に映っている。

「空気清ク、日光爽カニ、嵐翠《らんすい》水ヲ籠メテ、晴波淪紋《りんもん》ヲ皺《しわ》ム」。五月の爽やかな風が吹きわたる中に、明るい青い波、細々としたさざ波。その上に両岸の建物は映っている。

「艇ハ雲靄杳緲《ようびょう》ノ中ヲユク、飄々乎《ひょうようこ》トシテ登仙スルガ如シ」。これは蘇東坡《そとうば》の有名な赤壁の賦からちゃんと言葉を借りている。それからゴンドラを「泛泛《はんぱん》」などという、この熟語は杜甫の詩の中に愛用されている。そういう漢籍の美辞をこういう所にフルに動員しているわけだ。

「府中ノ人、音楽ヲ好ミ、唱歌ヲ喜ビ、伴ヲ結ヒ舟ヲ蕩《うごか》シテ、中流ニ游フ、水調一声、響キ海雲ヲ遏《とど》メテ瀏喨《りゅうりょう》タリ、旅客ノ来ルモノ、相楽ミテ帰ルヲ忘ル、トナン、此日旅館ニ至レバ、楽伴館下ノ水上ニテ楽ヲ奏シテ、著府ヲ祝セリ」と。わずか五、六行だが、見事に水都ヴェネチアの美を描き尽くした文章で、これを超えるものは未だにないのではないだろうか。木下杢太郎でも斎藤茂吉でも、ここまではいっていない。

「水調一声、響キ海雲ヲ遏メテ瀏喨タリ」。この「海雲ヲ遏メテ」と「水調一声」、ここは一言なかるべからずの一節である。

　実はこれがよく分からないので、またも『諸橋大漢和』を引いた。するとちゃんと「遏雲《あつうん》」という熟語があるのだ。そこに引かれた典拠がとても面白い話で、そのさわりだけいうと、ある遠い田舎から都に出てきて、音楽を学んだ青年がいた。その先生からすべてを学んだと思って帰郷することにした。その先生の方が別れを悲しんで町はずれの林の処まで送ってきて別れの一曲を弾いてくれた。そうしたら、その先生の弾く音楽は、あまりに高く美しくひびいて、空をゆく雲までがその音楽に聞き惚れて、雲の流れるのを止めてしまったという。青年もあまりにその曲が見事だったので、帰郷することを止めて、もう一回先生の元に帰って学び続けて、二度と故郷には帰ることがなかったという逸話である。

豊かな中国文明の文化遺産、私たちに遺された学問的使命

久米邦武の漢籍の知識がいかに豊かであったか。しかもそれが生き生きとして彼の身に宿されていたことがよく分かる。

『実記』の全文にわたって調べていって、註釈を付けていく。そうすると『実記』について立派な百科全書が出来あがる。そして、『実記』の背後には、平安時代から徳川日本に至る間に学びとった中国文明の歴史が、どんなに豊かに生かされていたかが浮かび上がってくるだろう。それによって、中国人にもこの使節団の体験はそのままよく伝わるはずである。韓国の人たちにも伝わるはずである。ちょうど杉田玄白が『解体新書』を訳したのは漢文訳で、アジアの漢文を読み使う人たちみんなに、あの新しい西洋医学の恩恵が普及するように、という願いを込めてそうしたと言っているが、まさにそれと同じような効果を持ち得たはずである。

だから、岩倉使節団の研究というのはまだまだ、これからその過去に向かってもこちらに向かっても押し広げていく、まさに鑿空していくことのできる大きな研究対象である。現代の我々を囲んでなお生きている問題が詰め込まれているのである。

どうだろうか、このたびのシンポジウムでは、岩倉使節団の西洋文明研究がその後の日本の近代化になにを残してくれたか、それが大いに論じられるだろう。だが使節団の功罪などばかり論じるようになってしまったら、空しい、つまらない。このように『実記』の全五巻五冊の全ページにわたって、そこに使われている漢語の語彙、成語、熟語、比喩を徹底的に調べて、一種の『回覧実記広辞典』を編んでくれることを、皆さんの熱意に期待したい。その仕事に田中彰氏は手をつけてくれたが、まだまだほん

の僅かだ。久米は随所で新奇な見聞をすると、それをなんとか「領略」するための新しい語彙の工夫も試みている。それも含めての全註解を、皆さんで分担して遂行したら、ゆるぎない大業績となるだろう。

そしてさらに、使節団員全員について、さらには五十余名の同行留学生全員についての、来歴と、回覧実績と帰国後の活躍から死にいたるまでの生涯を、悉皆調査してくれることもぜひ期待したい。使節団に「ないものねだり」をするのはやめて、まずはこの冒険行の実態全貌を interdisciplinality に把握し直すことこそ、いまの私たちに与えられた使命であろう。

第2章　知られざる岩倉使節団の群像

小野博正

1　歴史的大英断の岩倉使節団

「国のかたち」を求めて

明治新政府は、明治四年（一八七一）七月に廃藩置県を断行した。これは、一つ間違えると政府が転覆しかねないリスクのある大英断であった。岩倉使節団の回覧は、その直後の明治四年一一月一二日（陰暦）に横浜を出帆して、明治六年（一八七三）九月一三日帰国までの六三二日（一年一〇カ月弱）の大旅行であった（当初の計画では一〇カ月で回覧の予定だった）。正使は全権大使・岩倉具視、副使に木戸孝允、大久保利通、伊藤博文、山口尚芳を揃えて、本隊・各省理事官と随行員ら四六名、随行留学生四三名と大使・副使の随行員一八名を含めた計一〇七名の一大派遣団であった（その後、現地参加者と後発隊一九名が追加された）。

明治維新の立役者でもある岩倉、木戸、大久保をはじめ、各省の高官や俊秀を揃えた陣容・規模を見れば、いかに維新政府がこの使節団に期待をかけていたか、まだ羅針盤の定まらぬ明治国家の「国のかたち」探しにいかに真剣であったかが窺える。

訪問した国は、条約締結国一二カ国（アメリカ、イギリス、フランス、ベルギー、オランダ、ドイツ、ロシア、デンマーク、スウェーデン、イタリア、オーストリア、スイス）で、帰路にはスエズ運河を経由し、シンガポール、サイゴン、香港、上海にも寄港して、アジア諸国がすっかりヨーロッパに侵食されかけている惨めな姿もしっかり見て帰国している。

使節の目的は、一言でいえば、「この国のかたち」をどうすべきか、西洋文明をいかに新生日本に取り入れるかにあった。公式には次の三つであった。

(1)条約締結各国への聘門の礼と国書奉呈（幕府から明治新政府へ政権交代の公式挨拶）。
(2)条約改正のための予備交渉（実際はアメリカで予定にない交渉を始めて失敗、結果旅程が一年延長）。
(3)欧米各国の文物・制度調査（西洋文明の摂取）――制度・法律の理論とそれが実際にどのように運用されているかをしっかり見聞して、それをいかにして具体的にわが国に採用し実施するか（(3)の内容は理事官派遣計画書である『視察分担事由書』の要約）。

実際に帰国後早速、木戸も大久保も憲法の早期制定の必要性やその他の建言を提出している。各省派遣の理事官も、『米欧回覧実記』とは別の報告書としての『理事功程』を提出し西洋化への指針となったのである。

2　世界的にも評価の高い、公式報告書『特命全権大使　米欧回覧実記』

英訳もされた「西洋文明の見聞録」

この使節団は、具体的にどんな見聞をして、どんな感想をもって帰国したのか。それを日記体で詳細に記録したのが、全五冊、二二〇〇頁に及ぶ『特命全権大使　米欧回覧実記』（以下、『実記』）である。

『実記』については、すでに芳賀さんがお話の通り（第1章）、久米邦武を中心に、ほぼ五年をかけて編纂されたもので、明治一一年（一八七八）に刊行された。初版五〇〇部、以後四回にわたって三五〇〇部まで増刷されている。内容は福沢諭吉の『西洋事情』に匹敵し、それを凌駕するヴォリュームで、漢字とカタカナによる読み下し漢文調であったため、一般にはさほど読まれず、関心の高い官僚、研究者、知識層中心に購読されたものと推定される。そのためか、その後はすっかり忘れ去られた存在となった。

この本が脚光を浴びたのは発行から一〇〇年近く経った昭和五二年（一九七七）であり、歴史学者の田中彰氏が校訂して岩波文庫から発刊されてからである。さらに、平成二一年（二〇〇九）には全巻が英訳されて全世界からも注目を浴びた（*Japan Rising, The Iwakura Embassy to the USA and Europe*, Cambridge University Press）。また、当会の有力メンバーだった水沢周氏により「現代語訳」が成し遂げられ、慶應義塾大学出版会から刊行された。そんな相乗効果もあって、今や福沢諭吉の諸作品とともに、日本啓蒙主義時代の一大著作として、東西文明の比較文明論としても、注目されつつある。

歴史から地理、政治経済から文化まで、まるごとの視察録

『実記』によれば、その見聞はまことに広範囲にわたる。訪問国、訪問都市順に、日記体で書かれており、最初に国の歴史、地理、風土、気象、民族、言語、風俗、習慣、人口、宗教、産業などの記述（総説）が置かれている。次いで具体的に視察した先の記事が、これも政治、経済、軍事、産業、貿易、交通、通信、教育なども諸統計も交えて、まさに森羅万象の見聞が記録されている。

訪問各地では、使節団自身の興味と、訪問各国の好意とでさまざまな場所を訪ねている。ちなみに産業別では、鉄鋼、造船、機械、兵器産業をはじめ、ガラス、陶磁器、化学工場、さらには綿・麻・羊毛・絹・織物などまさに手あたり次第見学した。また、教育・福祉関連では、図書館、博物館、美術館、動・植物園、公園、教会、公民館、病院、幼稚園、小・中・高校、大学、聾唖院、福祉事業、赤十字など。行政面では、裁判所、刑務所、国会、議院など実に多彩で、文明を丸ごと見聞してきた感がある。その記述方式は詳細を極め、たとえば工場では機械工程、配置、原材料、原価、売値、人員配置にも及び、ときには久米自身の論評も交えて記録されている。

3　世界史的時代背景とそこで出会った人々

世界が丸く一つに繋がる

使節団が回覧・外遊した時代は、まさに交通・通信で世界が丸く繋がった絶好の世界一周の旅行環境が整っていた。明治四年（一八七一）に、太平洋郵便汽船定期航路就航（一八六七年就航開始）のアメリカ号

で使節団はアメリカに向かった。上陸したサンフランシスコからは、一八六七年に開通したばかりの米国大陸横断鉄道に乗って、東岸のワシントン、ニューヨーク、フィラデルフィア、ボストンへ辿り着く。アメリカからは大西洋定期汽船にて、イギリス・リバプールへ渡り、さらにフランスへ移動。欧州大陸では、始まって間もない鉄道網を使って条約締結各国を回覧・見聞してきた。

帰路は、マルセーユからフランス郵便定期航路（一八六九年開通）で、やはり一八六九年開通のスエズ運河を通り、紅海を経て、インド洋、マラッカ海峡を通って戻ったので、結局、世界一周（回覧）を成し遂げ、世界の大きさを実感して帰国した。フランスのジュール・ヴェルヌが『八〇日間世界一周』の小説を発刊し、イギリスのトマス・クック社が世界一周チケットを売り出したのも、共に使節団が在欧中の一八七二年のことである。つまり、郵便汽船の定期航路、汽車（鉄道）やスエズ運河開通で、世界が丸く一繋がりになり飛躍的に近く、かつ便利になった時代である。

さらに、電信の通信制度と、世界郵便制度で世界が結ばれ、使節団は本国政府と、郵便制度と電信で絶えず交信していた。岩倉大使は、米国サンフランシスコ電信局にて、使節団のために敷いたばかりの電信で、ワシントンのアメリカ国務大臣のフィッシュや電信発明者のモールス、次に向かうシカゴ市長と、そして米国留学中であった子息とも交信している。

また、デンマークの大北電信社の手で、上海・長崎の海底ケーブルが完成したのも一八七二年で、使節団が帰国した頃には、すでに日本国内からでも、国際電信で世界と一つに繋がっていた。そういう時代であったこと、それを維新政府要人たちが実体験してきたことこそが重要であった。

国民国家の勃興期、各国で会った要人たち

明治維新は、絶妙なタイミングでの国民国家へ向けての船出であった。つまり、欧米各国も国民国家の勃興期にあり、世界史的に見ても連動していて、日本は決して遅れ過ぎてはいなかったのだ。

イタリアが統一されたのは、一八六一年である。アメリカも一八六一～六五年の南北戦争を経て、一八六五年に連邦政府が成立し、憲法が改正され、黒人奴隷廃止が宣言されている。北軍の英雄・総司令官が、使節団訪米時の大統領・グラントであった。明治維新は、南北戦争後に用済みとなった銃砲が大量に日本に流れてきて、新政府軍は新旧兵器の性能差で勝利を収めたという事実もある。またイギリスでは、七つの海を支配した大英帝国最盛期にあったヴィクトリア女王の権限が、時のグラッドストーン内閣により弱められ、議会に主導権が移行し、帝国主義から自由貿易、非同盟平和主義に向かっていた（女王権限の減退と議会の勢力台頭は、のちに明治政府が、天皇の権威が議会により削がれることを恐れて、英国式立憲君主主義を避けた有力な理由となった）。

また、使節団が訪問した折のパリは、二年前の普仏戦争敗戦と一八七一年のパリ・コミューンで疲弊していると思いきや、ティエール大統領の第三共和制の下にあり、クリスマスの時期でもあってかパリは華やいでおり、噴煙でくすんだロンドンより輝いて見えたようだ。

一方で普仏戦争に勝った新興国家ドイツは、鉄血帝相ビスマルクの手腕で、一八七一年、ヴィルヘルム一世皇帝のもと遅れてきた帝国主義国家として躍進し、産業革命にも成功しつつあり、使節団にとって、ドイツは日本の模範とすべき格好のモデルと思われた。事実この後、明治国家は大日本帝国憲法や産業・医学・軍制など多くの面で、ドイツを規範とするようになっていく。

一八六七年にオーストリア・ハンガリー帝国として発足したフランツ・ヨーゼフ一世と皇妃エリザベートにも使節団は謁見した。この二人が、のちの第一次世界大戦により最後の皇帝・皇后となることは、使節団は知るよしもなかった。

デンマーク皇帝・クリスティアン九世は、その後、息子や孫が、デンマーク王、イギリス国王、ギリシャ国王、ロシア皇帝、ノルウェー国王となり、ヨーロッパの義父・祖父と呼ばれることになる。その他にも、アフリカ・コンゴ自由国を手に入れて大儲けしたベルギー王・レオポルド二世やオランダ兼ルクセンブルク大公のヴィレム三世、ロシア皇帝アレクサンドル二世、イタリア王のヴィットーリオ・エマヌエル二世など多彩な人物に会って、さまざまな政体のあることを実感したはずである。

同君連合スウェーデン・ノルウェー国王のオスカル二世は、詩人、歴史家、エッセイストでもあった。一八六六年にノーベルがダイナマイトを発明し、一九〇一年にノーベル賞が創設されて国威を高めた。同君連合の名残で、今もノルウェー議会が平和賞のみ主管しているのはご存知の通りである。

なお使節団は、普仏戦争に敗れて国外逃亡中のナポレオン三世を、イギリスのとある駅頭で見かけていたが、その後間もないパリ滞在中にナポレオン三世逝去の報に接した。パリの今に残る端正な街並みを整備した主役でかつ権力者だったナポレオン三世の栄光と無残な最期に、岩倉らが何を感じたかは想像に余りある。使節団はこのような歴史的人物と会うことで、この時代の欧米の息吹を肌で感じて帰国したのである。

4　使節団の構成——大使本隊、各省派遣組、随行する留学生

岩倉使節団の構成と今回取り上げる人物

岩倉使節団の構成は、三つのグループから成っている。岩倉使節団本隊は大使・副使と随員で計二四名、各省派遣の理事官と随行員の三八名（共に現地参加と後発隊を含む）で構成されていた。本隊は公家二名、幕臣九名、長州四名、佐賀四名、薩摩二名、越前二名、紀州一名の構成。理事官と随行員は、幕臣六名、土佐五名、薩摩五名、佐賀四名、熊本・長崎各二名、長州・公家・尾張・東京・鳥取・福井・岩手・福岡・安中・沼津・佐渡・白川・京都・彦根各一名から成っている。外遊経験と実務能力の高い幕臣が意外に多く一五名。これに、薩長土肥、公家、そして各旧藩出身者と多彩でバランスのとれた構成となっている。そしてもう一つのグループとして随行する留学生（お付きも含む）が四三名参加している。

今回の記念シンポジウムでは「岩倉使節団の群像」をテーマに掲げるに当たり、誰を取りあげるかが問題になったが、これまであまり著名でないが、ユニークでかつ明治の国造りにいろんな形で貢献した人物に焦点を当てることになり、第5章から第18章で取り上げる。他にも取り上げたい人物が少なからずいるのだが、それはまた今後の機会に譲りたいと思う。

ただ、使節団員（留学生は除く）については巻末に資料編として「ミニ列伝」を掲載したので参照されたい。

また、大使・副使については、山口尚芳を除けば伝記・評伝の類も多く、すでに知られているとの意

見もあったが、やはり大使・副使の存在は大きく、知られざる面も少なからず、簡略ながら再確認の意味も込めて第3章で五人の人物を紹介することにした。

以下、今回取り上げた人物のデッサンを試みたい。

まず、とりわけ異色のメンバーとして、途中からさっさと帰国した二人の人物から始めたい。

途中から帰ってきた二人

大使随行の二等書記官で英語も出来る外務官僚の渡邉洪基《わたなべひろもと》と大蔵省から派遣された年輩で保守頑固党の頭領と言われた安場保和《やすばやすかず》の二人である。

渡邉洪基は、伊藤博文らのとびきりの開化派が、条約交渉をアメリカで始めようとしていることに憤慨し、「早期改正は国力を損なう」として辞表を突きつけ、さっさと帰国してしまう。渡邉は帰国後免職にもならず、琉球使臣接待係などを経て、オーストリア兼イタリアの公使館勤務になった。外交官としてもなかなかの活躍ぶりをみせ、東京帝国大学の初代総長にもなり、稀代ともいうべき多彩多能ぶりを各方面で発揮した。一名明治のマルチ・オーガナイザーとも呼ばれる人物である。

また安場保和は、熊本藩士で横井小楠の弟子でもあるが、うるさい人物と煙たがられ、大蔵省の上司が海外に出して洗脳すべしと団員に加えられた。ところが安場はやっと覚えた英語も使ってみたらまったく通じず、こんな老人が「大金を費消して旅するなどもったいない、若い人を留学させるべきだ」と、周囲の慰留も拒絶してワシントンから帰国してしまった。明治新政府の面白さは、この人も免職されず地方にとばされたものの、かえってこれが身に合ったのか大活躍。福島県令、愛知県令、福岡県令などを歴任し、地方行政において鉄道、治水、産業育成などに尽力し、近代国家の基礎整備に多大な貢献をしている。

各省派遣の理事官や随員たち

各省の理事官にも知られざる異色の人物が多くいた。

兵部省の理事官として派遣された山田顕義《やまだあきよし》もその一人である。山田は大村益次郎にその才を見込まれ山縣有朋と並ぶ後継者と目されていたが、この際、海外を見ておけと使節に加わった。しかし、山田はナポレオンに惚れ込んで、これからは「武より法」の時代だと「法」に興味を移す。帰国後は、徴兵制を敷いた山縣に反発して「兵は狂気なり、抵抗の器なり」の言葉を残して司法省に転じ、各種の法律の整備に尽力し、日本法律学校（日本大学の前身）を創り、教育面でも大きな足跡を残している。

文部省派遣の理事官、田中不二麿《たなかふじまろ》もさほど知られていないだろう。ワシントンに滞在中、当時留学していた新島襄をスカウトして自らの随員に採用し、その後ヨーロッパにも同行して教育制度の調査を行い『理事功程』という精細な記録を残している。帰国後「教育令」を発布、アメリカ風の教育を進めたが、その後保守化の波で追われ司法畑に転じた。

理事官の中で知られざる人物の第一は田中光顕《みつあき》かもしれない。田中は土佐藩士だが坂本龍馬や中岡慎太郎らと同様に保守的な藩に我慢がならず脱藩して長州に走り、すっかり変身してまるで長州藩士のような存在となった。そしてサムライには珍しくソロバン勘定が出来る才を見込まれ、岩倉使節団の会計官長に加わる。帰国後は薩長藩閥のリーダーたちに可愛がられ、山縣の軍の会計官、会計検査委員長や警視総監、学習院の院長まで務め、さらには宮内大臣となり明治天皇にも気に入られたらしく一一年も同大臣を務めた。そして晩年は、山縣系の黒幕的人物として頭山満《とうやまみつる》や田中智学《ちがく》とも親交し、明治天皇の聖蹟保存や維新の志士たちの顕彰につとめ、生涯を金に困ることなく別荘をあちこちにつくり悠々たる日々を送った巨魁であり、九七歳の長寿をまっとうした大怪物である。

文部省派遣の随員の中にも大きな仕事をした人物に、長与専斎《ながよせんさい》がいる。大村藩の藩医の子として生まれ、長崎でボードウィン（オランダ海軍の軍医）に学んで明治元年にできた長崎医学校では学頭を務めていた。岩倉使節団には飛び入り志願で、三四歳での参加であった。帰国後は日本の医療制度、医療教育、衛生行政などの整備に貢献、東京医学校の校長も務め、「医制七六条」の制定に中心的な役割を果たした。

使節団員なのに、さほど知られていない人物もいる。途中から現地採用で使節団に加わったので最初の名簿には載っていない。その中に薩摩出身の畠山義成《はたけやまよしなり》と吉原重俊《よしはらしげとし》の二人がいる。

畠山は薩摩の密航英国留学生の一人で森有礼《もりありのり》や鮫島尚信《さめしまなおのぶ》と同じグループである。帰国途中に声がかかりワシントンに呼ばれて大使付きの通訳に指名された。英語がよくできたうえ、学究肌で政治経済にも明るかったので抜擢された。久米邦武のよき相棒であり、『実記』記述の影の協力者となる。帰国後は、開成学校校長などを務めたが、若くして亡くなっている。

吉原重俊は、第二次薩摩藩米国留学生として米国滞在中に岩倉使節団と遭遇し、随員にスカウトされた。大久保と伊藤の一時帰国に同行したが、その後は大蔵省の所属となってドイツに派遣されノーメン社で紙幣印刷の監督を務めた。後に日本銀行の初代総裁になり、現職のまま亡くなった。

パリへ直行した後発使節団の面々

それ以外に、知られざる岩倉使節団のメンバーとして司法省後発隊の使節団がある。結局、それを率いるはずだった江藤新平《えとうしんぺい》は超多忙で行けず、江藤抜きで一行はパリへ直行し岩倉使節団に合流した。河《こう》野《の》敏鎌《とがま》、鶴田皓《つるたあきら》、岸良兼養《きしらかねやす》、井上毅《いのうえこわし》、益田克徳《ますだかつのり》、沼間守一《ぬまもりかず》、名村泰蔵《なむらたいぞう》、川路利良《かわじとしよし》の八名である。条約改正には法律を整備しなくてはならず、一等国として認められるためには、憲法や民法などの諸法の早期整備が喫緊の課題だったことが司法省派遣の背景にあった。いずれも一騎当千の俊才だが、とりわけ帰国後の井上毅の活躍ぶりは瞠目に値し、明治国家のグランド・デザイナーと称された。

さて、随行留学生には三種類の人たちが交ざっていた。一つは国費の留学生、二つは私費留学生、公家や大名、政府高官の子弟たち。三つはその公家、大名、政府高官等の随従者である。

その中にも色々の面で国家形成に重要な役割を演じた人が多い。たとえば官費留学生では、思想家の中江兆民や官僚政治家の平田東助《ひらたとうすけ》がいる。大名に随伴していった留学生では黒田藩の殿様・黒田長知《くろだながとも》に随行した金子堅太郎《かねこけんたろう》と團琢磨《だんたくま》が挙げられる。政府高官の息子たちといえば、大久保利通の二人の息子が随行したが、次男の牧野伸顕《まきののぶあき》（次男は牧野姓を継いでいる）は外交官としても政治家としても大きな働きしたことはよく知られている。

それから日本初の女子留学生五名がいた。そのうちの二名は体調を崩して早くに帰国したが、残った三名は一〇年以上の留学期間を終えて帰国し、それぞれの世界で活躍した。山川捨松《やまかわすてまつ》は大山巌《おおやまいわお》と結婚して「鹿鳴館の貴婦人」として社交界で、永井繁子《ながいしげこ》は初のピアニストとして、津田梅子は女子教育の世界で、それぞれに名を留めている。他にも色々の魅力的な人材が使節団には参加したが、ここでは一四名だけの紹介に留めた。

5　使節団員が「米欧回覧の旅」から学んだもの

世界的視野で国の方向を定めた

最後に、使節団はこの米欧回覧の旅で西洋から一体何を学んだのであろうか。

帰国直後、明治六年の政変で、外遊組は一団となって征韓論を阻止した。新政府のやるべき優先度は別にあるとの結論からだったと言われる。大久保利通と木戸孝允はそれぞれに憲法制定を建議したことは先に述べた。実際の憲法制定は明治二二年まで待つことになるが、彼らに立憲主義の芽生えが見える。

大久保は内務省を中心に富国強兵、とくに富国のために基幹産業たる海運、鉄道、鉱山、造船、織物などの育成に全精力を傾注した。西南戦争の最中にも内国勧業博覧会の開催を強行したのも、一刻も早い産業育成をとの意気込みが読み取れる。征韓論阻止から間もなく、台湾人による沖縄漁民殺害を理由に台湾出兵を強行し、清国とやりあって沖縄は日本の所属であることを暗に認めさせた。国民国家の基本となる国境画定である。明治八年には、榎本武揚《えのもとたけあき》を起用してロシアと樺太・千島交換条約を締結したのも北の国境画定措置の一環と言えよう。

萩の乱、佐賀の乱、西南戦争への厳しい対処も、パリ・コミューンで経験した内訌によるダメージの怖さが、他国との戦争以上との認識があり、武士の反乱が折角の明治維新を無意味にする可能性を知るがゆえの処置だったと考えると、これも米欧回覧の明瞭なる成果であろう。

木戸、大久保が相次いで亡くなった後は、伊藤博文が中心になり国家形成を進めていった。

急進から漸進へ、英国式君主国から独逸式帝王国へ

明治一四年の政変もある意味では岩倉使節団の成果と言える。この政変で大隈重信の説く英国式立憲君主制と急進的国会開設が否定され、漸進主義と独逸的帝国君主制への傾斜の嚆矢となる。これは、岩倉や先に亡くなった大久保や木戸の共に希求した道でもあった。

明治六年と明治一四年の政変で、ほぼ留守政府組が一掃されて、回覧外遊組が中心になって政権が廻っていく。そこでも岩倉使節団関連人脈との繋がりが発揮されていくが、そのあたりが歴史の面白いところで人の縁の大事さを痛感する。たとえば、明治初期は多くの外国お雇い人を高額で雇用し、彼らに学びながら一刻も早く自前の人材を（日本人の役人と産業人）を育てるべく努力した。工部学校を創る時には林《はやし》董《ただす》が働き、東京帝国大学を創る時には渡邉洪基が総長に指名され、仕事のない津田梅子には就職の斡旋をした。憲法制定時には井上毅が核になり、日露戦争時には金子堅太郎が大活躍、文部行政や外交には牧野伸顕が大きな仕事をしている。いずれも岩倉使節団繋がりの人縁が発揮されたと言うべきだろう。

第3章　大使・副使たち

——岩倉具視・木戸孝允・大久保利通・伊藤博文・山口尚芳

泉　三郎

1　大使・岩倉具視

知恵・才気・弁才、胆識ある「異常の器」

岩倉具視は、名前こそ著名だが、その実像は意外と知られていない人物である。

そして一般に流布されているイメージは気の毒なほど悪い。下級公家の出身であり風貌からして公家らしくなく、司馬遼太郎が「博徒の親分」にしてもおかしくないというほどの面構えでもある。そのうえ、孝明天皇暗殺説、小御所会議の謀略など風評被害も強烈で、維新革命・王政復古の立役者でありながら、とりわけ戦後民主主義者からは「悪の親玉」のように言われている。

しかし、その実像は公家に似合わぬ豪胆な政治家であり、達識と胆力に富んだ革命家であった。この人物を軽視・無視しては歴史の真実に迫れない。当時宮廷一の政治家と言われた鷹司政通《たかつかさまさみち》（元関白）をして「岩倉大夫は眼彩人を射て、弁舌流れる如し、まことに異常の器なり」と言わしめ、明治の著名なジャーナリスト池辺三山《いけべさんざん》をして「岩倉には知恵がある、才気がある、最も弁才がある。また、すこぶる立派な文才がある」と唸らせた傑物であった。

岩倉は三四歳の時、通商条約締結に反対し、公家八八人を動員して前代未聞のデモンストレーションを主導して宮廷勢力の台頭を図り、幕末動乱の気運に乗じてにわかに頭角を現す。そして、最初の建国意見書である「神州万歳堅策」を著して「条約を結ぶ前に欧米に使節を派遣し調査すべし」とも主張している。その後、「和宮御降嫁に関する上申書」を提出して公武合体運動を推進するが、これが尊王攘夷派から大反発を喰らい、佐幕派の大姦物とみられて弾劾され命も狙われ、五年間も洛外に蟄居させられる羽目になった。しかし、岩倉は逆境にもめげず隠忍雌伏し、いくつもの建言書を著して大久保利通や坂本龍馬など有力な志士とも交流する。そして薩長同盟がなるや、勤王雄藩による革命を目指して獅子奮迅の活躍をすることになる。

幕末維新劇のハイライト、王政復古の大号令や徳川慶喜を追放する小御所会議でのエピソードは周知の通りであり、西郷、大久保との大芝居、戊辰戦争における錦の御旗戦略など、天皇国家への革命劇には宮廷政治家としてまさに主役を演じてきた。そして幾多の難関をくぐり抜け、新体制を創り上げていく。明治三年には、法制、財政、軍政、教育など総合的な建国策をまとめてトップリーダーぶりを発揮している。

そして西郷、木戸、大久保らの大決断によって革命的な「廃藩置県」を見事に成功させると、かねてよりの懸案であった「米欧使節団」の具体化を急速に進める。そして岩倉は自ら大使になっ

岩倉具視（国立国会図書館蔵）

てこの大旅行に出かけるのだ。

米欧の旅で天皇の存在意義を改めて認識

その岩倉は「米欧回覧の旅」で何を見、何を考えていたか。

岩倉の第一の関心事は天皇制をどのように構築するかであった。新政府の閣僚たちはすべて薩長土肥を主とする武士階級であり、公家で政治の中枢にいるのは三条と二人だけだった。当時の空気からすれば、リーダー間では開化派の思想つまり共和志向が有力だっただけに、岩倉の心配はそれにどう対処するかが切実な重要課題だった。アメリカの共和制は問題外であったし、イギリスの王制にはある種の親近感を覚えたけれどモデルとするには物足りなかった。

だが、パリである種の救いを得た。というのは政治経済学者のモーリス・ブロックに会って、こんな話を聞いたからだ。博士は、「フランスは大革命以降、共和制と帝政にゆれて六回も政体を変え、その都度混乱し流血の騒ぎを起こした。それに比べ日本の明治維新はまさに無血革命といってよく、その秘密は天皇の存在にあるのではないのか」と天皇制を評価したからである。岩倉はその後、ドイツ、ロシア、オーストリアで各様の帝政を学習し、「欽定憲法」への思いを強くしていく。

また、旅の間、天皇の藩屏《はんぺい》としての貴族のあり方を考えた。イギリスでは貴族が地主として農業経営に従事し産業資本家としても鉄道などに投資している姿を観察し、ロシアでは貴族が各種の事業家でもあることを見聞している。

帰国後、岩倉は何に注力したか、その最重要課題は天皇中心の憲法をどのようにつくるかだった。具体的には、その意に添った井上毅の登用であり、伊藤博文への期待であり、公家政治家としての後継候補、西園寺公望《さいおんじきんもち》への熱い思いであった。それは明治一四年（一八八一）の政変での欽定憲法路線の確定となり、さらには華族制度の整備、皇室財産の準備、その皇族や華族の教育や資産形成などに力を注ぐことであった。

明治一五年（一八八二）に伊藤が憲法調査のためヨーロッパへ旅立つ時、西園寺を同行させてこう告げている。「伊藤はこれからの日本にとり柱石となるかけがえのない人物であるから、末永く伊藤を助けて、政治上の奮闘をねがいたい」と。岩倉はこの旅を通じて伊藤の人柄と実力を親しく知ることになり、政治的後継者としてバトンを渡すことになった。そして翌年に亡くなるが、侍医のベルツは「公は全身これ鉄の意志であった」と述懐している。

2　副使・木戸孝允

颯爽たる志士から新政府一の文民政治家へ

木戸孝允はどうか。こちらは岩倉と対照的に評判がよい。

幕末動乱期に桂小五郎として大活躍し、長身でハンサム、ロマンチストでありながら剣に強い革命の志士。美人芸者との命を懸けた恋もあって実に颯爽としていた。一方、繊細に過ぎ、心配性でナーバス、逃げの小五郎とまで言われたが、幕末維新期の志士の中で最も聡明で先見の明がある一級の政治家だったと言えるだろう。

木戸孝允
（国立国会図書館蔵）

木戸が政治の舞台に登場してくるのは、禁門の変で京都より逃れて出石に潜伏していたところを呼び戻され、藩の重役となって采配をふるう頃から始まる。村田蔵六を抜擢して軍事力を強化し、坂本龍馬と謀って薩長同盟を結び、高杉晋作を先駆けとして起死回生の倒幕戦争に突入していく。そして藩の存在を賭けて決死的闘争を戦い抜き、倒幕勢力を束ねる長州第一の中心人物になっていく。

明治維新とともに参与になった木戸は「五箇条の御誓文」の作成に関わり、大きな役目を果たす。この原文は越前藩士の由利公正《ゆりきみまさ》が書き土佐の福岡孝弟《ふくおかたかちか》が手を入れているが、最終段階で木戸が重要な手直しをしているからだ。第一条の「列侯会議を興し」を「広く会議を興し」とし、第四条では「宇内の通義」を「天地の公道に基づくべし」と直し、さらに「列侯会盟」であったのを天皇自らが「親しく公卿諸侯及び百官を率い、神明に誓う」形にしたことである。これにより木戸の見識と文才が生きて天皇国家の高邁な理念を謳うものになった。

憲法の制定と教育の充実に注力

では「米欧回覧の旅」で、木戸は何を見、何を考えたのか。大まかに言えば、その着眼点は二つあったと思う。一つは国の基本法「憲法」である。もともと急進開化派であった木戸はアメリカの「共和憲法」に興味があった。そこで、ワシントンに長居する羽目になったのを奇貨とし、久米と畠山の「米国憲法勉強会」に参加して書生のように熱心に学習した。ロンドンに滞在中はベルリンからやってきた藩の後輩である留学生青木周蔵《あおきしゅうぞう》をチューター役にヨーロッパの憲法について大いに勉強する。そしてパリでは先述したブロック博士から日本の天皇制を評価する話を聞いて、それまでの共和寄りの考えを「とんだ間違いを犯すところだった」と反省している。そしてドイツで帝政の実態を見、ビスマルクのスピーチを聴き、日本独自の君民共治の法を目指すことになる。

二つ目は「教育」である。木戸は若くして詩文に親しみ教育に関心が強かった。だからアメリカをはじめ各国各地で小学校から大学まで各種の学校を見、博物館、図書館、印刷所、新聞社も熱心に見た。そしてワシントンでは新島襄に会い、その高い志と人格に惚れ込み、以後親交を続けて後に同志社英学校を創立する時にも大いに力を貸している。また、パリの図書館を視察した時には、世界中から膨大な数の古今の良書を蒐集している様に感動し、文明というものは一朝一夕になるものではなく長い年月を懸けて生成発展するものだと痛感している。

ここで重要なことは、旅に出る前まで、リベラルで急進的開化派だった木戸がむしろ保守化して漸進主義に変身し、漸進的保守家だった大久保がむしろ急進的開化派に転じたことである。といっても、木戸の考えに、共和的思想と議会政治重視の基本は変わらず、明治一〇年（一八七七）に亡くなるまで、政治運営上で専制志向の大久保のバランサーとして民意重視の役目を随所で果たしており、また文部卿に就任して民力の向上にも大いに努めている。それは二人がこの大旅行を通じて、共通体験と共通認識をもったことを意味し、たびたび衝突しながらも要所で歩み寄り、日本の近代化路線を確かなものにしていったと解釈できるからである。

木戸は、帰国後とくに病気がちで力をあまり発揮できなかった。が、情に厚く人間的魅力があっただけに広く人気があり、伊藤博文、井上馨《いのうえかおる》、山縣有朋、山田顕義はむろん、他藩でも大隈重信、福地源一郎《ふくちげんいちろう》、新島襄らシンパが多く、それぞれの形で木戸の思想を継承し現実に生かしていったと言えるだろう。久米邦武もその一人であり、明治憲法が発布された時「憲法はまさに木戸公の志が実現をみたものである」と語っている。

3　副使・大久保利通

公明正大、無私、断行の政治家

さて、大久保はどうか。謹厳、冷厳、権威的、専制的、近寄り難いとのイメージがあり、一般的には評判がよろしくない。そのうえ岩倉と同じく、陰謀家、策士、寝業師的な側面を強調する向きも多い。また、民権派の急先鋒、薩長政権への反逆家、江藤新平を極刑に処したことへの反発は大きく、盟友西郷隆盛と決裂して死に追いやったことでも悪役にされている。また、鉄血宰相ビスマルクの影響が大きいと、保守反動の親玉のようにいう人もいるが、それも一面的な見方で本質を理解していないと思う。というのは、大久保の先見の明、断行力、無私の為政を知れば知るほど、政治家としての大久保の存在は大きいからである。

では、大久保はこの旅で何を見、何を考えたのか。当時、大久保は大蔵卿で大きな権力を握っていたが、開明派の連中から言わせると保守的で頑迷で扱い難い存在だった。そこで、大隈は留守番役に廻されると「鬼のいぬ間に洗濯だ！」と居直ったほどであり、井上馨や渋沢栄一などもアンチ大久保で予算問題などで大衝突をしており、外へ出てもらった方が仕事はしやすい、外国を見てくれれば洗脳されて考えが変わると期待した組だった。

旅の効果は抜群だった。大久保は変身し開明的になった。とりわけ大久保にとって一番の見処はイギリスであった。アメリカは初見であり物珍しい段階であったし、とんぼ返りの一時帰国もあってよく見られなかった。本格的に西洋文明の核心、とりわけ政治と経済に触れたのはイギリスでの見聞だった。とくに帰国していた駐日公使パークスの案内でイギリス各地を巡覧した旅は重要であった。日本と同じ島国で人口も同程度の国がどうして世界に冠たる大帝国になったのか、そのカラクリを知りたかったからである。それはロンドン、リバプール、マンチェスター、グラスゴー、ニューカッスル、シェフィールドなどの回覧でよく理解できた。それは王様と貴族と実業家が一体となった三様の政治であり、経済的には産業と貿易の仕組みによるものであった。当時スイスに滞在中だった大山巌宛に書いた手紙をみれば、大久保の感想・所見の一端がよく分かる。

「どちらに参り候ても、地上に産するものは一物もなし。ただ、石炭と鉄あるのみ。制作品はみな他国より輸入して之を他国に輸出するのみなり。製作所の盛んなることはかつて伝聞するところより一層にまさり、至るところ黒煙天に朝し、大小の製作所を設けざるなし」

大久保利通
（国立国会図書館蔵）

大久保は、あまりの開発格差、財力格差、資産格差に啞然とし、「こんな時代に自分のような歳をとった者は何もできない、もう引退するばかりだ」と弱音を吐いている。しかし、歴史をみてみるとこの繁栄も近々四、五〇年くらいのことであり、その気になって学び摂取していけば追いつけないことはないと思い返すのである。

殖産興業の重要性と理想としてのイギリスモデル

その大久保は帰国後、どう変わり、どう対処したのか。その成果は、明治六年一〇月の正院会議の征韓論争をみれば明らかである。出席者は、三条、岩倉、西郷、板垣、大隈、副島、江藤、後藤、大木の面々である。木戸は体調が悪く欠席している。大久保は西郷の韓国派遣に反対する理由としてこう論じ立てた。

　第一に、新政まだ久しからず、古今稀少の大変事があいついで、所を失い産を奪われ、大いに不平を懐くの徒少なからず、…もし間に、乗ずべき機会あらば、いったん不慮の変を醸すも計るべからず（中略）、この現実を見ないで俄に朝鮮の役を起こすなどもっての外である。

　第二に、今日すでに政府の費用莫大にして、歳入常に歳出を償うこと能わざるの患あり。況《いわん》や数万の兵を外出し、日に巨万の重税を課し、外国からの借財に頼り、紙幣を乱発して、人民の苦情を発し、ついに騒乱を醸し、いうべからざる国害を来すや、実にはかるべからず。

　第三に、今、無用の兵営を起こし、いたずらに政府の心力を費やし、巨万の歳費を増し、多事を顧みること能わざるときは、政府創業の事業ことごとく、半途にして廃絶し、再度手を下すに至っては、また新たに事を起こさざるをえず、殖産興業の道は数十年も遅れることになろう。

これになお四カ条が続くのだが、その内容は理路整然、回覧見聞の成果が充分に盛り込まれている。西郷や江藤が猛反対するが、単なる手続き論であってまっとうな反論はできない。その結果は有名な「明治六年の政変」となり、米欧派遣組が政権を奪回し、西郷以下江藤、板垣などが揃って下野する。そして大久保政権が確立し、海外視察の成果を踏まえて日本近代化路線が確定することになるのだ。

大久保はただちに内務省を設立し、一方で治安の安定を図り、一方で殖産興業に注力する。まさにトップダウンの有司専制であった。開発独裁と言うべきかもしれない。大久保は大隈と伊藤を両翼にして強力なリーダーシップで政治を進める。その下には隆盛と親しかった黒田清隆《くろだきよたか》、西郷従道《つぐみち》、大山巌も従い、反発した江藤は佐賀の乱で刑死し、西郷は西南戦争で自死することになる。

それから五年後、大久保も暗殺されるが、その日の朝、訪ねてきた山吉盛典《やまよしもりすけ》にこう語っている。「明治一〇年までは兵事多くして創業のときであった。次の一〇年は最も肝要で内治を整え民産を殖するときである、そして三期は守勢のときで、後進賢者の継承修飾を待つとき」である、と。

これこそ大久保の構想であり、その真情を表すものであろう。大久保はドイツモデルを目指したとよく言われるが、真に目指したところはイギリスだった。ドイツモデルはその第一ステップであったと思われる。そしてこの遺志は伊藤と大隈に引き継がれ、明治一四年の政変以後は伊藤がトップリーダーとなって近代化路線を歩むことになる。

4　副使・伊藤博文

俊敏な軽薄才子から国際感覚に富む現実政治家へ

さて、同じ副使でも若い伊藤博文と山口尚芳が維新の大立者と並んでいるのは違和感がある。この二人は明らかに格落ちだからである。しかし、なぜ、伊藤が副使になっているかといえば、それなりの理由がある。何よりも海外体験の豊富さと英語を解したからであり、むしろ事務局長兼先導役という意味合いが大きかったと察せられる。伊藤は当時三一歳、急進開化派の先頭を走っていた。あまりにも元気に飛び跳ねるので大隈重信や井上馨と共にアラビア馬と称されていたくらいである。

伊藤は、師の吉田松陰に「周旋の才あり」と評されたのは有名だが、俊介の名のように俊才であり俊敏であった。時には「軽薄才子」とされたが、木戸孝允の付き人となる幸運を得て、大いに知識を吸収し体験的知恵をぐんぐんつけて成長していく。そして、周知のように井上馨と共にイギリスに密留学し、馬関戦争勃発と聞くや急遽帰国して和平工作に奔走、いよいよ政治の世界に入り込んでいく。そして維新後は、英語も分かる有能な官僚として頭角を現し、まず外国係、次いで兵庫県の知事、大蔵省の局長クラスへと昇進し、明治三年にはアメリカへ自ら企画しリーダーとなって金融財政制度の調査に行っている。そして国務長官のフィッシュやデロング公使とも親しくなり、米国事情にも詳しくなった。この旅の濃密な実り多い体験が、結果的に岩倉使節の旅の下敷きの役目も果たすことになり、大使に岩倉が決まった時点で、伊藤に副使役がまわってきたと解釈できよう。

では、伊藤はこの旅で何を見、何を感得したのか。伊藤は三度目の海外ということになるが、今回の旅は特別だった。新生「天皇国家」の大使節団の旅であり、それも栄えある副使という立場である。アメリカをはじめ各国は国賓待遇での応接であり、一級の人物と会い、西洋文明の諸相をまるごと見学できる好運に恵まれた。久米も自らの『回顧録』で述懐しているように、この旅はまさに「世界一周の旅」でありしかも「一等席での文明見物」だった。

それに、初めて外国を旅するメンバーと違って、伊藤は旅をしながら色々の仕事をこなした。アメリカでは資金調達、イギリスではダイアーをはじめ工学系に教師を雇うこと、各国では留学生の調査対応、イタリアでは当時問題になっていた蚕紙《さんし》に関することなどなど、その活躍ぶりは広範だった。

伊藤博文
（国立国会図書館蔵）

西洋事情に精通、大久保・岩倉の信頼を得る

また木戸と大久保は、ベルリン滞在中に帰国命令が来て途中から帰ることになる。そのため、それ以降の旅では伊藤は実質的な副使の役割を果たすことになる。最長老で長旅に疲れた岩倉はイタリアに来たあたりで体調を崩してずいぶん弱気になっているが、若い伊藤は元気いっぱいで頼りがいがあり、大使をしきりにいたわり励ました。伊藤は岩倉の信頼をおのずから勝ち得ることになる。

それから大久保利通ともきわめて親しくなったことが大きい。木戸とはもともと兄事し弟分の関係にあり緊密だった。もっとも、アメリカでは条約改正に踏み込んで木戸の顰蹙を買い、一時は遠ざけられ冷遇されたが、持ち前の機転と愛嬌で関係を修復し、帰国後明治六年の政変劇では大久保、木戸、岩倉の間を周旋して大車輪の活躍をする。

旅の前までは大隈重信の驥尾《きび》に付していた伊藤だったが、旅の後では西洋見聞の豊富さと岩倉・大久保との関係濃密化で、大隈と並びかつ追い抜いていく力をつけたといっていい。それは明治一四年の政変にはっきりと顕れることになる。岩倉を後ろ盾にできる強みは代え難いものだった。こうして近代国家の骨格を決める「憲法の制定」という大仕事が伊藤に託され、明治国家の形成そのものの主役を演じていくことになるのだ。

5　副使・山口尚芳

佐賀藩代表、大隈重信の身代わりか

もう一人の副使、山口尚芳はどうか。サンフランシスコで撮影された有名な五人の写真にもちゃんと写っている。他の四人に比べたいへん地味な存在であり、まさに「知られざる副使」と言っていい。その山口は肥前佐賀の出身、当時外務少輔であり局長クラスということになる。その山口がなぜ選ばれたのか少し不思議だが、有力な説は大隈重信の代わりということである。この使節団、もともとは提案者でもあった大隈を大使とする条約改正に関する小規模なものが考えられていたという経緯がある。それが新しく誕生した明治国家の代表として条約締結国すべてを訪れる大使節団ということになり、それを代表する大使には公家で外務卿でもある岩倉具視が適役だとされたことになる。その結果、大隈は留守

政府を預かる側にされてしまい、その代役で肥前佐賀の代表として選ばれたという解釈である。

さて、その山口だが、武雄藩の出身、前藩主の鍋島茂義《しげよし》に才幹を認められ、長崎に出てオランダ語を学んだ。さらには大隈重信や副島種臣《そえじまたねおみ》らと共に英語伝習所でフルベッキから英語を学ぶ。そこでの藩を越えた交友関係から幕末維新の活動に参加、維新後は外務省に出仕して各地の新政府の御用係（判事）として務める。そして外務省の少輔の時、岩倉使節団に参加することになる。それにしてもなぜ、副使なのか、という疑問が残る。私見では、最初、岩倉大使と伊藤・山口副使の構成だったのが、木戸、大久保が後から決まったのでかような変則人事になったのではないか、と推測している。

元老院議員、貴族院議員など

さて、その山口は、この旅で何を見、何をしてきたか。最初から最後まで岩倉大使に随行した唯一の副使であったが（伊藤は天皇の委任状を取りに、大久保とともにワシントンからいったん帰国、木戸と大久保はベルリンから帰国）、大使グループの代行的役割だったのかつまびらかではない。

ただ、山崎渾子氏の研究（『岩倉使節団における宗教問題』思文閣出版、二〇〇六年）によれば、山口はキリシタン問題に詳しく、寺島宗則（外務大輔）の指示で「耶蘇書類」を携行しており、キリスト教解禁問題の対応についての特任を負っていたと推定される。それは当時としては重要任務であり、他にも仕事をしていたかもしれない。

帰国後、江藤新平の乱のときには元藩主の鍋島茂昌《しげはる》を説いて反乱への呼応を阻止し、自ら兵を率いて反乱軍の鎮圧にあたったという。その後、元老院議官、会計検査院初代委員長などを経て、高等法院裁判官、貴族院議員などを歴任している。能吏であったものの政治家向きの性格ではなかったと言えようか。

土佐代表、もう一人の重要人物

蛇足ながら、むしろ副使格とも言える人物に佐々木高行《ささきたかゆき》がいる。一時は土佐の代表として木戸、大久保と並び参議にも列された実力者である。見識、文才もあり、保守頑固党の頭領と言われた人物で、開明派からは敬遠気味に遇されていた。今回はそれが司法省の理事官という役で参加している。ところがアメリカでは大使副使と理事官ではまったく待遇が違う、まるで一等書記官並の扱いだった。それに英語の出来る若い連中が大きな顔をし、英語のできない高齢組の佐々木は小児同然の扱い、そこで旅の間中、終始ご機嫌斜めで、そのやるせない心情を日記『保古飛呂比《ほごひろい》』に吐露し、旅の影の面をたいへん興味深く伝えている。急進的開化に傾く使節団の中で、ある種のバランサー役を果したともいえ、帰国後も侍補グループのリーダーとして隠然たる力を持つことになる。

参考文献

大久保利謙編『岩倉使節の研究』宗高書房、一九七六年。
田中彰『岩倉使節団の歴史的研究』岩波書店、二〇〇二年。
米欧回覧の会編『岩倉使節団の再発見』思文閣出版、二〇〇三年。
芳賀徹編『岩倉使節団の比較文化史的研究』思文閣出版、二〇〇三年。
泉三郎『岩倉使節団――誇り高き男たちの物語』祥伝社、二〇一二年。

第4章 『米欧回覧実記』編著者・久米邦武、晩年の境地

M・ウィリアム・スティール

岩倉使節団に随行して久米邦武は欧米で何を見て、また、その経験から何を学んだか。儒学者の久米は、西洋「文明」をどのように理解したか。久米は一八七三年にその長期視察から戻ると、その後の数年を独力で視察報告書の編纂に費やし、一八七八年に全百巻からなる『米欧回覧実記』（以下、『実記』）として出版している。当時久米は四十歳であった。その後、経験的実証、定量分析、テキスト分析に基づいた日本での新たな批判的歴史学を打ち立てるために、久米は歴史家として生きていくことを決意した。一九三一年に九十三歳で亡くなった久米は、その功績から「国史の元老」として知られることとなった。

多くの研究は若き日の久米に焦点を当ててきたが、本論考では晩年の久米に注目してみたい。ここでは、『実記』と久米の自伝『久米博士九十年回顧録』（以下、『九十年』）および晩年になって発表した数々の論説を渉猟し、久米の文明論を考察する。『実記』の出版から四〇年経った一九一八年、多くの犠牲と破壊をもたらした第一次世界大戦が終結した。その時点で久米がどのように過去を振り返り、明治初期に実現しようとした文明の施設や思想を反省したのかを見てみたい。このように日本また世界の「近代」における光と影の研究に貢献したい。

1　米欧での発見——歴史と未来への関心

米欧回覧の体験が歴史家への意識を育んだ

二〇〇六年の米欧亜回覧の会設立一〇周年記念シンポジウムで、私は久米の歴史発見に焦点を合わせて報告をした（スティール「日本の文明開化の光と影」）。久米は米欧で何を見たか、もちろん工場・病院・図書館・新聞社・銃砲・戦艦など「新しきもの」を見たが、一方で古い建造物・史跡・記念碑・博物館など「古きもの」にも出合っていた。ローマやヴェニスで久米は西洋文明の古い起源を見ることが出来たし、そこの古文書館で一五八五年にヨーロッパへ送られた初の日本使節（少年使節）の歴史的文書をも見ることが出来た。私は、歴史的なものへの尊敬と愛、そして積極的保存活動を見たことが、久米が歴史家になった始まりではないかと考えている。また、儒学者として育った久米は、日本の過去の歴史についても同種の尊敬を持つ必要があると考えながら帰国したであろうと想像している。

日本の未来への関心

久米は、欧州各国で絶え間ない変化——進歩が続いていることを見た。久米が「今ノ欧州ト四〇年前ノ欧州トハ、其観ノ大ニ異ナルコトトモ、亦想像スヘシ、陸ヲ走ル汽車モナク、海ヲ史スル汽船モナク、電線ノ信ヲ伝フルコトモナク」（『実記』Ⅱ、六八頁）と指摘し、西欧でのこのような恐ろしい変化を見て、久米は必然的に日本の来るべき将来を考えざるを得なくなった。その後、つまり岩倉使節団が帰国した一八七三年からの四〇年の間で、日本に何が起こったのだろうか。一九一〇年代の日本はどういう国になるだろうか。たとえばクルップの大兵器工場を見た時、日本の将来もこうなるのだろうか、と久米は『実記』の編纂時にすでに進歩の概念に関する警戒心をもっていたと考えられる。

2　進歩に関する疑問

日進月歩への疑問

西洋の偉大な進歩のニュースが日本に伝わって以来、性急な人々は大急ぎで古きを捨て、新しきを取り入れることに努めたけれど、これらのいわゆる革新は必ずしも有益ではなく、実際に機能している古い方式の破壊と損失に繋がってしまった。どうしてこれを進歩と言えるのか。久米は次のように書いた。

「西洋の日新進歩の説、日本に伝播してより、世の軽佻慮り短きもの、逐逐然として、旧を棄てて新を争ひ、所謂る新なるもの、未だ必も得たる所なくして、旧の存すべきもの、多く破毀し遺りなきに至る、噫是豈日新の謂ならんや、進歩の謂ならんや」と（『実記』Ⅲ、四三頁）。

晩年の久米邦武
（久米美術館蔵）

そして、一九一四年に至り第一次世界大戦が勃発すると、その疑問は現実のものとなった。彼の進歩への展望はたいへん暗いものになっていく。

第一次世界大戦の災禍

西洋において、第一次世界大戦は、たいへん広範囲で（世界戦争）、たいへん破壊的で（被害者は軍人・民間合わせて三八〇万人）、強力な新戦争技術（航空機・潜水艦・機関銃・毒ガス等）の活用等、多くの知識人が人類の歴史の大転換点だと恐れた。

戦争が勃発した一九一四年、大歴史家のアーノルド・トインビーは『裁判中の文明』（*Civilization on Trial*）を書き、オズワルド・シュペングラーは『西洋の没落』（*Decline of the West*）を出版した。日本においても、保守の徳富《とくとみ》蘇《そ》峰《ほう》や後藤新平《ごとうしんぺい》、リベラルの茅原《かやはら》崋山《かざん》等のオピニオンリーダーが、文明とくに西洋物質文明がデッドエンドに達したと恐怖を表明した。日本が積極的に輸入した明るい文明が、軍国主義・物質主義・快楽主義等の暗い面を持つことが判明し、久米邦武も悲観的な意見をもった。

物質文明は行き詰まりに近し

久米は『実記』を出版してからの四十年のいわゆる進歩を振り返り、自身が一八七〇年代に日本にもたらそうとした文明が行き詰まりつつあることを憂慮しはじめていた。『歴史地理』に一九二〇年に掲載された論文の題名は、不気味にも「西洋物質文明の行き詰まり」である。文明の創造的な力は人々の融和をもたらすのではなく、むしろ大量破壊兵器と前例のない大量殺戮の創造の原因とさえ思えた。一九一九年に久米はこう記している。

「近年泰西機巧の進みが益破壊的になり、天然物を破壊して人工にて精錬せすんば已まざるの概あり、夫れのみならず巨額の費用と労力とを戦時の凶器製造に傾け、競うて残酷なる機械を発明し居たるが、遂に大戦争を爆発し、天に翔り海に潜り、数百万の壮丁をその機械の前に駆り、肉弾となし、屍丘を築くに至る残酷なる戦状…天に果たして神の存在するやを疑はしめた」「歴史より観たる世界の平和」

3　歴史の生き証人、大変化の九十年を回顧する

一等席から見た大変化

久米は九〇歳にして自伝『九十年』を書き、没後、昭和九年（一九三四）に出版した。その序文で、歴史家として歴史の証人になった喜びを書いている。彼が若い時代に親しんだちょんまげと二本の刀を差した侍は、汽車と自動車と航空機の時代である昭和五年（一九三〇）の日本には無縁の存在になった。久米は九〇年の人生において日本の歴史の最も大きな転換を体験した。彼の最初の三〇年は封建時代であった。次の三〇年間に日本は中央集権化され世界の大国の一つになった。その次の三〇年、日本は大国の一つとして世界の平和維持に寄与した。

「余の一生は古今の歴史中最も面白い時代であって、是を一続の芝居とするなら、余はその一番面白い幕を見たと言ひ得る。而も観席には席の等級が多いに拘らず、余は幸にも一等席から見る事を得たのは、亦生涯の幸福と自信している」（『九十年』四頁）と記した。

さらに、晩年の久米は「将来の事も豫言は出来ぬが、余が一生の中に起った様な時代変化は恐らく今

後は起り得ぬであらうと思う。蓋し、余が一生の変化は実に空前であって世界の歴史変動は既に「山が見えた」と言ってよいのである」(『九十年』二頁)。

問題は、久米が山の向こう側に何を見たか、である。明るい未来か、暗いものか。

文明の裏表

久米は自伝で特に自分の心理的、また物理的、文明との出合いを語った。汽車に乗り、工場・病院・学校・政庁・博物館を訪れた。そして進歩は一部の人に利益をもたらすが、貧民に社会的経済的問題も引き起こす、貧富の格差拡大の面も見ている。彼は奴隷であった黒人や保有地を白人に奪われたインディアンへの差別を見ている。また、工場の進出に伴うスラム、貧困、凄まじい刑務所、汚染された空気と水などの公害も見た。

久米は歴史が発見したと同時に未来にも文明を発見した。そして、その未来の文明はいつも明るいとは限らないと分かってきた。久米は文明には二面があったと言う。「文明の裏表」という言い方で、文明は明るい面だけでなく暗い危険な面もあると説明している。「王政復古後の文明の盛観を予想して居られた様で、その文明開化に危険の副ふ事も承知して」いた、一方でその文明開化に「危険の副ふ事」も承知していた。ロンドンや他の都市の貧民街を歩いた時、多くの乞食やホームレスに出会い、「目の当たり倫敦の市中に百鬼夜行の浅猿しきを見極度に悲観されたかの様に想はれた。」この極度に悲観された様子を「文明の裏面」として記載された(『九十年』四二一頁)。

西洋文明は銃砲と軍隊の文明である

なかでも久米を最も当惑させたものは、西洋人の銃砲と軍隊への強い執着であった。彼はこう書いている。

「西洋の文明といえば、銃砲の文明で、此の利器を誇耀して不条理を他国に強要し、土地を占領し、不対等の条約通商上不当の利を占めて来たのが、過去一世紀における欧州繁栄の本である」（『九十年』四九〇〜九一頁）。

4　ヨーロッパ戦乱についての久米の深い憂慮

戦後も殺人兵器を開発し、軍備拡張に努める諸国

久米は第一次世界大戦が勃発した直後の一九一四年に書いた記事「欧州戦乱につき余が実験歴史の回顧」（『歴史地理』一九一四年一一月一日）で、ドイツに滞在した時のことを振り返っている。その時彼はすでに戦争を予見したと言う。それはなぜか。ヨーロッパ各国は平和および文明を語ってきたが、実際には、税金を銃砲、戦艦、殺人機械に投じて軍隊を拡張し、戦争準備をしていたからである。各国は新兵器や空中から投下、あるいは水中から発射できる爆弾の開発を競い合った。国民の生命に配慮することをせずに軍事に資金を投じていた。

そこで久米は、戦後はどうなるのだろうと考えた。戦争が再発しないために何ができるのか。各国が

より強力で恐ろしい殺人機械の開発にしのぎを削るのをどうしたら止められるのか。

最も戦好みの国・ドイツ

久米は正直にその咎めはドイツにありとして、ドイツの過去六〇年以上にわたる軍備拡張を、自身の歴史家としての経験に焦点を合わせて追跡し始める。彼は、佐賀の侍で長崎に駐在した父親が、嘉永七年（一八五四）に「独逸は最も意地悪な国、意地悪いとは合戦好みという意味」と彼に語ったことを覚えていた。

『実記』にはビスマルクの演説内容が紹介されているが、そこでビスマルクは英仏が海外に植民地を求め他国の資源を搾取すると警告し、日本は可及的早期に軍事力を強化すること、敵意に満ちた世界で大国になる運命にある独日両国が友好関係を深めるべき、と説いた。しかし、久米は一九一四年には、このタイプの軍事的思考がヨーロッパ戦争の勃発を導いたと判断した。久米は軍備拡張の結果、日本が軍国主義に陥らないよう、ドイツの轍を踏んではならないと警告する。過去には多くをドイツから学んだが、注意しなければならない、英仏米そして露と戦争になっているかもしれない、と。

5　歴史より観たる世界の平和

歴史から観たる世界平和

次に、ドイツが敗れた後に久米が書いた記事を見てみよう。一九一九年に「歴史より観たる世界平和」と題する記事を書いた。それは西洋文明の批判から始まり、新時代は平和と友愛の時代ではなく、西洋文明の導入は大規模殺人と新戦争技術をもたらし、歴史は悪夢となったと述べている。

また、国際連合については「ベェルサイユ宮に会して媾和の条約を協議することとなり、主戦国の獨逸国をして之に聯盟の国々に其責任賠償等の条件を講定すると共に将来此の如き惨禍を再びせざるが為め、人道正義に依りて永遠に平和を確保する条件」（『大観』六〇頁）を討議したとあり、久米自身としては「余は生来兵事は大嫌いな性分にて、之を廃棄せんと欲する情願は年々に熄《や》むなしと雖《いえど》も、家に鼠、国に盗人、国際に侵略は常に絶えざれば……今度の惨劇なる戦禍には痛く平和確保の叫びが期せずして全地球に起るに至れり」と書いている（同六〇頁）。

久米は戦争終結のニュースを聞いた後で、富士山の方角を望み、大正八年の新年に際し世界平和を願う詩を書いた。その時久米は八〇歳だった。

「壽福元来任自然　避寒最好富峰前、偶迎四海平和暁　馬齢八旬加一年」（同六〇頁）

新時代の平和を祈願して

久米は一九二一年の記事でも新時代の平和を願い続けた。記事は「明治の文明開花」と題され、日本の武士道が軍国主義と同列にされてはならないと宣言している。そして、江戸時代の日本の武士道が猛々しい軍事的文化に支配されていたと考えるのは誤りだ。「武」という文字は二つの部分からなり、一方は「止」、他方が「戈」で、争いを治めるのが本来の意味であるという。これは西洋各国における military とは意味が異なる。西洋では生存競争という観念に支配されている。西洋の軍の伝統はより好戦的で、国際的平和を困難にしている。西洋の国々は基本的に軍国主義と性格づけられる。そのことが、大規模な戦死傷者と、かつてない破壊という前例のない馬鹿げた大戦争をもたらした。現在平和を求める動きがあるが、実現の可能性は低いと懸念されている、と久米はいう（『解放』一九四頁）。

ビスマルクの軍備拡張論について若かった久米は『実記』ではやや肯定的に書いている。文明国は攻撃のためではなく防御のために軍隊を保持している、と。しかし、今時の大戦後の久米の考えは異なる。軍国主義が西洋化を規定し、国際法ではなく強者が弱者を支配することが基本になり、より強力な殺人兵器の開発を競った。久米は偉大な平和の期間だった日本の江戸時代と、引き続く戦争と絶え間ないより強力な兵器の開発競争に明け暮れるヨーロッパを対比した。そして、西洋においては文明開化と富国強兵は同じものだと結論づけている。

西洋物質科学の行詰まり

久米は、日本が再び他国と競って軍備拡張に走る前の一九三一年に亡くなった。久米は、第一次世界大戦後のいくつかの記事で、西洋文明はデッドエンドに達したと書いた。たとえば一九二〇年の「西洋物質科学の行詰まり」には、西洋は物質科学の開発競争の果てに、「自ら大戦争を起こし、兵力と財力とを使い切り、疲れ果てて休戦講和した。今は其跡始末に困り、将来の平和を維持せんと、世界を改造せねばならぬとの声を聞くが、世界の改造が出来るものではない。迷っている」と書いている。

戦争後、どうすべきか。一部は社会主義に走った。一部は米英の流行の虜になった。武者小路実篤《むしゃのこうじさねあつ》は、近代日本社会にコミュニティを復元すべく「新しい村」作りを試行した。久米は日本の過去を見て、聖徳太子の思想に見られる調和の精神を賛美し、西洋と交流する以前に日本を性格づけた平和な文明を称えた。久米は、鎖国は国の平和と安定を保つための建設的な政策だったとし、それによって世界史に前例のない長期平和が実現されたと言う。

文明の所産を悪用するか、善用するか、我々次第である

久米は西洋文明に完全に背を向けたのではない。日本を大国に育て上げた文明が、いまだに戦争と破滅の種子を孕んでいると懸念しているのだ。彼はこう書いている。

「欧州戦争は去年までで停みて、是より世界は平和になったと思うであろうが、多年の罪悪が積もりてかかる惨烈な戦禍となり七百万の生霊を殺し、三千億の財力を費しながら、其戦を止むれば直に平和とは、虫の好い話しである。……余は蒸気電気の機関を偏重したるも、亦其誘導の重さ一因と認む。軍備の製造主や、軍費の調達者にも教唆者、誘導者があろう……」（『歴史地理』）

久米が理解に至った通り、文明には明暗二面があって、文明の所産を、破滅のためではなく、責任を持って人間社会の改善に使うか否かは、文明の利用者である我々次第である。我々のような文明を使うもの、このような文明の中に生きているものが、その文明の産物の使い方を良心的に判断すべきである。未来がよりよい、住みやすい世界になるか、より悪く、住みにくい、あるいは生存できない世界になるか、それは我々が歴史を踏まえてこそ出来る選択である、それが久米の我々へのメッセージであると

考えたい。

参考文献（『米欧回覧実記』以外のもの）

「欧州戦乱につき余が実験歴史の回顧」『歴史地理』一九一四年一一月。

「歴史より観たる世界の平和」『大観』九巻一号、一九一九年九月。

「古代東西洋の交通――歴史より観たる世界の平和」『大観』二巻一二号、一九一九年一二月。

「西洋物質科学の行詰まり」『歴史地理』三五巻一号、一九二〇年一月。

「明治の文明開化」『解放』三巻一〇号、一九二一年一〇月。

久米邦武『久米博士九十年回顧録』上・下、早稲田大学出版部、一九三五年。

第5章　林董――箱館戦争の戦士から日英同盟の立役者へ

岩崎洋三

林　董《はやしただす》は、明治三五年（一九〇二）に駐英公使として「日英同盟」を締結したのをはじめ、日清・日露戦争前後の多難な時代に外務次官・駐清公使・駐露公使・外務大臣として日本の外交を担った。

戊辰戦争勃発時、林は幕府留学生としてイギリスにおり帰還命令で帰国するが、一八歳の林は躊躇なく義兄で幕府海軍副総裁の榎本武揚の品川脱走に加わり、新政府軍と戦う道を選んだ。朝敵の汚名を着ても幕府への節を貫く榎本、同行を懇願する林、「人には節操というものがある」と激励する父佐藤泰然《さとうたいぜん》、一族揃っての潔さは徳川武士の道義と気概を想起させ感動を呼ぶ。

捕虜となった幕臣の林を救い、新政府で活躍の道を拓いたのは、新政府軍参謀黒田清隆の気風の良さと器量の大きさだった。林による『徳川家臣大挙告文』の英訳を受け取った英国公使パークスが、その英文の見事さに驚いたとの噂を黒田は知っていた。林の並外れた英語力と西洋知識は、陸奥宗光《むつむねみつ》や伊藤博文らの要人の注目を惹き、官界とくに外交を中心に新政府での活躍の道を拡げた。

ここでは林の潔さを育んだ生まれや育ち、英学修得の経緯、林を取り立てた要人たちとそれらの期待に応えた林の実績を浮き彫りにしたい。

1　父・佐藤泰然の導きと英学修業

父・佐藤泰然の導き

林董は嘉永三年（一八五〇）、蘭方医佐藤泰然の五男（幼名信五郎）として下総国佐倉に生まれ、一二歳で横浜に移住するまで、同地で主に漢学を学んだ。

泰然は蘭方医足立長雋《あだちちょうしゅん》門下で、長崎留学後、江戸両国薬研掘に西洋外科専門の蘭医学塾「和田塾」を開き評判になっていたが、老中を辞し藩政改革に専念する佐倉藩主堀田正睦《ほったまさよし》に招かれ、天保一四年（一八四三）佐倉に蘭医学塾兼診療所「順天堂」を開いた。大阪の適塾と並び称される同所には、後に幕府陸軍軍医総監となる兄松本良順《まつもとりょうじゅん》も助手を務めていた。

藩主堀田は、安政二年（一八五五）の安政大地震で負傷した阿部正弘《あべまさひろ》から老中首座外国事務専管の座を譲られ、ハリスと日米修好通商条約草案を妥結する。

林はその回顧録で、堀田正睦と泰然の関係についてこう書いている。

「阿部に代りて執政となられし後、衆議を排して断然ハリスと通商条約を結ばれたるも、我父君が平素侯と物語し給ひし結果の実際に現れし也」。

また、日米和親条約調印の日に合わせて、母親が五歳の林を湘南巡遊に伴うなど、時勢の変化に敏感な家庭環境の中で育っていく。

ヘボン塾での英学修業

文久二年（一八六二）泰然は老中との意見齟齬を嫌気し、佐倉順天堂を養子の尚中にまかせて隠居し横浜に移住した。寄宿先の甥で蘭学弟子の山内六三郎《やまのうちろくさぶろう》（提雲《ていうん》）はこの時、通商条約締結後の外国事務を司る「神奈川運上所」で奉行手付通訳をしていた。その山内から、運上所では今やオランダ語はほとんど使われず英語が必須なる実態を聞かされ、泰然は信五郎に開港地横浜で外人から英語を学ばせようと考えた。そして翌年、母親ともども横浜に呼び寄せ、佐藤家より家格の高い奥医師（直参）林洞海（長崎留学を共にした蘭方医同門）の養子に出し英語教育を託した。この時、佐藤信五郎は林董三郎《とうさぶろう》（のち董）と改名することになる。

林は当初有力米商社ウォルシュ・ホール商会書記のウェルマンや米領事館通訳ジョセフ・ヒコから学ぶが、養父はより本格的な英語を習わせたいと、アメリカから戻ったヘボン夫人クララ・リートに英語教育を依頼した。

林董
（国立国会図書館蔵）

ヘボン夫人は一八六三年一一月横浜居留地に新築した自宅兼診療所に最初の生徒として林董を迎え、これがヘボン塾の始まりになった。同学に高橋是清（後日銀総裁、大蔵大臣、総理大臣）、益田《ますだ》孝《たかし》（のち三井物産創設者）、佐藤百太郎《ももたろう》（佐藤泰然養子尚中（順天堂二代目）の長男）、三宅秀《みやけひいず》（佐倉藩堀田公侍医三宅良斉長男、文久三年横浜鎖港使節団、東京大学最初の医学博士）等がいた。ヘボン夫人は英語や海外事情を教えるに相応しい教師だった。先祖がコネチカット州知事という名門の出で、従兄が校長をしているノーリスタウン・アカデミーで助教をしていた時、同地で開業し、海外宣教医を志していたヘボンに共感して一八四〇年に結婚した。アメリカ長老派教会の宣教医になったヘボンに同行し、翌年からシンガポールおよび中国厦門で約四年間活動し、私塾を開いて現地少年たちに英語と聖書を教えた。一八四六年病気のため帰国し、一八五九年来日するまでの一三年間はニューヨークに留まり、評判の開業医になったヘボンを助けた。

林は幕府派遣の英国留学生試験に合格するまでの三年間、ヘボン家で夫人から直接英語と西洋事情を学んだ。そのことが、後に林が内政・外交両面でパイオニア的活躍を果たす素地を作ったと言える。そして間近で医療と著作活動に献身するヘボン博士から学んだことも少なくない。林は後にロンドンからグリフィスに宛てた書簡で、博士のことを「善良かつ親切で、人間的に正しく、勤勉であり、質素で忍耐強い人でした」と深い尊敬の念を記している。

イギリスへ留学

林は慶応二年（一八六六）、一六歳の時留学生試験に合格して翌年渡英する。その時、同行した菊池大麓《きくちだいろく》は、「一四人の内、初めから英語が話せたのは林だけだった」と評している。

林は勉学の傍ら、武器庫・造船所・製鉄所・ロンドン塔・水晶宮・競馬場・植物園・新聞社・軍港等を見学した。徳川昭武《あきたけ》が将軍慶喜の名代としてパリ万博訪問のため来仏した際には表敬のため渡仏するが、随従の水戸天狗派の一人が「仏帝ナポレオンが……驕奢に耽るを見て、竊《ひそか》にその位を有つことの久しからざることを慮りたるが、果して強隣プロシャの為に滅ぼされたり」と先見の明を誇ったことについて「照尺を外れるれば滑稽。爾来観察のため漫遊する者五十歩百歩なるは嘆くべし」と冷静に観察（『後は昔の記』）。なお、横浜で父母ともども寄宿した従兄山内六三郎（提雲）がこの時の同行通訳だった。留学期間は五年と定められていたが、戊辰戦争勃発のため一年後には帰国命令が下り、林はアメリカへの転学を模索したが旅費を調達できず帰国することになる。

2　帰国、榎本武揚に従い箱館戦争へ

帰国後、戊辰戦争へ

明治元年（一八六八）六月、英国留学から横浜に帰着した林は躊躇なく榎本武揚の品川脱走に加わり、旗艦開陽丸に乗船して見習士官として箱館戦争を戦った。徳川昭武使節の通訳で同じ船で帰国した従兄山内六三郎も、書記官・通訳として同行した。旗艦開陽丸を江差で破損して失った後も、「少年血気盛んなる折」の林は船を替えて戦ったがあえなく敗れ、榎本、山内ともども林も投獄の憂き目に遭う。新政府軍の参謀黒田清隆は、幕臣の能力を埋もれさせてしまうのは惜しいと考え、新政府に生かそうとしていた。捕虜となった林については、先述の通り品川脱走の趣意書英訳の見事さにパークスが驚いたとの評判が黒田の耳に入ったことが幸いした。

陸奥宗光との出会い

林の出獄後の最初の仕事は、兄松本良順が斡旋した紀州浪人山東直砥《さんとうなおと》の明治義塾での英語教師だった。

林はその仕事に飽き足らず、米公使デロングの翻訳官に転じたが、翌年五月欧州視察から戻った陸奥宗光に紹介される。陸奥は紀州藩の藩政改革のため英語の教師を求めていたのである。明治四年（一八七一）五月、林は陸奥家に寓居して紀州藩兵制改革のための兵法英書の翻訳等に従事した。しかし七月には廃藩置県が実施され藩政改革は頓挫、陸奥は九月に神奈川県知事に転じたので、林もその下で神奈川県に出仕した。

3　岩倉使節団に随行、工学技術教育に協力

岩倉使節団に随行

神奈川県に奉任出仕して一カ月後、大阪の陸奥家で知り合った小松済治《こまつせいじ》（会津藩ドイツ留学生から紀州藩士、岩倉使節団随行）から岩倉使節団派遣計画を知らされ、出発一カ月前に既知の伊藤博文（使節団副使、工部大輔）に直訴し、外務省七等出仕拝命二等書記官としての随行を認められた。

同行した『特命全権大使　米欧回覧実記』の編著者久米邦武は、「林は英語に巧者で西洋通の第一」「林の口訳は書き取りが追い付かないほど速い」と林の並外れた能力に驚いている。ワシントンでの条約改正交渉の最中にドイツ公使から「外国にての個別交渉は不利」との忠告を受けるなど、英語力が頼られたためであろう。

ところで、林はフランスまで随行したところで、工部大学校設立準備のための仕事を命じられる。実は、工部大輔の伊藤は盟友である英国密航留学組の山尾庸三《やまおようぞう》（工部少輔）との約束で、この旅行中にイギ

リスから技術系の教師を雇用することにしていたのだ。そこで伊藤はスコットランドの実業家Ｈ・Ｍ・マセソン（H. M. Matheson）（ジャーディン・マセソン商会、薩摩藩英国留学生も世話した）の紹介を得て、グラスゴー大学ランキン教授に相談し教授の秘蔵っ子ヘンリー・ダイアー等一一人を雇うことになったのだった。林は伊藤の指示に基づき、そのダイアーらの世話役として随行帰国することになる。

ダイアーを案内帰国、工部大学校の設立に参画

そして林はこの縁で帰国後も外務省在籍のまま工学助の辞令を受け、山尾傭三を助けて七月には工部省工学寮付属工学校を設立、さらには明治十年（一八七七）一月東京大学工学部の前身となる工部大学校の設立まで協力する。ダイアーは初代都検（教頭）として日本の工業教育の基礎を築く大役を担うことになる。

なお、この間、林は多忙な仕事の合間に活発な翻訳活動を行っている。それは経済・法律・宗教・天文にまたがり、その主たるものを例示すれば、明治八年（一八七五）から一三年にかけて、ジョン・スチュアート・ミルの『経済論』、テートの『訓蒙天文概論』、ベンサムの『刑法論綱』、リーバーの『自治論』に及んでいる。そこには類いまれなる英語力と英米の自由主義思想への深い理解があり、それを実際の政治に応用しようとする姿勢も窺える（『後は昔の記他』）。

林は係累や師に恵まれ、多くの新政府要人に才能を認められて、工部省の大書記官をはじめとして、逓信省、香川県知事、兵庫県知事などを歴任し、いよいよ外交の舞台へと登場してくる。

4　いよいよ外交の本舞台へ

有栖川宮親王の訪露に随行

最初の出番は、明治一五年（一八八二）六月、工部大書記官のまま宮内大書記官となり、有栖川宮熾仁《たるひと》親王の訪露に随行することだった。それは露帝アレクサンドル三世の戴冠式に天皇名代として列席するためであり、有栖川宮親王は東征大総督・兵部卿などを務め明治天皇の最も信頼の篤い皇族であった。実は戴冠式は延期されて所期の目的は果たせなかったが、翌年の二月帰国まで英・仏・独・墺・蘭・白・西・葡・米国を半年間にわたり訪問視察した。オーストリアでは憲法調査のため来訪した伊藤博文がシュタイン博士の講義を聞く際に三回も同席している。なお、この時、同格で西徳次郎《にしとくじろう》（後駐露公使、外務大臣、駐清公使）も随行しており後日の縁に繫がっていく。

外務次官として日清戦争戦後処理の前面へ

その後、第一次松方内閣の外務大臣となった榎本武揚の要請で外務次官に登用される。続いて陸奥宗光外相の次官となり、日清戦争の講和条約締結にも関わる。そして三国干渉が起こると、陸奥外相が病気のため林が交渉の前面に立つことになる。翌月には遼東半島放棄が決まり、林は全権公使として清国に派遣される。そして還付条約及付属議定書に調印し、還付代償金三〇〇〇万両を得、さらに日清通商航海条約を締結して帰国する。

その後、駐露特命全権公使として派遣され、一八九八年一月には朝鮮問題に関するロシアの協商提案を受け、朝鮮における日本の利益を伸張すべしと主張する。イギリスとは朝鮮で利益の衝突なく、ロシアの勢力分散は歓迎されるイギリスとの関係を損なうことはないと見た（『後は昔の記他』）。

5　画期的な日英同盟の締結へ

『時事新報』に「外交の大方針」発表

少し遡るが、林は明治二八年（一八九五）五月、すでに『時事新報』に論説「外交の大方針を定むべし」を発表し、英首相ソールズベリーの「利害を共にする者の相提携するこそ、天然真乎の同盟なり」を引いて、「されば今日欧州列国の中より我が同盟を選ばんと欲せば」と、日英同盟の必要性を説いていた。そして明治三一年には当時の加藤高明公使に対して英チェンバレン植民相が同盟の可能性を示唆する経緯もあった。

明治三三年（一九〇〇）、林は駐英国公使として赴任、その翌年、駐英ドイツ代理公使エッカルトシュタインから日英独三国同盟を持ちかけられる。露仏協商によるドイツ挟み撃ちの危機打開の狙いもあったが、ドイツ本国はロシアと対抗する不利益を懸念したことから、三国交渉は頓挫した。これが日英同盟交渉の引き金になった。

「実際の交渉はロンドンにおいて日本公使林と外務大臣ランズダウン卿によって行われた。おそらく林の鋭い目的意識が、ランズダウン（そしてイギリスの内閣）を日英交渉に引き入れ、また日本政府をもそれに同調させることに成功したのであろう」（チェックランド）

日英同盟調印にこぎつける

ヴィクトリア女王の下で Splendid Isolation と称して孤立主義を貫いていたイギリスは、南アフリカのボーア戦争の負担が重くて東アジアまでは手が廻らず、一九〇一年の女王死後は同盟を模索する方針に転じる。また、日清戦争に勝利し、義和団事件の連合国勝利に最も貢献した日本の実力が評価され、英国外相第五代ランズダウン公爵との交渉は意外に早く、かつ対等の条件で決着できた。同時進行していた元老伊藤博文による日露協商交渉は不調に終わったが、皮肉にも日英同盟を加速させる効果もあり、明治三五年（一九〇二）一月三〇日に調印に漕ぎつけた。なお、日露戦争後の明治三八年（一九〇五）、ロンドンの在英日本公使館は大使館に昇格する。林はその初代大使（日本初の大使）となった。その年、第二次日英同盟を締結して帰国する。

次いで第一次西園寺内閣の外相に就任した。そして第三次日韓協約、日露協約、日仏協約などを締結する。また、第二次西園寺内閣では逓信大臣になり、一時は外相を兼任して重用されたが、大正元年の内閣総辞職で退任する。そして翌年に脳出血のため急逝、六三歳だった。

親英米派の政治家として伊藤・西園寺派に属したが、伊藤の暗殺後は山縣、桂太郎の勢力が強くなり、その逆流の中で姿を消すことになる。あと一〇年は生きてほしかった惜しむべき大いなる逸材だった。

参考文献

林董著、由井正臣校注・解説『後は昔の記他――林董回顧録』平凡社東洋文庫、一九七五年。

岡崎冬彦『陸奥宗光とその時代』PHP文庫、二〇〇三年。

権田益美「幕末期から明治初期横浜開港場における英語学習――林董一族を事例に」『港湾経済研究』第五〇巻。

高谷道男『ドクトル・ヘボン』大空社、一九八九年。

オリーブ・チェックランド著、杉山忠平・玉置紀夫訳『明治日本とイギリス――出会い・技術移転・ネットワークの形成』法政大学出版局、一九九六年。

千葉功『旧外交の形成――日本外交　一九〇〇～一九一九』勁草書房、二〇〇八年。

中島耕二「クララ・リート・ヘボンと「ヘボン塾」」『明治学院大学キリスト教研究所紀要』第四九号、二〇一七年。

平間洋一『日英同盟――同盟の選択と国家の盛衰』角川文庫、二〇一五年。

村上一郎『蘭医佐藤泰然――その生涯とその一族門流』大空社、一九九四年。

第6章　金子堅太郎――日本文明の伝播者・広報外交の先駆者

吹田尚一

金子堅太郎《かねこけんたろう》は、おそらく日露戦争時の講和交渉での活躍によって、歴史に名を残しているものと思われる。しかし、金子の事績は八二年の生涯にわたり、政治、外交、経済、教育などきわめて多方面にわたっており、その全貌を知る人は少ないと思う。ここでは多くを紹介はできないので、むしろ日露戦争後の日本の存在が世界の注目を浴びるようになった時期、いかに金子が日本の正当性を正攻法でプレゼンテーションし、日本文明の真の姿を伝え広報外交というものを見事なモデルのように実践したかに焦点を絞って紹介したい。

1　アメリカ留学から官途昇進の途

黒田藩士、殿様に随行してアメリカへ

金子は嘉永六年（一八五三）、筑前国早良郡鶉飼村（現・福岡市中央区鶉飼三丁目）で生まれた。くしくもペリー来航の年であった。幼名は徳太郎といい、金子家の長男であった。文久三年（一八六三）、一〇歳で藩校修猷館《しゅうゆうかん》に入学し、少年時代から勉学にいそしんだ（『金子堅太郎自叙伝』）。

明治四年（一八七一）、一八歳の時、岩倉使節団に随伴して渡米する旧藩主・黒田長知に従い、黒田家から團琢磨と共にアメリカ留学を命ぜられ横浜を出帆する。明治五年、アメリカにて使節団と離れ、ボストン着。まず英語を学ぶためにライス・グラマー・スクールに入学するが、飛び級で進学し、明治九年、二三歳でハーバード大学ロースクールに入学する。

明治一一年（一八七八）に二五歳で同校を卒業し、福岡へ帰郷する。しかし、故郷のあまりの変わりように驚く。秋には上京して、東大予備門の教師などを務める。この間、中央省庁への就職を望んだがうまくいかず、一時は自由民権派グループに入ったこともある。そしてようやく、明治一三年（一八八〇）、元老院の雇いとなり権少書記官として採用される。なおこの年、山田弥寿子（青森県令山田秀典の次女）と結婚する。

明治一四年（一八八一）、元老院の副議長だった佐々木高行より保守漸進の欧米思想について問われ、E・バークの学説を紹介する。これを機にそれを抄訳し内務卿の山田顕義に示す。これは『政治論略』として元老院から出版され注目される。なお同著のもとになったE・バーク『フランス革命の省察』はその後、日本においては昭和五三年（一九七八）に翻訳出版されたが、ほぼ一〇〇年近く前にすでに日本の指導者の間で読まれていたことになり、もって明治指導者の政治的成熟度を知るべきである。なおこの年、金子は権大書記官に昇進している。

金子堅太郎
（国立国会図書館蔵）

伊藤博文の下で法制官僚、経済官僚へ

その後、金子は新政府の法制官僚として順調にその能力を発揮した。そして、明治一五年（一八八二）、寺島宗則《てらしまむねのり》副議長の依頼により「各国憲法異同疑」提出する。つづいて明治一七年（一八八四）、制度取調局（長官・伊藤博文）が設置され、長官秘書官となる。明治一八年（一八八五）には、三二歳、初の内閣総理大臣となった伊藤博文の秘書官（内閣制度発足に基づく）となり、まさに新政府の中枢に入りこむことになる。伊藤との関係が生まれたのは、井上毅の推挙が秘かにあったためと言われる。

そして明治二〇年（一八八七）、夏島会議が始まるが、井上毅、伊東巳代治《いとうみよじ》とともに憲法草案作成に参加する。新憲法策定後の明治二二年（一八八九）には、各国議員制度調査のため随行四人とともに欧米に出張する。ヨーロッパからの帰途、独りアメリカを再訪、セオドア・ルーズベルトと初対面した。これは日本で美術品蒐集を行っていたW・S・ビゲローというアメリカ人の紹介であり、「一度ルーズベルト氏と会うこと、彼は将来アメリカの重要人物になるから」と勧められたからである。これが後のルーズベルト大統領との深い縁を結ぶ端緒となる。

帰国後は貴族院書記官長に任命され、男爵、貴族院議員に勅選された。

興味深いのは、金子は法律家にとどまらず、経済官僚としてもその才を発揮したことである。金子は明治二五年、三度目の外国旅行をしたが、かつての留学時の教授だったホームズ判事に会ったところ、経済学は一国の政治に参与する者の欠かせないものであると言われ、数冊の経済書を贈られた。金子はただちにこれを読破咀嚼し経済通になる。そして日清戦争時にはそのキャリアが生かされて農商務次官に就き、著作『経済政策』をも刊行した。さらに第三次伊藤内閣では農商務大臣となり（明治三一年）、そ

の翌年には東京株式取引所理事長にも就任している。

2　日露戦争下の広報外交

日露戦争下、広報外交の使命を担う

その後、金子に大きな転機が来た。明治三七年（一九〇四）、五四歳となった金子は、対露交渉断絶により、伊藤枢密院議長から至急渡米し、広報外交を担うことになる。金子に与えられた使命は、
（一）日本はロシアの露骨な行動のためやむなく開戦したもので、このことを米国人に徹底させること。
（二）黄禍論を再発させないこと。
（三）清国の厳正中立を求めること、などであった。

その使命を帯びた金子がワシントンに着いた時、まことに意外だったのは、ルーズベルト大統領も国務長官顧問もいずれも日本の勝利を確信していることであり、それらは彼らが十分に検討した結果だというのである。日本出立時に日本の要路の見解を確認してきたのとはまったく違うのであった。

これに勢いを得た金子は、文字通り東奔西走して、あらゆる機会を捉えて日本の立場を訴えたが、その中でとくに重要と思われる四つのスピーチと論稿の要旨を紹介しよう。

3　プレゼンテーションで訴えた代表的なキーポイント

日本はなぜ戦うのか――極東の現状について

日本がロシアと戦うのは、黄禍のためでもなく、宗教感情のゆえでもなく、わが国の独立のためである。ロシアが日本の守るべきところを侵略するからである。日本の対ロシア軍事力は陸軍で一六分の一、海軍で半分にすぎない。それでも戦うのは、ただ自国の存立のためである。わが国は、西洋文明を取り入れ、かつその文明を東洋に広めんとしている。ところが、ロシアは満州を占有して外国人を駆逐しているが、これでは門戸開放とはいえない。現状ではアメリカおよび日本が望む貿易上の自由や交通は望めない。

もし、日本が敗れれば、東洋は文明化に浴する望みが絶たれる。そのため戦闘を辞せざる覚悟をしたのである（松村正義『日露戦争と金子堅太郎』七八～九二頁）。

「黄禍は白哲人の眼に映ずる妄想であり、白禍こそ事実である」

「柔和なる者は福なり。その人は地を継ぐことを得べければなり。」これは山上の垂訓にある言葉であるが、キリスト教諸国がアジア人に対する時、この垂訓を行うものはいない。過去五〇年間をみれば、むしろ反対のことをやってきた。そこでアジア人の土地はアジア人のものであると声を上げたのである―トンキン、膠州、満州をみよ。

東洋において禍患あらば、黄禍にあらずして必ず白禍なり。「黄禍は白哲人の眼に映ずる妄想にして、白禍はすなわち東洋に現存する事実なり。」（松村、同上、一八八～二〇一頁）

日本人種の特性――模倣人種ではない

わが国はしばしば模倣人種と言われるが、これは皮相な見方で、実際は、取捨・応用・創作の力を持っている。歴史をみれば分かる通り、上古はシナより文明を移入したが、ここから国文を創っている。かくて『万葉集』『日本書紀』を創り、平安朝には『源氏物語』を生み出した。宗教も韓国を経て入り、一三世紀には親鸞などが出て仏教改革さえ行われた。政治では、「大宝律令」の制定にみるように、初めはシナの法制度を導入したが、鎌倉時代には「貞永式目」や「建武式目」などのように、武家時代独自の法制度を整備し、徳川時代になると自己創発の「武家諸法度」などを完成させた。

これは日本の歴史が、外来思想とわが国固有の特性を融合同化してきたことを証明しており、明治以来の西洋文化に対しても、模倣受容―応用―創作の過程を辿ってきている。これは制度文物、科学技術においても同様である。単なる模倣人種ではなく、創造できる人種であることの証左である（松村、同上、二二一～二二三頁）。

日露戦争における日本の勝利は何を意味するか

日本はもともと道義を遵奉する文明であり、西洋は武力を遵法する文明である。

そこで日本は開国以来、西洋の武力に匹敵するような実力を蓄えるべく尽力してきた。独立を達成し道義を主張するためには強兵を持つことの必要性を自覚したからである。

このたびの戦争で、日本が世界最強と言われるロシアの傲慢心を挫いたことは、西洋諸国に初めて日本人民の脳力およびその兵力の強健なることを覚らしめ、ひいては東洋諸国の権利を尊重する契機を与えたのではないか。

その証拠に、日本の勝利をみてアジア諸国民は大なる感動を覚え、「アジアはアジア人によって経営する権利あり」と自覚するに至ったのである。さらに西洋の学術と東洋の徳性が相混和して新文明を生み出すことが出来れば、世界はその恩恵を受けることになろう（松村、同上、三〇九～三一四頁）。

大成功の広報外交

以上のようなスピーチや論考の内容をみても、金子のプレゼンテーションは、まさに正攻法で日本の文明を語り、国際法を守る日本の立場を語り、アジアにおける日本の地位を強調して、今回の戦争が単に日露の衝突であるにとどまらず、日本の独立を確保し、アジア諸国の覚醒を引き出すものであり、いわば世界史的な視野に立っていることが理解されるだろう。

こうして、金子の広報外交は、アメリカの知識層の八〇％を自己の味方につけたと言われ、当初の目的を見事に果たすものであり、その意味で大成功だったと言えよう（松村正義『日露戦争と金子堅太郎』）。

4　友情と政治の論理

ルーズベルト大統領との親密度

これらの努力を踏まえて日本政府はルーズベルト大統領に日露講和調停を依頼することになるが、この間、日本政府と大統領の間の意思疎通において金子の果たした役割は大きい意味をもっている。ここで三つの挿話を紹介しよう。

大統領はその別荘に泊まることになった金子を、ろうそくの灯る燭台を掲げ地下に案内しトイレットの場所まで教えた。「大統領にトイレの場所まで案内されたのは、天下広しといえども金子一人ではないか」と本人が苦笑している。

二つ目に、ドイツ皇帝より重要文章が大統領に届いたらしいという情報を聞き込んだ金子は、早速、別荘にいる大統領に会いに行く。予想通り親書は来ていたが、大統領は言を左右にして絶対にこれを見せようとしない。何回かの押し問答のすえ、ついに根負けした大統領は「国務長官にさえ見せていない」と言いつつ、この手紙の開封に合意した。そこに書かれていたことは「予は支那に寸地も希望せず、また山東省をも占領せざるべし。平和回復のことは一に米貴下に任す」とあった。

三つ目は、アジア・モンロー主義を認めること、つまり日本は立派に民主主義国になったのだからアメリカがアメリカ州を支配下にしているように、日本のアジア・モンロー主義を認めるべきである。その範囲はスエズ以東カムチャッカまでを含む（ただし欧米植民地は除く）と。

この後者二つの挿話は重要な意味を持つ。ドイツ皇帝の手紙は「三国干渉」がまだ続いていること、日本はドイツとも戦っていることを示すものだ。またアジア・モンロー主義について大統領は任期中にこれは公表せず、結局、未公表に終わった。そこで金子はこの約束を守ったが、ついに昭和七年に日本の雑誌にこれを公表した。日本陸軍は驚いて、ただちにこれを検討した、という経緯がある。

友情とパワー・ポリティクス

このように、ルーズベルト大統領と金子の間の友誼と信頼は揺るぎないものがあったが、国家間関係を律するものはまた別の論理が働いていた。

ルーズベルト大統領はその当時から国際政治において支配的であった「力の論理」、パワー・ポリティクスを信奉しており、国家間の関係においては「バランス・オブ・パワー」を重視したのである。その立場に立つ限り、日本は対ロシアにおいて勝ちすぎであり、極東の力のバランスを崩してしまうと危惧したのである。こうして戦争の最後の局面でルーズベルトは、「日本はとるべきものは取ったのであり」、これ以上、「賠償金のために戦争を継続することは止めるべきである」と金子に忠告している。また駐露大使を通じて「このままいくとロシアは太平洋沿岸の領地を失い、太平洋岸より排除される」と警告し、そうなると「極東の均勢上、米国のためにも望ましからず」と伝えている。

かくて大統領は、金子との友誼をフルに活用しながら早期講和に持ち込んだと言えよう。

5　日本の興隆に、西洋列強は警戒心を募らせる

もう一つ重要なことは、発展する日本の前途にさしかかる黒い雲の行く末である。日本の興隆は明らかに西洋の警戒心を呼び起こすものであった。金子はおそらく日本の指導層の中でいち早くこの「警告」(?)を耳にした最初の人ではなかったか。すなわち、一八九二年、ジュネーブにおいて国際法協会が開かれ、東洋諸国における治外法権撤去を目的に国情を審査することになった。この時の帰途、パリにて著名な公法家と話した時、彼は「貴国に治外法権撤去を躊躇するのは、もし日本が独立の権能を持つときは東洋において強国となり、アジアにおける西洋諸国の利益を毀損し威嚇されよう、ゆえになるべく治外法権を続けたほうがよいのだ」と話したというのである。

日本はこのような気配があることに長く気づかなかった。一八七二年の岩倉使節団派遣以降、日本は治外法権条約の改訂を強く望んでいたが、西洋諸国はこれに一毫の弁を与えず、日本の法律家はそれは何ゆえであるかと戸惑い、政治家はその理由を了解できず寝食を安んじることがなかった。しかしこれが現実だったのであり、それがこの公法家の弁により明らかになったのである。

こうして次第に迫ってくる外国の圧迫―国際政治の現実を金子はいち早く感知し体験したと言えよう。

6　日米の親善と『明治天皇紀』や『明治維新史』の編纂に尽力

金子のその後の仕事も有意義なものであった。

明治四一年（一九〇八）、米国太平洋艦隊が来航したが、金子は米友協会の会長として接遇にあたる。この艦隊の隠された意図は、極東諸国に強力な海軍艦隊が出現したことを知らしめ威嚇するためであったが、金子はそのことを承知のうえで懇篤な応接に努めた。

しかし、大正一四年（一九二五）には、米国排日移民法が成立したので、それに抗議して会長職を辞任している。

なお、その後の仕事としては、明治末から大正期に入って、「維新資料」の編纂に従事しており、その後は『明治天皇紀』を編纂して昭和三年に天皇に奉呈している。また昭和一六年には、すでに八八歳であったが、『維新史』を編纂・奉呈した。その叙述は公平であり、旧幕府の人々も納得するものであったという。

そして翌年、八九歳で死去。叙従一位大勲位菊華大綬章を受ける。

参考文献

金子堅太郎著、高瀬暢彦編『金子堅太郎自叙伝』日本大学精神文化研究所、二〇〇三年。
金子堅太郎講演、石塚正英編『日露戦争・日米外交秘録――金子堅太郎回顧録』長崎出版、一九八六年。

松村正義『日露戦争と金子堅太郎――広報外交の研究』新有堂、一九八〇年。

松村正義『金子堅太郎――槍を立てて登城する人物になる』ミネルヴァ書房、二〇一四年。

第7章　田中光顕――影の元老ともいうべき黒幕的な巨魁

小野寺満憲

「明治国家の黒幕的巨魁」というイメージが、田中光顕《たなかみつあき》の人物評として一般に流布されているようだ（鬼塚英昭『日本の本当の黒幕』上・下）。しかし、それが実像なのかどうか、ここではこのミステリアスなタイトルの人物像に迫ってみたい。

たしかに、神秘的で謎めいた生涯であった。土佐藩士でありながら脱藩して長州に走り、その後の生涯は一貫して長州閥の一員として過ごした。幕末の歴史に名を残すような出来事になんらかの関与があり、その中で人脈を広げてきた。また岩倉使節団の中でも久米邦武の九二歳を超えて九五歳の長寿を全うしている幸運児でもある。維新三傑の西郷隆盛、木戸孝允、大久保利通や岩倉具視が亡くなった後は元老が支配した時代とも言われるが、唯一薩長閥以外出身でかつ最後の元老となった西園寺公望が晩年に「日本の社会は田中によって支配されている」と意味深長な言葉を残している（『原田日記』昭和九年五月三日）。

明治三一（一八九八）年から一一年間宮内大臣を務めたことも特筆に値する。また、皇室財産の形成に多大な功績があったとも言われる。一方では、昭和に入って、宮中某重大事件や血盟団事件への関与も噂され、その意味で黒幕的人物ともみなされてきたのだろうか。

1　土佐藩士、尊王攘夷運動参画と長州との関わり

脱藩して長州へ、高杉晋作に惚れ込む

田中光顕は、天保一四年（一八四三）閏九月二五日、土佐藩の家老深尾家々臣である浜田金治の長男として、土佐国高岡郡佐川村（現・高知県高岡郡佐川町）に生まれた。土佐藩士武市半平太の尊王攘夷運動に傾倒してその道場に通い、土佐勤王党に参加した。叔父の那須信吾《なすしんご》は吉田東洋《よしだとうよう》暗殺の実行犯だが、光顕も関与した疑いもある。浅見絅斎《あさみけいさい》の『靖献遺言《せいけんいげん》』と頼山陽《らいさんよう》の『日本外史《にほんがいし》』などを学び、中岡慎太郎から同志に誘われ一心同体となり、断固たる武力倒幕を主張し行動した。武市の勧めで上洛し、坂本龍馬、久坂玄瑞、高杉晋作、桂小五郎などの知遇を得る一方、都落ちした七卿の一人三条実美や、京に在った岩倉具視とも情報提供役などを演じている。しかし文久三年（一八六三）、八月一八日の政変を契機として土佐勤王等が弾圧されるや謹慎処分となり、翌元治元年（一八六四）には同志を集めて脱藩した。

田中光顕
（国立国会図書館蔵）

ここで高杉晋作に出会い、その見識、天衣無縫さにすっかり惚れ込み、懇望された佩刀の貞安を譲って弟子入りを果たした。以後、田中は奇兵隊への参加を皮切りに、生涯にわたり高杉の信条を模範とし行動した。

俊敏、真摯、時勢に乗る

その奇兵隊では、山縣有朋の直下で働き、四国艦隊との下関交渉では高杉晋作と伊藤博文（通訳）に随行する。第二次長州征伐では、長州藩の丙寅丸に機関掛として乗り込み、幕府の艦隊四隻と厳島沖で交戦し潰走させる。薩長連合が進むと、薩摩から黒田清隆が長州へ、木戸が答礼に鹿児島へ向かう際にも、丙寅丸で乗せて往復した。さらに鳥羽伏見の戦いでは高野山を占拠して討幕派の戦いを有利に導いている。これは、伊藤、中岡と京都薩摩屋敷に隠れていた当時からの秘策で、岩倉、大久保とも示し合わせた挙兵であり、錦の御旗を使っての初の効果的な試みであった。この変わり身の早さと、幕末倒幕運動中に培った人脈が、田中の生涯に生きていると言えよう。というより、何事にも俊敏に対応し真摯に打ち込む一途な人となりが評価されたのではなかろうか。

2　岩倉使節団の大蔵省理事官（戸籍頭兼会計長）となる

大蔵省に入り、渋沢栄一の下で精励

明治に入っての新政府への出仕は、元年七月、伊藤博文が兵庫県知事となった際、その権判事に任命されたのに始まる。二年五月には会計官監督司知事に、同年八月には大蔵省監督司監督となり、四年一月に大蔵少丞になる。この頃は有能な人材は誰もが急ピッチで昇進している。そして八月には戸籍頭になるが、当時の戸籍とは税制の要であり、廃藩置県後の新税制を担当する大役である。各県に戸長、区長を置き戸籍を整理した上で、明治六年（一八七三）の地租改正に繋がる大構想の主役、その最初の長官

（戸籍頭）といってよかった。

大蔵省の直属上司には、渋沢栄一がいた。渋沢は、大隈重信に懇望されて大蔵省に入るのだが、欧州視察の見識と静岡県での藩政改革の体験をフルに生かして、旧体制の大改革を策し「改正掛」を新設し自ら係長となって獅子奮迅の活躍をする。そのため多くの人材を必要とし、古巣の静岡藩士の中から、前島密、赤松則良、杉浦愛蔵、塩田三郎らの俊才を登用し、官軍側からの一人が田中光顕だった。渋沢の意図する改革は多方面にわたっており、その問題を一つひとつ吟味しながら猛烈なスピードで改革が進められた。

それは、全国測量、度量衡統一、租税、駅伝法（電信、電話）、鉄道、貨幣、禄政、助郷の廃止、廃藩置県の提案などにわたっており、次々と課題を審議し実施に移していった。田中はその渋沢の指導の下に、優秀な仲間たちと切磋琢磨しながら勉励する。この二年ばかりの間の財務・会計に関する集中的な体験学習が、田中の天性の能力を鍛え上げ、その後の輝かしいキャリアをつくる基礎になったものと思われる。

岩倉使節団の会計官となる

田中は、この経歴を見込まれてのことであろう、岩倉使節団に大蔵省理事官・戸籍頭兼会計長として参加する。旅の費用とされる五〇万ドル（五〇万円）を全行程中、すべてを田中が一括管理し、旅行中の調査研究や団員給与などのあらゆる費用は、各理事官からの出金依頼状を副使の大久保・伊藤が岩倉代理で受け取って、これを認可し、田中に出金許可書を渡すという段取りで管理されていた。旅行中に起きたジョイント・ナショナル銀行の倒産事件（一説には、詐欺事件とも言われる、同銀行員であった長州出身の南貞介が使節団の旅費を安全と利息のために銀行へ預けるよう勧誘し、何人かの団員が被害に遭った）にも巻き込まれずに無事金庫番の役を果たしている。

岩倉使節団の会計担当となって二年近く旅したことは大きな財産となった。岩倉、大久保、伊藤をはじめ多くの人材との関係はより深くなり、その信頼を勝ち得たことが、旅による広い見聞と体験と相俟って、田中の成長に大きなプラスになったことは明らかである。

3　帰国後の各方面での目覚ましい活躍

山縣有朋に請われ陸軍会計監督へ

帰国後の明治七年（一八七四）には、山縣有朋に請われて陸軍会計監督に就任する。当時の陸軍は財政が乱雑をきわめていたようで、その整理役であった。次いで、佐賀の乱、台湾出兵、西南の役では討伐軍団会計部長を務め大久保の下で仕事をする。一二年には陸軍省会計局長、一四年には陸軍少将へと山縣閥を上り詰めて、同年より参事院議官に転じた。山縣から田中宛の書簡は生涯で三八〇通が見つかっており、伊藤博文との交信書簡五〇通なのに比べて遥かに凌駕し、伊藤よりさらに濃厚な山縣との親密さが推察される。

その後、一七年の恩給局長官を経て、第一次伊藤内閣の内閣書記官長の就任となり、いよいよ政治の中枢に入っていく。恩給局長官（恩給制度は陸軍から始まる）の就任は、恩賜や叙勲と関連し志士時代の体験と人脈が余人に代えがいものがあったからだと推察できる。二〇年には子爵となり、同年会計検査院院長に就任する。

警視総監、学習院院長、宮中顧問官を歴任

明治二二年（一八八九）の山縣内閣では、一転して警視総監となる、警視部門での薩摩閥独占を初めて破っての就任である。これは、立憲政治への過渡期であり、警視庁や陸軍との調整もあって警察界の立憲的刷新を図ったと言われている。

明治二三年（一八九〇）には貴族院議員となり、明治二四年（一八九一）には宮中顧問官・帝室会計審査局長を務める。さらに明治二五年（一八九二）には学習院の院長を務め、明治二八年（一八九五）には宮内次官となる。この多彩なキャリアは目を見張るばかりであり、まさにオールランドプレイヤーを思わせる。

そして第三次伊藤内閣では初の宮内大臣に就任する。さらに、第二次山縣、第四次伊藤と続く内閣でも宮内大臣を続投、期間は一〇年間を超え、宮中政治家の異名をとるに至る。三四年、四次伊藤内閣で増税問題が起きて貴族院で否決されると、田中宮内相に降勅を秘かに工作し無事貴族院を可決したとも言われる。この頃には、顔を利かせての各方面（学者、実業家）からの叙勲斡旋的役割も演じたようなので、黒幕的の異名に繋がったのかもしれない。

4　天皇家に恒産を、その管理と蓄積に貢献か

皇室の財政基盤づくりに携わる

「皇室に恒産を」と岩倉具視が考えたことは間違いなく、むしろ悲願であったろう。現に明治一五年に「皇室財産に関する岩倉具視の閣議提出意見書」がある。そこには次のように述べられている。

「朝廷はさきに立憲政体を約束した。憲法は、一法律に過ぎず、その実質的な基礎を持たねばならぬ。まず、皇室の基礎を持たねばならぬ。そのための急務の第一は、皇室財産を定めることである。憲法の力を保つためには、皇室財産を富裕にして、陸海軍の経費は議会がとやかく言う租税によらなくても尽く皇室の財産の歳入で支弁できるようにせねばならぬ。こうすれば国会に激論が起こっても何でもない」。

これは、かなり過激な発想ではあるが、欧米視察を経てきた岩倉には、ドイツの皇帝、オーストリア皇帝、ロシア皇帝の権力と財力、そして英国女王の権威と財力は驚くべきものがあり、それがどのような財政基盤の上に築かれているかを想起したからに違いない。日本の天皇制もそれに類した経済力をもつ必要を痛感し、それを目指すことを考えたと推測できる。

宮内次官を経て宮内大臣在任一一年

明治維新当初、天皇は「神」の位置に祭り上げられたが、皇室収入は政府支給の予算だけだった。そこで御料地の確保をはじめ、国債や株式等への投資など財産蓄積を始めた。帝国議会設置が決まった明治一七年（一八八四）から、大日本帝国憲法発布までの四年間に、皇室財産は着々と形成されていったと言われる。この時期、田中は直接宮内庁には関与していないが、明治二四年に田中は宮内顧問官兼帝室会計審査局長に就任しており、二八年に宮内次官、三一年に宮内大臣となるので、この時期の皇室財産形成に関与していることは推察できる。また、日清戦争（明治二七〜二八年）の後の賠償金三億六〇〇〇万円（当時日本の国家予算の四倍強）の一部、二〇〇〇万円が皇室費に充当された。

皇室財産についての研究書は少なくなく、それらに拠ると戦前の皇室財産は日本銀行、横浜正金銀行、朝鮮銀行、台湾銀行、南満州鉄道、日本郵船、東京電燈、帝国ホテルなどの株式と山林・土地・原野など国有林原野、佐渡、生野鉱山株などで相当な財を築いていたとも言われており、それが事実とすれば、岩倉具視の夢がこの時期にはほぼ実現したことになり、その間における田中の功績も無視できないものと考えられる。

5　理想的な君民共治国家樹立への強い使命感

明治天皇の信頼厚き股肱の臣

明治政府の要人たち、とりわけ大日本帝国憲法制定に貢献した伊藤博文、井上毅、そして宮廷政治家たる田中光顕は、新たな建武中興による天皇による君民共治国家を目指していた。宮内大臣という役柄はたいへん重要であり、まず政治的野心のない公正無私の忠誠の人物が要件だった。そして、天皇の聖徳を高らしめ、皇室の尊厳と国家の名誉を保持するために、政府や元老クラスにも対等に物が言える人物でなければ務まらない。田中はその資格を十分に備えていたと言えよう。

田中は宮内相として信頼厚く、天皇のため、皇室のため、かくあるべし、またそうすべからざると信じたことについては、たとえいかに天皇の意に逆らうことがあっても敢然と直言した。もし己の言動が誤ったものならば、いつでも切腹してお詫びする覚悟で奉仕した。明治天皇も田中の剛直無比の誠忠を深く認め厚く信頼されたのであろう。明治初期に明治天皇に仕えた山岡鉄舟《やまおかてっしゅう》にも比せる人物だったのではなかろうか。

田中は長くお側に仕えた明治天皇のことについて次のような言葉を残している。

「今静かに欽仰すれば、先帝陛下の御一言御一行は悉く民草を愛し国事を軫念あらせられる御慈愛の大御心出でたるものでないものはない。その七百年来幕府に委任せられて居た政権を恢復し万拠の政を親しくし給い内外多端の時に際し克く振粛して綱紀を張り、外交を伸張して国位を進め、憲章典礼を制定して上は祖宗の遺訓を昭かにし、下は万民を撫恤し、文教を起して風を改め俗を化し、武備を整作して不逞を膺懲し、領土民衆を拡張し、国威を輝かし建国以来未曾有の鴻業を建てられたる偉列至っては実は内外の仰ぎ見る所であって（中略）かれこれと思いを巡らせると、先帝はまったく国務に殉じられたといえる。かくも偉大なる、先帝を戴いて六千万の国民を深くこのご盛徳に感銘した。

私たちは先帝のご遺志を尊び国のために尽くさねばならない」（鬼塚英昭『日本の本当の黒幕』上・下）。

この美文には田中自身の寄与の感慨も含まれていたのだろう。

維新烈士の顕彰、建築庭園道楽、文化財保護者

政界引退後の活躍がまた多彩である。まず、高杉晋作の漢詩集『東行遺稿』の出版を行った。次いで高知県桂浜の坂本龍馬銅像の建設を進め、さらには零落していた武市半平太の遺族の庇護など、日本各地で維新烈士の顕彰に尽力している。また志士たちの遺墨や遺品などを熱心に収集し、茨城県大洗町の常陽明治記念館、旧多摩聖蹟記念館、高知県佐川の青山文庫にそれぞれ寄贈した。この間、一流の文人とも交流し政財界のみならず芸術界にも人脈が広がっている。その具体例を示すと左記のようになる。

一つには美術関連で、鑑定家の杉浦夷山宛の田中書翰から分析すると、勤王家二三名、学者二二名、画家二八名、書家一一名に上り、交流範囲の広さを示している。

二つには、普請（建築）道楽であり、本邸「蕉雨園」、別邸「古谿荘」（国の重文）、別荘「小田原邸」を持ち、意匠設計はすべて自分自身で行い大工は単に施工のみの依頼だったという。

三つには、造園趣味が挙げられる。それは「根越主義」と言われるもので、面白い岩石や雅趣ある樹木があれば、その辺り幾坪かの地面をそのままに移植する方法だった。

その他、芸術品の真贋判定にも眼力・眼識を発揮し、さらには古文書を収集して解読する力も一流であったとの評がある。

黒幕的巨魁か、私心なき天皇主義の傑物か

田中には「黒幕的巨魁」とのイメージがつきまとう。その原因を探ると、山縣との連携で行った厳しい思想統制、大久保利通との繋がりで、佐賀の乱、台湾出兵、西南戦争での兵站として活躍したこと、またそのために船舶を政府から譲り受けて岩崎財閥の形成に力を貸したこと、等が挙げられる。疑われた三菱との密着も、軍事的・経済的な国力強化が世界一流国への必須条件との大義からくる行為と考えるべきではないか。田中はたまたまそういう顕官の地位に長くいたため、そのように揶揄されたのではないか、実像は私心なき誠実な人物であり、天皇の存在を崇高なものとし、それを中心とする国家づくりへ尽力した傑物ではなかったのではないかと思われる。

晩年の宮中某重大事件、血盟団事件、二・二六事件の犯人の青年将校たちへの助命嘆願などの行為も、黒幕的人物の噂を生んでいることは確かだ。だが、維新を見ずに死んでいった志士たちへの熱い思いや、昭和革命やテロに走る国士的人物への同情心が、そうした言動への動機になっていたのではないか。

そのように考えると、時・場・人の運を生かしながら公意識に満ちた九五歳の実績は、世界にまれなる万世一系という垂直共同体の天皇親政国樹立という、崇高な志のために一途に生きた人間だったと思われてならない。

吉田松陰が弟子たちに説いた『闘戦経』の「文武一元」の教えに、「大事なことは志をもって一途に生きること、志士の魂を持つこと」とある。日本の武人のあり方を説いた大江家創出の日本独自の兵法「闘戦経」は、七〇〇年の武家政権の地下水脈となり、その体現者楠木正成を生み、大江家始祖の毛利家は戦国時代に元就一代で最大級の一二〇万石の戦国大名に、それが関ヶ原敗戦で三〇万石の長州藩に大

減封。この「徳川憎し」「この恨み忘れまじ」の怨念も加わった討幕の地下水脈を吸い上げ続けて、日本の理想の天皇親政国家づくりに励んだというのが田中光顕の長い一生だったように思われる。

参考文献

田中光顕『維新風雲回顧録──最後の志士が語る』河出文庫、二〇一〇年。

安岡昭男・長井純市「田中光顕関係文書紹介」『法政大学文学部紀要』二〇〇六年。

泉三郎『誇り高き日本人』ＰＨＰ研究所、二〇〇八年。

山本七平『渋沢栄一──近代の創造』祥伝社、二〇〇九年。

吉田祐二『天皇家の経済学──あなたの知らない「天皇家」お金の秘密』洋泉社、二〇一六年。

第8章　團琢磨——鉱山技師から三井財閥の総帥・財界のトップへ

桑名正行

團琢磨《だんたくま》は、岩倉使節団に随行した留学生の一人であり、ボストンで草創期のマサチューセッツ工科学校（MIT）に入る。そこには機械、土木、建築、鉱山、応用化学などの専門科があったが、鉱山科の生徒はわずか三名だったという。團は後に鉱山学の権威になるリチャード教授の直接指導を受け三年後に卒業する。

帰国後は一時、東京大学で教鞭をとったが、その後工部省に入り鉱山技師としての道を歩く。そして三井の益田孝に誘われて三池炭鉱に入社し、その発展に尽力する。やがて三井グループのドル箱的事業に成長させた團は、三井財閥の総帥となる。

さらに、日本工業倶楽部や日本経済連盟を創設して会長に就任し財界のトップリーダーとなる。そして「日本の顔」になると同時に、移民問題や満州問題で日米関係が悪化するなか、その卓抜な英語力と豊かな海外人脈を生かして親善外交にも力を尽した。

しかし、金融恐慌、米騒動、貧困問題が深刻化し、併せて三井のドル買いが批判を浴び、昭和七年（一九三二）血盟団員により暗殺された。

本章では、鉱山技術者としての奮闘ぶり、胆識ある経営者としての事績、財界のトップとしての活動などに焦点を当てて論述したい。

1　黒田藩士の少年、アメリカ留学で鉱山技師へ

團琢磨は、安政五年（一八五八）黒田藩士神尾宅之丞の四男として生まれる。一二歳の時、勘定奉行團尚静《なおしず》の養子となり藩校修猷館に学ぶ。明治四年（一八七一）、藩から選抜されて米国留学生となり、金子堅太郎と共に岩倉使節団に随行する。明治一一年（一八七八）、MIT大学鉱山科を卒業し、帰国後は東京大学理学部の助教授となり工学・天文学を教える。

明治一七年（一八八四）工部省に移り、鉱山局次席さらに三池鉱山局技師となる。明治二〇年（一八八七）には技術習得のため欧州各地を視察し、翌年に官営三池炭鉱が三井に売却（競売）されると、團はそのまま三井三池炭鉱社・事務長に転身する。

團琢磨（国立国会図書館蔵）

ここで特記に値するのは、入札の結果、一番札四五五万五〇〇〇円（三井組・益田）、二番札四五五万二七〇〇〇円（三菱社・岩崎）、以下四〇〇万円まで数社が争ったが、わずか二三〇〇円の差で三井が落札に成功したことである。その時、團は外国出張中で関与していないのだが、益田は「この落札値には團琢磨その人も含まれている」と言い、團の身柄ごと買い取ったのである。益田は團の「士魂」というべきか、強靱な精神と忍耐力、そして道義的人

格に惚れ込んだものと察せられる。

團は後年、少年時代を振り返ってこう述べている。

「私は少年時代を貧乏士族の家に育ったが、家庭および周囲によって遺伝的にまた習慣的に道義というものを深く植え付けられてきた。その自然に得た人間の道義を基礎として自分の最善を尽くすことが何よりも大切であるという観念を持った。そして一旦これを信じたことはどこまでもやり通す、万一それが間違っていたら、これを改めて再びやり直すということをして来た。自分の最善を尽くすには何よりも忍耐が最も必要だと考えた」。

2　三池炭鉱での大活躍

そもそも三井物産は、明治九年（一八七六）に、政府筋の強い意向で、当時三井の大番頭だった三野村《みのむら》利左エ門《りざえもん》が貿易実務に明るい益田孝を連れてきて作った会社である。三池炭鉱より出荷する石炭を全量三井物産が買取り、香港、上海、シンガポール等に売り捌くのが仕事だった。三池炭はとても品質が良く船舶の燃料炭としてよく売れたのである。

しかし、この炭鉱は大きな難題を抱えていた、大量の湧水問題である。團は技術者としてこの問題に真正面から挑戦する。そして種々の試行錯誤と精細な調査の末に、イギリスで見つけた高性能で巨大なデービー・ポンプに目をつけ、この採用こそが突破口になると判断し、巨額の投資であったが、益田を説得して採用に漕ぎ着けた。この時、團は失敗したら切腹する覚悟だったというが、現場を受け持つ社員や職人たちの熱誠ある協力もあって見事に成功し、この湧水・排水問題を解決するのである。

團はこれを機に採掘の機械化、搬送の合理化にも手をつけ、三大工事と言われる三池港の築港、三池鉄道の敷設、大牟田川の浚渫《しゅんせつ》を行い、三池炭鉱を高収益事業に仕立て上げた。石炭は当時の輸出品として国策的にも大きな位置を占めており、日本経済のために外貨獲得の面で大きな貢献をしたのである。

明治二六年（一八九三）、三八歳の時、團はその功績が評価されて三井鉱山会社専務理事となり、経営者としての評価は揺るぎないものになった。この頃、三井鉱山の利益は三井銀行を抜いて三井物産と肩を並べるようになり、「三井のドル箱」と言われて財閥形成の原動力となった。

3 三井財閥の総帥、そして「日本の顔」へ

三井鉱山の社長、三井合名の理事長を経て日本工業俱楽部の初代理事長へ

明治四三年（一九一〇）、三井家の頭領、三井高棟《たかむね》（八郎左右衛門）は家族を連れて世界視察旅行に出かけた。團は後継者としてこの旅に随行することになった。この旅の視察先には、イギリスのカーディフ炭坑、オーストリアの亜鉛工場、コークス、硫酸、ほか化学工場なども含まれており、帰国後は石炭化学コンビナートへの事業展開に繋がっていく。それは三井グループの事業を一段と大きく発展させていく画期になった。こうして、團は三井鉱山の社長になり、益田孝の後を継いで三井合名の理事長となる。それはつまり三井グループの総帥になることを意味した。

それでは團は、どのような経営者であったのだろうか。『男爵　團琢磨傳』には、次のような記述がある。

「君（團）は日本人の国民性を最もよく諒解して居った。日本人はアングロサクソンの個人主義が無く、自由主義の経済思想が輸入されても日本人の国民性は之をそのままに受け入れて居ない。日本の国家は家族の延長で家族主義が経済機構の基調を為して居る。即ち権利思想でなく温かい情誼が我が国民性の根底を成して居ることを信じ、之を強調して居った」

さらに、次のようにも書いてある。

「君は（團は）、事業に関して一つの哲学を有して居た。事業は金儲けの為にするものではない、ということである。即ち事業が主目的で利潤はその従であった。決して利潤を主とし事業を従とはしなかった。事業は君が精魂を打ち込んだ恋人であった」

そして、いつとはなしに「三井の團」は、「日本の團」になっていく。というのは、日本工業倶楽部を創立して初代理事長になり、さらには日本経済連盟を設立してその会長にも就任したからである。

美術骨董を愛し、茶の湯にも親しむ

しかし、團は仕事一辺倒かというとそうではなかった。

若い時から美術品を愛好し茶の湯をも嗜む風流人であった。團は東京大学で助手をしていた頃フェノロサと知り合い、その影響で美術品に興味を持つ。そして古美術コレクションや茶の湯の世界でも先達であった益田孝の感化を受け、その道に深く入っていく。そして古書画や茶道具のコレクションを競い合い、茶の湯の数寄世界にも遊ぶようになっていく。

作家の小島英記は『実業家にて数寄者たちの横顔』という一文で、團について次のように書いている。

「茶は鈍翁（益田孝）の勧めで、不白流の大久保北隠に学び、千駄ヶ谷原宿の自邸で、初陣。フェロノサと親交があり、日本美術のコレクターとして聞こえた。道具商が三渓に、〝古画の目利きの第一人者はすでに決まったようなものですが、さて第二番は〟と訊くと〝原宿より外にはないだろう〟といったという。團に同様な質問をすると〝第二としてなら横浜などもかなり見えるだろう〟と応じたという。これを称してその世界では〝天狗の鼻のかち合わせだ〟と評したという」

その頃、古美術茶道具界や趣味家仲間では、「原、益田、團」または、「益田、原、團」と蒐集品の豊富さを位置づけて、原を横浜、團を原宿と呼びならわしていたらしい。團琢磨は、古美術コレクターの世界でも隠れなき存在になっていたのである。

4　「英米訪問実業団」を率い、世界一周の旅へ

実業界の有力者を率いて、米欧外交の一翼を担う

大正一〇年（一九二一）一〇月一五日、横浜港を出港した日本郵船鹿島丸には、ワシントン会議に出席する加藤友三郎全権一行のほかに、日本の実業家の一団が乗り込んでいた。藤原銀次郎《ふじわらぎんじろう》（王子製紙社長）、宮島清次郎《みやじませいじろう》（日清紡績社長）、中島久万吉《なかじまくまきち》（古河電工社長）、串田万蔵《くしだまんぞう》（三菱銀行会長）ら二四名よりなる英米訪問実業団の面々で、団長は團琢磨（三井合名理事長）である（ただし、少し遅れて参加するが）。

一行の目的は、中島久万吉によると次の通りである。

「英国にたいしては、いまや日英同盟協約の期限ようやく切迫し来れるにあたり、該同盟の存続いかんはすでにかの国においてもまた自然問題になっており、従ってわが国としては本問題に関する英国朝野の意向を十分に検討することの必要があるべく、つぎに米国にたいしては、すでにワシントンにおける軍備縮小ならびに太平洋問題に関する会議のおこなわれんとするに際し、わが国のために大いに側面宣伝を必要とする場合もこれあるべし。実業家としてこの機会に両国を往訪する限り、両国戦後の経済事情を調査研究するという以外に、あわせて一種の政治的言動を必要とす」。

国の運命を背負って立つ実業家たちの心意気が伝わってくる。

実業家連、世界をみて「井の中の蛙」を実感

ともかく、初めての大規模な実業団の英米訪問であり、参加者たちは大いに見聞を広めた。そして、その結果、彼らが痛感したことは、大国になったとばかり思っていた日本の後進性であった。

山下汽船の専務取締役鋳谷正輔《いたにしょうすけ》はこう書いた。

「日本は大戦後一躍して世界の大強国の一員として謡われるにいたったが、私は出立前、実は五大強国病に捉われて、いささか自惚れていたのであった。しかるにこんど親しく米国なり英国なりの土地を踏むにおよんで、自分の愚であったことをさとったのである。日本はただ富の程度において英米諸国に比して劣れるのみならず、組織においてまた国民の奉仕的観念その他において、はなはだ遜色あることを発見したからである。」

だが、帰国して彼らの見たものは、あいかわらず五大国病にとりつかれ、浮かれ狂っている日本であった。

日清紡社長宮島清次郎はこう慨嘆せざるを得ない。

「欧米諸国はいずれも国力恢復に苦心し、経費節減に努力しているのであるが、その緊張ぶりのいかに大であるかは、まったく驚くほかはないのである。（中略）民間においても、その努力は政府当局とまったく同一であって、どこの国へ行っても、まず第一に感ずることは、国民全体がほんとうに真剣

になってあらゆる贅沢を排し、あらゆる方面において、緊張した真面目な生活をしているということであって、浮調子な不真面目な生活をしているようなものは、どこへ行っても見ることができなかった。（中略）しかるに一度日本に帰って見れば、国民全部をあげて華美逸楽にふけり、これを欧米諸国民の質素倹約勤勉努力に比較すれば、まったく驚かざるをえない状態にあることを、悲しまずにはいられない。」（『実業之日本』一九二二年六月一日）

はじめて見た世界の舞台のきびしさにわが実業団の面々は驚いたり悲しんだりするばかりで、とても〝政治的言動〟どころではなかったのであろう。

「家庭破壊」や「科学的野蛮人」に危機感

欧米、ことに第一次世界大戦後、極度の疲弊から立直る途次にあった英・仏・独諸国を巡ってきたゆえの感想とはいえ、帰国後に見た日本の現状は団員にとって、鳥肌の立つ思いであったに相違ない。團琢磨も同誌でその想いを次のように書いている。

「かく観来たると誰しも日本の現状に満足し得るものはあるまじ。日本の現状には幾多の危機を含んで居る。第一日本の家庭は此頃に到って殆ど破壊されてしまった。封建時代には家族制度が厳然として居った。高尚な家庭であったが、現在の家庭は人格を作る家庭でなくなりつつある。況や下宿屋に子弟を放り出す如きは、父兄の最も注意を要する事である。これらの点について注意しては寄宿制度ない。」

を採用した学校もあるが、要するに日本の教育制度については根本的に大いに考慮を費やさざるを得

そして専門分化した学問と教育に警鐘を鳴らし、専門馬鹿を科学的野蛮人と呼び、人道、徳義、常識を重んじる全人的教育の重要性を真剣に説いている。

しかし、足下で不穏な動きが蠢動《しゅんどう》していた。昭和金融恐慌の際、三井が「ドル買占め」に動いたと批判され、財閥に対する非難が高まっていた。昭和七年二月九日、井上準之助（元蔵相）がテロで暗殺されるのだが、二九日には「リットン調査団」が来京したので團は日本実業界の代表として接待委員長を務めていた。そして三月四日の昼の祝宴ではスピーチを行い、夜は一行の歌舞伎見物に同伴した。しかし、その翌日の五日、團は三井本店の前で「財閥の親玉」として血盟団員菱沼五郎が放ったピストルの凶弾に倒れるのである、七五歳であった。

團は、武士道的精神のエンジニアであり、国際的視野をもつ実業家であり、日本の行方を真に憂えた財界人だった。大局観を持ち、識見高く、人格高潔であり、日本を代表する経済人として貴重な存在だった。晩年は財界のトップリーダーとして日本人が道義的精神を失い伝統的美風をなくしていくことに強い警告を発し、教育の専門化の弊害を指弾して全人格的教育の重要性を切言した。

それは平成の今、日本を覆っている状態と類似していないであろうか。なぜなら、團の危機感と警告は我々の胸に強く響いてくるからである。

歴史は繰り返す、我々は先人の歴史から真摯に学ぶ必要がある、そのことをあらためて痛感するのである。

参考文献

故團男爵傳記編纂委員會編『男爵　團琢磨傳』故團男爵傳記編纂委員會、一九三八年。

白崎秀雄『鈍翁・益田孝』上・下、新潮社、一九八一年。

長井実編『自叙　益田孝翁伝』中公文庫、一九八九年。

『実業之日本』一九一五年七月一日号。

『東京人 July 2012　特集　道楽がつなぐ権力の環』都市出版、二〇一二年七月号。

第9章　吉原重俊——薩摩のボッケモン、初代日本銀行総裁へ

吉原重和

岩倉使節団には現地採用されたメンバーが少なからずいるが、吉原重俊《よしはらしげとし》はその一人であり、その役割はめまぐるしいほど多方面にわたっている。というのは、慶応二年（一八六六）から薩摩藩派遣の第二次米国留学生としてイエール大学に留学していたところを普仏戦争観戦武官団にスカウトされヨーロッパに赴き、その後は岩倉使節団に合流するためにワシントンに戻り、畠山義成や新島襄等と同じく三等書記官となる。だが、条約改正交渉のため天皇の委任状を取りに帰る大久保に随行して帰国、その間二カ月間は大久保の家に寄寓し再びワシントンに舞い戻る。いわば大久保付きの通訳兼秘書という役柄であったかと想像できる。そしてイギリスまで使節に随伴するが、そのままイギリスに残り使節団本隊とは離れて調査の仕事を行う。

その後、帰朝した吉原は外務省や大蔵省の仕事を矢継早にこなしており、大久保亡き後は大蔵卿となった松方正義の下で働いて次官にまでなり、日本銀行を設立するに際して初代総裁になるのである。英語に強く、外交、経済に通じている人材はこの時期非常に貴重な存在であり、次々と起こる問題に対処して、その処理にあたったことが分かる。一〇カ月にわたる長期の海外出張の疲れもあったと察せられるが四二歳という若さで総裁在任中に亡くなっている。日本近代化の草創期における薩摩隼人らし

い獅子奮迅の足跡を紹介したい。

1　薩摩藩士、イエール大学へ

血気盛んな青年、英語修業へ

吉原は、弘化二年（一八四五）、鹿児島の西田村に生まれ、幼くして藩校造士館に学び、八歳ですでに秀才の名が高かった。一六歳の時には藩主の父・島津久光《ひさみつ》の上洛に選ばれて随行する。しかし、文久二年（一八六二）五月に起きた寺田屋事件では攘夷派志士として最年少で参加し、それを咎とされ鹿児島に送還されて謹慎処分となる。翌年八月には英国艦船が鹿児島湾に侵入した際、吉原は謹慎を解かれて大山巌や西郷従道等と共に西瓜売りに化けて英艦に切り込もうとした。血気にはやる少年戦士だったと言える（犬塚孝明『明治維新対外関係史研究』一三四頁）。

その後、江戸に派遣され、武田斐三郎から洋学を学び、さらには横浜でオランダ改革派教会宣教師のS・R・ブラウンに英語を学んだ。また、勝海舟の「氷解塾」に桐野英之丞、湯地定基《ゆちさだもと》、種子島啓輔と共に入塾したが（高橋秀悦「『海舟日記』に見る『忘れられた元日銀総裁』富田鐵之助」八頁）、坂本龍馬や富田鐵《とみたてつ》之助《のすけ》も同じ塾生だった。薩摩藩は江戸・横浜で収集した国内外の情報を国元に定期的に送っていたが、その中には吉原のような江戸遊学生たちが集めた情報も含まれていた（川畑利久「薩摩藩探索方南部弥八郎伝」五〇頁）。

そして慶応二年、藩派遣の第二次米国留学生五人の一人に選抜される。五人とは吉原（変名・大原令之助）のほか、氷解塾の塾生仲間であった湯地定基（変名・工藤十郎）、種子島啓輔（変名・吉田彦麿）の二人に加え、仁礼《にれ》景範《かげのり》（変名・島田カンイチ）、江夏嘉蔵（変名・久松壮助）だった。そして三月二八日に藩が同行を依頼した米国商人ロビネットと共に長崎からポルトガル船に乗り込み密出国する。その後上海で英国船に乗り換え喜望峰をまわりイギリス経由でアメリカに往く大航海であった。

ニューヨークに着くと、ボストンを経てマサチューセッツ州のモンソンアカデミーに入学する。この学校はS・R・ブラウン牧師の母校であり、イエール大学入学のための全寮制の予備校だった（犬塚孝明「仁礼景範航米日記」）。

吉原重俊

新島襄との出会い

モンソンに落ち着いて間もなく、吉原は単身、ボストン近郊に住んでいた新島襄に会いに行っている。その時のことを新島は手紙に書いている。「昨年一一月、薩州侯のご家来六人程ニューヨークに到着いたし、その内の一人（吉原重俊）当所へ参り、小子を尋ねくれ候」（同志社編『新島襄の手紙』五三頁）。

なぜ、吉原は新島に会おうと思ったのか。それは上海で手に入れたThe heavenly way（天路指南）を船中で読むうちにキリストの教えに強い興味を抱いたこと、そしてモンソンで教会の関係者から珍しい日本人、新島の消息を聞いたからと想像される。吉原はそのような日本人がいることに感銘を深くし、ぜひ会いたいと思ったのであろう。それを機会に以後親しく交流しており、明治二年（一八六九）一月には、ブラウン牧師の下で洗礼を受けるまでになっていた。

当時、留学生がクリスチャンになることはタブーであったから、生涯、吉原は誰にもそれを口にしなかった。最近になって信仰告白記事が見つかりそのことが分かったが、吉原だけでなく薩摩の多くの留学生が洗礼を受けていた（吉原重和「新島襄と吉原重俊（大原令之助）の交流」）。当時のピューリタンの教えが清く正しく純粋で、薩摩のサムライには共感するところがあり、青年たちのこころを捉えたのではないかと想像される。そしてその信仰の篤さがその後の吉原の活動に影響を与えているのではないかと思われるのである。

「普仏戦争観戦武官団」随行

そして吉原は、難関とされたイエール大学の試験に首尾よく合格し、初の日本人留学生として（山川健次郎はこの後）入学する。そして政治・法律を学び、明治三年（一八七〇）九月、卒業寸前というところで、官命により普仏戦争観戦武官団に随行することになる。これは薩摩の大山巌をリーダーとし、長州からは品川弥二郎《しながわやじろう》、土佐からは林有造《はやしゆうぞう》、そして中濱万次郎《なかはままんじろう》が加わった一団である。

通訳としては万次郎が同行していたのであえて吉原が同行する必要はなかったはずであるが、大山としては薩摩のこの俊才を相談相手にしたかったのではなかろうか。大山の日記によると、彼はニューヨークへ到着したその足でニューヘイヴンの吉原の許を訪れて一泊し、一別以来のことを語り明かしている。イエール大学の学内誌では、大山がニューヨークに到着する三日前の二五日の日付で、吉原は官命で戦争のレポートをするためにヨーロッパに派遣されるので大学を去ることが記されている。同志社の教員だったラーネッドは、大学で吉原と共に同じ政治学の授業を受けていたと回想録に書いている（本井康博「ビーコンヒルの小径　新島襄を語る（八）」二五三頁）。

ちなみに追記すれば、吉原はその後アメリカに戻る機会はあったが復学して卒業資格をとることはなかった。

2　岩倉使節団へ参加、引っ張りだこの仕事ぶり

「ゲルマン紙幣印刷監督」としてフランクフルトへ

武官団随行の仕事を終えた後、吉原は大蔵省からの要請でフランクフルトへ出かける。そこには大蔵省が明治通宝（通称ゲルマン紙幣）の印刷を依頼しており、その監督に行ってくれというのだ。そこで吉原は明治四年（一八七一）三月から一八七二年一月まで同地に滞在していた。

岩倉使節団へ現地参加

そのころ、岩倉使節団からお呼びがかかる。その経緯は次の書翰で明らかである。当時、在パリの欧州担当公使であった鮫島尚信（薩摩の第一次英国留学生）は、その外交書簡（一八七一年一二月二六日：在フランクフルト・ドンドルフ氏宛）で以下のように書いている。

「唯今受け取った本国政府からの訓令により、大原氏（吉原の変名）はアメリカおよびヨーロッパを訪問する日本国外交使節団を迎えるため、ただちに合衆国へ出発すべきことになった旨、謹んでお知らせ致します。したがって、これまで大原氏に任されていた職務を果たすべく本間氏を任命致しました。出発前に大原氏が本間氏を貴殿（ドンドルフ氏）にご紹介いたします」（鮫島文書研究会編『鮫島尚信在欧外交書簡録』二五一頁）。

そこで吉原はワシントンに急行して在米代理公使の森有礼らに合流し、使節団の迎えに当たることになる。そして同じ現地採用組の新島襄、杉浦弘蔵《すぎうらこうぞう》（畠山義成）と共に三等書記官に任用され（大使信報「一月二三日」）、大統領のグラント将軍との謁見にも早速参加することとなった。

大久保・伊藤のとんぼ返りに同行

そして前述したように、大久保利通、伊藤博文が条約改正のために天皇の委任状を取りにとんぼ返りする旅に同行帰国する。その時、東京では大久保邸内に寄留している。そして再びワシントンに戻り、使節団と共にイギリスに旅立つ。だが、イギリスではまた使節団から離れ、同地に残って調査活動を行うことになった（吉原重俊「肥田為良・吉原重俊・川路寛堂・杉山一成報告理事功程」）。

3　大蔵省・外務省の官僚として東奔西走の活躍

大蔵省・外務省の両棲的官僚

明治六年（一八七三）イギリスより帰朝する。そして外務省に入り、一等書記官として在日米国公使館勤務を経て一一月には大蔵省に転じたが、条約改正の理事官として時々外務省にも出仕した。明治六年の政変後における政体整備は、伊藤博文・寺島宗則両参議が専任となって行うこととなったので、大久保は「立憲政体に関する建言書」（「明治六年大久保参議起草政体ニ関スル意見書」）を配下の吉田清成《よしだきよなり》・吉原重俊を督促して作成させ伊藤に提出した。この中で大久保は、日本の風土・伝統に適した「君民共治」に基づく国法の制定を唱えた。

台湾事件解決のため大久保に随行

一八七四年八月二日には台湾事件が起こる。この時西郷従道が薩摩の兵を率いて出兵し現地の高砂族を征伐するのだが、その後始末に大久保利通が全権弁理大臣を拝命して三カ月間、清国に出張して結末をつけた。その時、吉原は租税助と横浜税関長を兼務していたが、急遽命令を受けて三等議官の高崎正風《たかさきまさかぜ》やボアソナードと共に大久保に随行した。この交渉は難航し三カ月間もかかったが、粘り強い大久保らの交渉とイギリス公使の仲介もあり、清国が補償金五〇万テールを支払うことによって解決した。吉原はメイヤーズイギリス公使館書記官と共に清国との条約文書の起草を行った（萩原延壽『北京交渉（遠い

崖　アーネスト・サトウ日記抄11)』三〇三頁）。

地租改正を担当

政府は明治七年（一八七四）から地租改正に着手したが、吉原は一二月、租税権頭、翌年一月には租税局長に任命された。吉原は明治九年（一八七六）に内務省および大蔵省の両省間に地租改正事務局を設置し、ここを中心として改租を強力に進めた。地租改正作業の過程では、伊勢暴動をはじめとした地租改正反対一揆ともいえる大規模な暴動が頻発したが、明治一三年（一八八〇）に耕地や宅地の改正作業が終わり、その後も約七年間をかけて大事業を成し遂げた。

西南戦争と大久保の暗殺

西南戦争後、大久保は部下の内務次官林友幸《はやしともゆき》と大蔵省の吉原に熊本出張を命じ、五〇万円を支出して熊本の兵害を補償させた。今の金額では六〇〜七〇億円位だろうか。この人事は大久保が大蔵卿の大隈に掛け合ってつけてやったもので、西郷軍の通った後を不都合のないように補償して廻ったことを意味する。吉原は被害調査と難民救護を行い、西郷軍に対する不評をそそぐのに大いに役立った。それは大久保の西郷に対する最後の友情だったといえるかもしれない。

その大久保は明治一一年（一八七八）五月一四日、清水谷（現在の東京都千代田区紀尾井町清水谷）で不平士族六名によって暗殺された。

吉原は登庁の際に大久保の馬車に同乗するのを常としていたが、たまたま妻が病気のため其の日は同乗せず、同じく同僚瀧吉弘《たきよしひろ》（日出藩士）もその役だったが偶然国に帰っていて難を逃れた。もし瀧が大久保の馬車に同乗して命を落としていたら息子の滝廉太郎が生まれることもなく、名曲「荒城の月」も存在しなかったことになる（加来耕三『清貧の譜』二一二頁）。当時、大久保は暗殺を予感していたにもかかわらず、警備をつけることをしなかったと伝えられている。

松方正義の下でインフレ対策

明治一〇年（一八七七）当時、西南戦争は終結したものの、大量の不換紙幣の発行により激しいインフレーションが起き、政治上の大問題となっていた。それを収束させるには当然財政上の大改革を必要としていた。そのような情勢から内務卿の松方正義は急遽渡欧し、翌年三月から一二月までパリに滞在して対策を立てるべく調査を行った。

当時フランス蔵相だったレオン・セーは松方に三つの助言をした。セーは、ロスチャイルド家第四代当主アルフォンス・ド・ロスチャイルドの大番頭とも言われた人物である。その第一は、日本が発券を独占する中央銀行をもつべきこと、第二は、フランス銀行やイングランド銀行は古い伝統ゆえにモデルとならないこと、第三は、したがって最新のベルギー国立銀行を例として調査すること、を薦めた。

松方は帰国するとその方針で準備を進め、一四年政変の一カ月前に、「日本帝国中央銀行」設立案を含む「財政政議」を政府に提出した。政変によって大隈が失脚すると、松方は大蔵卿として日本銀行創立の具体化にとりかかった。

4　日本銀行初代総裁就任

松方正義の下で初代日銀総裁となる

松方正義は、吉原重俊（薩摩）、富田鐵之助（仙台）、加藤斉（薩摩）の三名を日銀創立委員に任じて準備を進めた。明治一五年（一八八二）六月二七日に日本銀行条例を公布、同一〇月六日に吉原重俊をその初代総裁に任じて、同月一〇日、日本銀行は開業した（吉野俊彦『歴代日本銀行総裁論』一一頁）。吉原は三八歳の若さで初代総裁に就任したのだが、これはそれまでの豊富なキャリアや大久保と松方という薩摩人脈の信頼関係に依るものであろう。副総裁となった富田鐵之助（二代総裁）は一〇歳も年長であったが、初代総裁としては吉原が適任であったと述べている（吉野俊彦『忘れられた元日銀総裁』六九頁）。

吉原の日銀総裁としての業績は、下記の通りである（小川原正道『初代日銀総裁・吉原重俊の思想形成と政策展開』）。

- 維新以来多く出回っていた不換紙幣を回収・整理し、日本銀行発行の兌換紙幣と交換した。
- 近代的手形・小切手の流通促進を図った。
- 明治一八年（一八八五）に約一〇カ月間欧米を回り、銀行制度調査と外資導入の緒を創った。

5　文明開化の戦士――激務の中に殉死？

吉原は幼少の頃から漢学国学に通じ、長ずるに及び英語にも精通し、いわゆる和漢洋に通じた貴重な存在であった。若い頃は相当思い切った豪気さもあったらしく鹿児島でいう木強者（ボッケモン＝命しらず）でもあり、それが大久保の目に留まったのであろうか。しかし、後年は温厚篤実な、また清廉な紳士として知られ、日本銀行の伝統的な慎重さは初代総裁のこの性格によるともいわれている。

そのような人格的形成は何によってなされたか、私見ではやはりクリスチャンとしての信仰がその背景にあったのではなかろうかと推測する。イエール大学を終える頃からの東奔西走の活躍ぶりを見ると、まさに日本近代化の財政、外交分野におけるフロントランナーでありパイオニアであったことが分かる。そして、誠実に真っ直ぐに仕事を成し遂げていく真摯な姿は、同じ薩摩藩留学生であった畠山義成と鮫島尚信にも共通のものであった。

吉原は日本銀行在任中の明治二〇年（一八八七）一二月一八日に、四二歳の若さで死去した。そして畠山がフィラデルフィア博覧会からの帰途の船上で急逝し（三三歳）、鮫島がパリの現役公使であった時三五歳で急死していることを思う時、文明開化途上の激務の重なる中での死であり、まさに近代化日本の壮烈な戦士の死とも見えてくるのである。

青山霊園にある墓所は、その敬愛と親密さを示すように大久保利通の墓の前に位置している。

参考文献

犬塚孝明「仁礼景範航米日記」『鹿児島県立短期大学地域研究所年報』第一三号・第一四号、一九八五年・一九八六年。

犬塚孝明『明治維新対外関係史研究』吉川弘文館、一九八七年。

大久保利通「明治六年大久保参議起草政体ニ関スル意見書」『伊藤博文関係文書（その1）』国立国会図書館蔵。

小川原正道「初代日銀総裁・吉原重俊の思想形成と政策展開」慶應義塾大学法学研究会『法學研究：法律・政治・社会』第八七巻第九号、二〇一四年九月。

萩原延壽『北京交渉（遠い崖　アーネスト・サトウ日記抄11）』朝日新聞出版、二〇〇一年。

加来耕三『清貧の譜――忘れられたニッポン人　楽聖滝廉太郎と父の時代』廣済堂出版、一九九三年。

川畑利久「薩摩藩探索方南部弥八郎伝　附東郷宗元」鹿児島歴史研究会『鹿児島歴史研究』創刊号。

鮫島文書研究会編『鮫島尚信在欧外交書簡録』思文閣出版、二〇〇二年。

大使信報「一月二三日」国立公文書館蔵。

高橋秀悦「「海舟日記」に見る「忘れられた元日銀総裁」富田鐵之助」『東北学院大学経済学論集』第一八二号（二〇一四年三月）別冊。

同志社編『新島襄の手紙』岩波文庫、二〇〇五年。

本井康博『ビーコンヒルの小径　新島襄を語る（八）』思文閣出版、二〇一一年。

吉原重和「新島襄と吉原重俊（大原令之助）の交流」同志社大学同志社史資料センター『新島研究』第一〇四号。

吉原重俊「肥田為良・吉原重俊・川路寛堂・杉山一成報告理事功程」『外交関係事務調査書』国立公文書館蔵。

吉野俊彦『忘れられた元日銀総裁――富田鐵之助傳』東洋経済新報社、一九七四年。

吉野俊彦『歴代日本銀行総裁論』毎日新聞社、一九七六年。

第10章　渡邉洪基——明治社会のマルチ・オーガナイザー

赤間純一

1　渡邉洪基と伊藤博文——明治一〇年代の構図

今日、渡邉洪基《わたなべひろもと》を知る人は少ない。同時に渡邉ほど「知られざる岩倉使節団員」の名に相応しい人物もいないであろう。

彼は弘化四年一二月（一八四八年一月に相当）、越前府中の開明的な町医者の長男として生まれ、複数の藩校で学び、やがて江戸遊学後下総佐倉の順天堂に籍を置きながら、当時「家業」とされた「医術」を捨てて「政治と兵学」に身を転じ、江戸へ戻って箕作麟祥《みつくりりんしょう》に英語を学び、慶應義塾にも入塾。紆余曲折を経て外務省に入省。岩倉使節団には外務省二等書記官として随行しながら、副使伊藤が持ち出した条約改正問題に抗議し、唯一ワシントンから単身帰国した人物である。二〇一六年まで、信頼できる伝記もなく「初代帝国大学総長」であったがゆえに膨大な資料が「東大史資料室」に保管されており、主として教育史・大学史の観点から取り上げられてきた。

本章が扱うのは渡邉の全生涯ではなく、明治一〇年代を主とする。この時期はいわゆる「維新の三傑」が没し、とりわけ「明治一四年の政変」以降は、伊藤博文がその中心を担っていた。岩倉使節団は、

渡邉洪基（渡邊宏次氏提供）

渡邉と伊藤の最初の接点であった。彼らのファースト・コンタクトは一介の二等書記官が使節団副使に対して「喧嘩を売る」に等しいものであったが、その後、彼らは、渡邉が五二歳で急逝するまで深い繋がりがあった。渡邉が初代帝国大学総長に抜擢された経緯にも伊藤の影がつきまとう。いまひとつ、明治一〇年代とは、藩閥政府と自由民権運動が真っ向から対立する時代でもあった。伊藤はもとより渡邉も、民権運動に対して否定的であったことは一つの共通点と言えるであろう。本章は以上の二点を前提とする。

2　外交官としてのウィーンでの体験から「三十六会長」へ

渡邉が五二歳で急逝した時、その訃報の中に「氏は実に学者、実業家、政治家の間に介在し」という一節がある。今日ほとんど無名であるにもかかわらず、生前の渡邉は「三十六会長」と呼ばれるほど多種多様な学術団体、企業、実業界と深い関わりを持っていた。それらの中には、今日まで続いている学会や鉄道会社もあれば、途中で吸収合併されたものもあるが、彼が創設、あるいは関わった結社には次のような特徴があった。

(1)開放性…いわゆる「閉じた組織」ではない

(2)相互性…一方通行の「啓蒙活動」ではない
(3)衆智の結集を目指す…人々をつなぐネットワークを構築する

これらの特徴は、明治一桁年代の代表的な知識人の「結社」である明六社と著しい対照をなす。明六社はその「貴族主義」（丸山眞男）的色彩と相まって「上からの」啓蒙活動に留まったからである。

では、渡邉はこうしたアイデアをどこから得たのか。その鍵はウィーンにある。岩倉使節団に参加しながら単身帰国した渡邉にとって本格的な西洋経験は二等書記官として赴任したウィーンが嚆矢となった（明治六年〔一八七三〕二月出発）。彼は、外交官としてウィーンの「帝国地理学協会」（Geographische Gesellschaft）に参加し、「結社（Society）の精神」に目覚めたのである。

渡邉は後年、次のように語っている。

「一国の人は固より互いに其智恵を交換合併して共に繁栄を謀るべく、又世界万国も其如くして我の彼に劣らざるよう注意すべきなり。是れ各国にて勧業協会地理協会兵学協会工学協会農学協会等種々ある所以なり。」（「智識ヲ交換スル利益ノ事」『萬年会報告第一報』）

明治九年（一八七六）に帰国した渡邉は、同一一年（一八七八）、前年神田錦町に「華族学校」（宮内省の外局）として発足したばかりの学習院の次長を拝命する一方で、「結社の精神」を実践すべく、発起人となって数々の団体を立ち上げていく。萬年会（中央と地方を結ぶ勧農団体）、東京地学協会（地理学と地政学を媒介とする国家エリートの親睦団体）、統計協会（統計学のパイオニア杉亨二との協力による）等である。これらに共通している精神は、⑴衆智の結集、⑵人的ネットワークの構築、⑶国家の基本である国土と国民の把握（地理と統計）となろう。まさに「媒介者」の面目躍如と評してよい。

3　集会条例への関与と「治国平天下の学」の提唱

渡邉は、明治一三年（一八八〇）に制定された「集会条例」に関わることになる。集会条例は行政刑法であるから内務省の管掌のはずであるが、元老院で審議の際に答弁役を務めたのが渡邉であった（実際の構想者は井上毅、大森鐘一といった法制官僚）。渡邉はここで、「政談」と「講究」の区別という論理を持ち出す。学生、軍人、教師などの政治化（反体制化）を防ぐべく、政府批判を含む「政談」は取締の対象とするが、研究会等の学問の「講究」はそうではない、という「論理」である。結果的に、集会条例はその立法目的すら達成できない「ザル法」と化し、明治一五年（一八八二）に改訂されるのであるが、「政談の徒」に対する嫌悪感の表明は後に伊藤の「教育思想」と深く共鳴することになる（この時期、「政談の徒」と「民権派」はほとんど同義語である）。

この集会条例との関わりは民権派からひどく疎まれる一因となり、よほど嫌気がさしたのであろう、明治一四年（一八八一）五月、渡邉は学習院を含む一切の官職を辞し、原敬を伴い全国漫遊旅行に出る。

翌年三月に帰京した渡邉は元老院に籍を置き、そこで「政治学校設立之儀」という建白書を提出している。渡邉は言う。「……今日ニ於テ政務ヲ行ヒ法律ヲ立テ国家ノ安寧幸福ニ任スル者治国平天下の学講セスシテ可ナランヤ。但昔日ノ如キ単簡ノ学ヲ以テ足レリトスルコト能ハサルニ至ルノミ」。当時、政治学・経済学は私立の専門学校（現在の早稲田大学・明治大学の前身）では独立した学部で教えられていた（ちなみに旧東京大学では、政治学、理財学（経済学）は哲学と並んで文学部に配置されていた）。渡邉の目からするとそうした私学での教育は、「壮士」を生むだけの空論に映った。代わりに、「治国平天下」の担い手としての士大夫（儒教圏では読書階級・教養人を指す）を養成する学校の設立を訴えるこの建白は少なくともすぐには実ることはなかった。ここで、「治国平天下」という言葉遣いが朱子学の八条目（格物・致知・誠意・正心・修身・斉家・治国・平天下）中にある最後の二つだけというのは注目に値する。江戸期の支配層であった武士を育てた漢学（儒学）に代わる政治経済学に、治国平天下の道を託したのである。

4　帝国大学成立の背景と伊藤博文の国家ヴィジョン

帝国大学は明治一九年（一八八六）、森有礼が発令した「学校令」の一つである「帝國大學令」に基づき発足した。多くの教育史家はここに初めて大学に理念と目的が付与されたと評する。それは第一条に示された「帝國大學ハ國家ノ須要ニ應スル學術技藝ヲ教授シ及其蘊奥ヲ攷究スルヲ以テ目的トス」にほかならない。

しかしながら、旧東京大学を改組し「帝國大學」を設立した背景には、伊藤博文の壮大な国家ヴィジョンがあった。話は遠く「明治一四年の政変」に遡る必要がある。この政変の詳細を述べるゆとりはないが、結果として伊藤は二つの課題を背負うことになった。

(1)憲法構想　大隈―小野（梓）の急進的憲法案は大隈を罷免したことによって片付いたが、それに対抗する形で突如として現れた岩倉―井上（毅）案を凌駕する独自の憲法構想の必要性がある（伊藤は安直に岩倉―井上案に賛同したわけではなく、むしろ性急な井上を退けた。伊藤は憲法に「国の在り方」というヴィジョンを求めていた）。

(2)知識人（教育システム）の問題　多くの少壮官僚（そのほとんどが慶應義塾出身者）が追放されあるいは下野し、政府は薩長中心の藩閥政府になる。下野した大隈は「片手に学校、片手に政党」を持ち、急進派知識人が結集した東京専門学校を通して「政談の徒」を政党に送り込むシステムを作り上げていく。伊藤にとって、これは紛れもない反政府行動と映じた。

伊藤の教育観を一瞥すると明治二年（一八六九）の「国是綱目」から明治一二年（一八七九）の「教育議」（元《もと》田《だ》永孚《ながざね》の「教学聖旨」に真っ向から反論したもの）まで驚くほど一貫している。一言で尽くせば、「科学的」知識人による「政談的」知識人の「暗消」である。「教育議」末尾には「政談の徒過多なるは、国民の幸福に非ず。（中略）蓋し科学は、政談と消長相為す者なり」と記されている。すなわち、伊藤に拠れば国家は「科学的知識人」によって運営されねばならない。この一点において、伊藤と渡邉の構想は一致していた。

翌年、憲法調査のため渡欧した伊藤に、これら二つの問題を一挙に解決する糸口を与えた人物がいた。ウィーン大学のローレンツ・フォン・シュタインである。伊藤はシュタインから立憲君主制の精髄――君主は立憲制下にあっては「機関」に過ぎない――だけではなく、憲法に対する行政の優位、ならびに行政官を政治エリートとして育成する「大学」の設置というアイデアを授けられた。

帰国した伊藤は宮内卿に就任し、「立憲カリスマ」として宮中と官制の改革に大鉈を振るい、内閣制度を発足させ初代総理大臣に就任する。

5　初代帝国大学総長へ、「知と実学」の展開

渡邉が総長に抜擢された経緯は分かっていない。渡邉は前年（明治一八年〔一八八五〕）東京府知事になったばかりであった。「帝國大學令」は三月一日に発令されたが、森有礼は二月の中旬に西村茂樹に帝大総長への就任を要請している。確たる証拠はないが、伊藤が深く関わっていたと考えざるを得ない（三宅雪嶺《みやけせつれい》は伊藤の推薦によると断言している。『同時代史』第二巻、岩波書店、一九九〇年、二七五頁）。

ここで渡邉の学問観を見よう。総長に就任したばかりの時期の発言である。


「何の学科を問わず、人間の幸福安全を捗らすの要具に過ぎず。如何なる高妙の理論と雖も、経済上の益なきものは其功なき者と云て可なるべし。」（総長に就任した明治一九年四月十日、東京化学会第八年総会での「理化両学の功益を民間に播布せんことを務むべし」と題する演説）

経済的利益を生み出さない学問に用はないと言わんばかりの、あまりにも素朴な功利主義的学問論であり唖然とするほかはないが、他方、自ら述べているように「多年学者ト実業家トノ間ヲ媒介シ」てき

た者としての率直な表明とも読み取れる。工部省在籍時代に工部大学校の文部省への移管に反対していた渡邉らしい言葉とも言える。渡邉にとっての「大学」とは、学理の「攷究」に留まらず、その応用を通して社会に貢献することが求められたのである。

総長に就任した渡邉が真っ先に行ったのは、学士の養成、つまり卒業生を増やすことであった。発足当時の帝大は、入学者は定員を満たせず、卒業生は極端に少なく（明治一九年の卒業生は全学でわずか四九名）、学問上のプレスティッジも決して高くはなかった。それだけではなく規模が拡大したにもかかわらず予算は増えない。そこで彼は、官庁・企業・学校を中心に就職の斡旋、奨学金や寄付金を求める依頼状（移文）を発送した（その数は二一四通にも及ぶ）。そして、実際に彼の在任中に入学者は徐々に増加していく（帝大生が「国家貴族」〔竹内洋〕と呼ばれるようになるのは、旧制高校が整備される後年のことである）。

では、「治国平天下の学」はどうなったか。翌明治二〇年（一八八七）、渡邉は自ら国家学会を立ち上げる。国家学会は今日まで続く東京大学法学部（公法・基礎法学・政治学）の学術組織であり、『国家学会雑誌』といえば吉野作造、美濃部達吉、宮澤俊義、石井良助、南原繁、岡義武・義達、丸山眞男、といった碩学が主たる発表媒体とした日本アカデミズムの牽引役であり続けている。

しかし、発足当初の国家学会は、学術研究発表の場というよりも、毎月行われる講演会を通して国家学（政治経済学）の普及を第一の目的とした。開催場所も学外であり、多様な論題を取り扱うという点においても今日の学会とはまったく異なる性質のものである。何よりも、学理の追究よりは経験的・実践的な「術」を求めるものであった。また、特定の専門に偏ることなく、森羅万象が国家学の対象とされた。同時に、かつて国家を人体に譬え、国家学を医学になぞらえた渡邉にとって、国家学とは国家経綸のための術、すなわち「実学」でなければならなかった。渡邉の言葉を引こう。

「国家学ヲ講究スヘキニハ所謂普通ノ理ト称スル部ニアラスシテ、各異ナル国ト時ト其勢ニ応シテ一種民族ノ幸福安寧ヲ進捗スルノ方法ニアリ。故ニ国家学ナル者ハ学ト称スルヨリハ寧ロ術ト称スヘシ。」

森有礼の横死後文部大臣を務めた榎本武揚（渡邉とは旧知の間柄である）は、明治二三年（一八九〇）、第一次山縣内閣の発足に伴い「徳育」に熱心ではないという理由で更迭され、後任は山縣の股肱・吉川彰正となった。渡邉はそれを期に総長を辞任し、外務省に復帰。ただちに公使としてウィーンに赴任する。後任の総長は山縣の姻戚、加藤弘之（旧東京大学総長）であった。奇しくも、この年は、教育勅語が発せられた年である。

6　伊藤博文の「教育構想」を支えたマルチ・オーガナイザー

教育勅語の渙発は「明治一〇年代」の終わりを象徴する出来事である。

この時期は、欧化主義の象徴である「鹿鳴館時代」であると同時にその反動も激しい時代でもあった。かつて急進的啓蒙主義者であった森有礼でさえ、明治一〇年代末には保守主義に足場を移した（一例を挙げれば、森は、西村茂樹の『日本道徳論』を絶賛し、それに対して伊藤は激怒したが、森にはその理由が理解できなかった)。そればかりでなく、大久保亡き後、天皇側近勢力と官僚勢力とが分裂しその対立と抗争が顕在化した時代でもあった(「宮中」と「府中」の対立。教育勅語は「近代国家の法に代る天皇制国家の法」(藤田省三)であったがゆえに「政体と国体の相克」(三谷太一郎)というきわめて深刻な問題を生んだ)。

維新期からこの時期までの復古主義の代表者は宮中で侍講を務めていた元田永孚であろう。伊藤と渡邉は、共に元田の復古的儒教主義には断固として反対の立場を貫き通した。渡邉は西洋社会の科学技術と学問に日本の将来を託した。一方、伊藤博文に対する評価はこの二〇年ほどの間に大きく変貌し、立憲主義を重んじる「立憲カリスマ」(坂本一登)、トクヴィル(Alexis de Tocqueville)を愛読する「知」の政治家(瀧井一博)という従来とはまったく異なるイメージを持って語られるに至っている。二人を結んだのは「知」である。ただし、彼らが重視したのはあくまでも「実学」であった。渡邉の立場は経済的功利主義とプラグマティズムに貫かれた「通俗的」な学問観に留まり、他方、伊藤は「政治家」として、ときには妥協を余儀なくされ融通無碍に映る行動も厭わなかったが、少なくとも明治一〇年代から憲法制定まで伊藤の理念——立憲制度の確立——は貫徹された。そして渡邉は、伊藤の壮大な国家構想の少なくともその一部を具現化し組織化するという貢献を為したと筆者は考える。

参考文献

伊藤之雄『伊藤博文』講談社、二〇〇九年/講談社学術文庫、二〇一五年。
坂本一登『伊藤博文と明治国家形成』講談社学術文庫、二〇一二年。
瀧井一博『ドイツ国家学と明治国制』ミネルヴァ書房、一九九九年。

瀧井一博『渡邉洪基』ミネルヴァ書房、二〇一六年。
＊本章の伝記的事実については本書にほぼ全面的に負っている。
瀧井一博『伊藤博文――知の政治家』中公新書、二〇一〇年。
三谷太一郎『日本の近代とは何であったか』岩波新書、二〇一七年。

第11章　安場保和——地方行政の国士的キーマン

芳野健二

安場保和《やすばやすかず》は熊本藩士の子として生まれ、横井小楠の薫陶を受け、横井が福井藩主に招聘された時にも随行している。戊辰戦争では参謀として参加、江戸城開城の際にも立ち会っている。維新後は東北の胆沢県を皮切りに地方行政の最前線で働き、地元民に温情のある対応で親しまれた。

小楠亡きあと、その古武士的言動で大久保利通と肝胆相照らし、大蔵省によばれて中央行政にも関わる。岩倉使節団の派遣が決まると、その保守的な頭を「洗脳すべし」との思惑もあり随行することになる。だが、ワシントン滞在中「吾が輩のような英語もわからぬ頑固者に貴重な金を費わせるのは無駄だ」と自ら申し出て帰国してしまう。

これ以降、地方行政、とくに治世が困難な県を担当し、次々に県令知事として歴任恪勤した。そして、人材育成や地域開発に多大の功績を上げて名県令と謳われることになる。

本章では、ほとんど知られていない「豪傑」とも称された人物の実像を伝えたい。

1　幕末維新期の活躍

熊本藩士、横井小楠の塾に学ぶ

安場保和は、天保六年（一八三五）熊本城下の村に細川藩士の長男として生まれた。坂本龍馬や井上馨、そして悪名高き県令であった三島通庸《みしまみちつね》とも同じ年であり、相性の良かった大久保は五歳上、馬の合わなかった伊藤博文は六歳下である。八歳から藩校時習館に入り頭角を現し、一五歳から横井小楠の塾に学んだ。

小楠が福井藩の松平春嶽に招聘された時、彼も第一の弟子として随行する。おかげで、小楠に面会を求める海舟や龍馬、木戸孝允などの人材とも知り合うことができた。

戊辰戦争では東海道鎮撫総督府の参謀として参戦し、江戸城明け渡しの時には、勝・西郷会談にも立ち会った。

安場保和
（国立国会図書館蔵）

維新後ただちに東北へ、人材育成にも尽力

維新の翌年（一八六九年）に安場は、新政府に敵対して敗れた南部藩の胆沢県ナンバー2の大参事として派遣された（胆沢県はのちに一関県に併合され、さらに盛岡県、江刺県と併せて岩手県となった）。折からの凶作の中、彼は財政維持に苦戦し「県札」を発行

しようとするが許されず、三〇〇〇石にあたる三万両を借り入れることで対処した。また目安箱を設け、篤農、篤行の褒賞を行って民心を安定せしめた。また生糸や鉄などの特産品を生産局というポストを設けて県直轄とした。これは師の横井小楠が「国是三論」で説き、幕末の福井で実施した「物産惣会所」に倣ったものである。

安場はまた水沢の地で、後の日本を動かすことになる二人の一五歳の少年の才能を見出し給仕として採用し育成した。後藤新平（一八五七～一九二九）と斎藤実《まこと》（一八五八～一九三六）である。

後藤新平はのちに医者を志し、須賀川医学校を卒えて二五歳で愛知県病院長となった。この時自由党の板垣退助が岐阜で刺客に襲われ、彼の手当てを受けて助かるのである。その後、後藤は安場の次女を妻に迎えてドイツ留学へ旅立った。そこで森鷗外と同じく衛生学を学んだ。そして児玉源太郎に見出されて台湾民生局長となる。この時、アメリカ留学中の新渡戸稲造を呼び寄せ、製糖事業に着手する。安場が育てた人脈が、児玉、後藤、新渡戸と良質な循環を生んだのである。

後藤はスケールの大きな政治家として、関東大震災後の復興計画をつくり、満鉄の総裁にもなり、革命直後のソ連とも提携を模索し、米・中・英・独・仏との世界平和を目指して、伊藤博文の説得を試みたこともある。

もう一人の斎藤実は、後に海軍大将、朝鮮総督、そして総理大臣となり、内大臣の時に二・二六事件の犠牲者となっている。台湾・満州における後藤、朝鮮における斎藤は、共に公明正大で寛容な施策を行っており、安場の外延的役割を果たし、その恩に報いたのである。

同門の先輩、元田永孚（一八一八～九一）（後の明治天皇の師）は、安場のことを「小楠先生の気風を帯びて、誠実正大、議論明快、敢然進んで為す」と評価している。

2 岩倉使節団の一員として随行

明治二年（一八六九）に小楠が暗殺された後は、安場は藩意識を超えて大久保利通に共鳴する。『大久保日記』の明治四年（一八七一）三～四月を見ると、実に一二回も大久保邸を訪れて打ち合わせをしている。明治四年一一月（新暦換算）に大久保が岩倉使節団の副使として参加する時、安場も大蔵省の租税権頭として参加を要請される。使節団の正式メンバーの平均年齢がおよそ三〇歳だったので、彼の三六歳は年長の域であった。

雪のため大陸横断に手間取ったり、ワシントンでは条約改定交渉のために天皇の勅許を取りに大久保と伊藤が日本に戻るというハプニングがあったりで、大勢の団員たちは長い足踏み状態となった。その時彼は決然と帰国を申し出る。「人民の膏《あぶら》を絞った租税を僕のような者の洋行に消費することは忍びない」と（何しろ彼は租税次官の立場であった）。このことを「昔人間の挫折」と見る者もいるが、のちに曾孫の鶴見俊輔（安場の娘の孫）は「安場伝の白眉であり、現代日本の高級官僚とは大違いである！」と讃えている。

また久米邦武は『久米博士九十年回顧録』で、ワシントンにおける安場について「頑固党の安場は古武士風の人で、砂糖水をもらおうとしてシュガー！　ウオーター！　と命じたらシガーとバターがきた！」ため愕然としたと書いている。

帰国に際して安場は岩倉に「私は我が国・拓殖の道に志がある」と訴え、岩倉もそれに応えて留守部隊の三条に「東奥開拓を託事したい」と書を送った。帰国後、彼はただちに福島権令となった。

3　帰国後、福島で地域開発

アメリカから帰った安場は、ただちに福島権令に、そして県令となるのであるが、ここは奥羽越列藩同盟の一員としての名残もあり、盛んに新政府反対一揆が起きており、治めるのが困難な地方であった。彼は三年半にわたり地租の緩和や安積《あさか》開発、二本松製糸会社の設立、師範学校、須賀川医学校、須賀川病院の開設などを精力的に行った。

安積開発は明治日本の殖産興業の目玉政策であり、大久保もその突然の死まで見守り続けた。このプロジェクトは初めお雇い教師のオランダ人、ファン・ドールンの考えによる大運河構想であったのだが、安場らの企画で鉄道建設と疏水事業に変更されることになる。結果、猪苗代湖の水は奥羽山脈をトンネルで抜けて、安積疏水となって安積平野をくまなく巡り、原野を開墾地に変えたのであった。

明治天皇が行幸した時、説明役となったのが中城政恒であるが、その孫にあたる作家の宮本百合子《みやもとゆりこ》は処女作『貧しき人びとの群れ』でこの桑野村を描いている。入植したのは近隣の会津若松、二本松、米沢の各旧藩士であり、遠くは岡山、松山からであった。

なお、安場と同じ年齢の三島通庸は、安場の一〇年後の明治一五年（一八八二）に福島県令になっているが、その前任地の山形でのトラブル（県民に対する土木事業への負荷）に続きここでも福島事件を起こし

（自由党の河野広中が対抗）、次の任地である栃木でも県民への負荷を増大させ、県会議員であった田中正造らの抵抗を受けて退任を余儀なくされている。業績を上げようと焦る三島は強圧的態度で次々と事件を起こしたのに対し、安場は民の声をよく聞き善政を敷いた民生派の県令といってよいだろう。

4 地方行政に徹して——愛知、福岡、北海道を巡る

愛知県は前任の鷲尾隆聚が手こずったところで、大久保の期待を担って赴任したのがまたも安場である。そして福島と同じように地租の緩和、矢作川を利用した明治用水の開発、病院開設に力を入れて成功した。五年に及ぶ粘り強い努力の成果である。

愛知県病院には若き病院長として愛弟子後藤新平を配したが、たまたま起きた板垣退助の遭難事件では後藤が適切な処置をして事なきを得たことは有名である。

その後の安場は、元老院議員を五年務めた後、郷里に近い福岡県令を六年半も務めることになる。この間には九州鉄道の設立、門司港の築港、筑後川の改修、筑豊炭田の整備などの公共事業を成し遂げており、民権派の強い県議会と対立しつつも強力に推し進めた。また明治一四年の政変の時は、伊藤にも大隈にも与せず、谷干城《たにたてき》、佐々木高行らとともに「中正党」の中心人物となった。

また、参事院議員の時には、全国民情視察に出る。神奈川、静岡を皮切りに東海、北陸、関東の約一〇県を巡っている。内容は県内状況、警察、教育、新聞、集会、政党、旧士族の生活などに及んでいる。

そして明治一七年（一八八四）には大々的な北海道視察を組織し、その団長格として道内は言うに及ば

ず、利尻礼文、国後択捉、歯舞色丹、さらにはカムチャッカにまで足を伸ばしている。今日までロシアと懸案になっている北方問題に、当事者として深い関心を抱いていたのである。

そして明治三〇年（一八九七）に最後のポストである北海道庁長官に任ぜられる。かねて十分なる調査もした期待のポストであったが、病を得て思うような成果が上げられないまま一年で離任する。その一年後、心臓病により六五歳で亡くなる。

安場は明治前期の「三大県令」として、京都の槇村、新潟（東京市）の楠本とともに讃えられた。

5　大久保の信頼厚く、地方行政のキーマンとして活躍

明治政府初期の事績を全体として顧みれば、トップに位置すべき実質的リーダーは、判断力に優れ、包容力もあり、粘り強い大久保利通であったと言えよう。また時に、マクロ観に基づく鋭い理論的チェックを加えたのが木戸孝允だと言えよう。

本章の主役である安場と大久保の関係を見てみると、当初中央集権の柱とした巨大な内務省の長としての大久保は、気心の通じた安場を、当初は租税部門の次官に、次に朝敵県の東北の県の長に任じたのである。米欧の旅から帰国後の大久保は、大蔵省に権限を集中し権力を把握するのだが、やはり地方行政の「難治県」（福島、愛知、福岡）の県令に任じたのが安場だった。いかに二人の間に信頼関係が強かったかが分かる。安場は困難で、必ずしも脚光を浴びることない地味な役割を黙々と果たした。

大久保亡き後、権力を握った伊藤とはお互いに波長が合わなかったようで、大臣の噂もあったが、つ

いに中央に戻ることなく世を去った。このような地味な政治家が明治国家を支えていたことに改めて注目したい。

幕末維新の大思想家横井小楠の愛弟子として、そしてまたスケールの大きな政治家後藤新平の育ての親として、安場保和の果たした役割はとても大きかったと言えよう。

参考文献

安場安吉編『安場保和伝　1835–99――豪傑無私の政治家』藤原書店、二〇〇六年。

勝田政治『廃藩置県――明治国家が生まれた日』講談社選書メチエ、二〇〇〇年。

坂野潤治『近代日本の出発』小学館、一九九三年。

田中彰『開国と倒幕（日本の歴史15）』集英社、一九九二年。

藤原書店編集部編『後藤新平の仕事』藤原書店、二〇〇七年。

第12章　井上毅——明治国家の骨格を造った思想家・大法制家

小野博正

岩倉使節団は明治四年（一八七一）に、新国家の「国のかたち」を求めて米欧回覧の旅に出た。帰国後は、回覧に参加した有力メンバーである岩倉具視、大久保利通、木戸孝允、伊藤博文などを中心にして明治国家の骨格が造られていく。それは「大日本帝国憲法」「教育勅語」「皇室典範」「軍人勅語」「民法」などの法制に次々と結実し、その法体制は明治、大正、昭和と、先の大戦による敗戦まで連綿と維持されてきて良くも悪くも近代日本を形づくってきた。その骨格づくりのほとんどに、陰で深く絡んでいた法制官僚がいた。それが井上毅《いのうえこわし》である。

したがって、明治国家形成のグランド・デザイナーとも称されている井上毅を語ることは、明治国家とは何であったのか、わが国の西洋近代化がどのように形成・発展してきたのかを語ることにもなろう。

1　肥後藩士、明治国家へ出仕

井上毅は天保一四年十二月（一八四四年二月に相当）、肥後熊本藩家老・長岡是容《ながおかこれかた》（監物《けんもつ》）の家臣・飯田権五兵衛の三男として、熊本城下に生まれる。幼名は多久馬、号は独々斎または梧陰。早くから神童の誉れ高く、主君・長岡是容に認められて、八歳で長岡家・家塾「必由堂」で五年間学ぶ。その後儒学者・木下犀潭《きのしたさいたん》塾で頭角を現し、*藩校・時習館の居寮生（官費寄宿生）に推薦される。長じて慶応二年（一八六六）井上茂三郎の養子となり、岩倉使節団参加を機会に名前も「多久馬」から「毅」に改名する。時習館寮生の二二歳の時、沼山津に蟄居中の横井小楠（当時五六歳）を訪ねて問答を挑んで「沼山対話」を残したことはよく知られている。慶応三年、上京して幕府の横浜・フランス語伝習生となるが、引き続き江戸開成所・林正十郎からもフランス語を学ぶ。開成所の親友に渡正元がいる。渡は後に井上が使節団の一員として渡仏した折にパリで再会している。

＊木下犀潭の弟子には、井上の他、横井小楠、元田永孚、竹添進一郎、河井継之助、鶴田皓らがいる。鶴田は司法省派遣団員の一人で、井上を司法省に推薦した人である。

井上毅
（国立国会図書館蔵）

井上はフランス語を学びながら、江戸・安井息軒の私塾・三計塾で儒学も学ぶ。息軒は旧師・木下犀潭の昌平黌での親友で、二人とも、朱子学の中でも、ただ儒書を読んで復唱するだけの空理空論に終わることなく、「経世有用の実学」を重んじて、儒学者でありながら洋学も奨励したので、井上の思想形成に多大な影響を与えた。三計塾は「一日の計は朝にあり、一年の計は春にあり、一生の計は少壮士の時にあり」をモットーに、谷干城、陸奥宗光、品川弥二郎、河野敏鎌（江藤の欠けた、司法省後発隊を率いた）を輩出している。

幕末に戊辰戦争が始まると、学業を諦め、旧主・米田虎雄（長岡監物の子息）に従って奥州各地を転戦した。戦後帰藩し、明治二年（一八六九）まで藩命で長崎に滞在していたが、明治三年（一八七〇）、熊本の先輩・大学少博士・岡本甕谷の推薦で貢進生として大学南校で学び、間もなく少舎長（教師見習）、そして中舎長に昇進したが、明治四年に辞職して司法省に仕官する。翌年、仏語習得が認められ岩倉使節団の後発隊（司法卿江藤新平使節団——江藤は都合で参加せず）八人の一人に加わり、渡欧して司法制度調査研究に携わる。

2　岩倉使節団の後発隊に参加、仏独で学習

使節団に参加したことは、その後の井上毅に多大なる影響を与えたことは間違いないが、行動の詳細は伝わっていない。しかし、帰国後の井上は、一貫して西洋文明取入れの漸進主義とドイツ政体への傾斜を示している。その理由は、回覧外遊組の首脳が揃って漸進派・ドイツ志向に転じたことと関連する。

一つ目は、普仏戦争・パリ・コミューンの影響（一方的な自由、民権主義への疑問）である。パリで井上は開成所でフランス語を一緒に学んだ親友・渡正元に会っている。渡は自費による軍事留学生としてパリ滞在中、普仏戦争（明治三〜四年）に遭遇し、その体験見聞を元に『巴里籠城日誌』を書いた。それは当時、普仏戦争観戦団としてパリを訪れた大山巌らによって本国に持ち帰られ、明治政府により『法普戦争誌略』として出版された。井上は、渡から、ナポレオン三世が安易に戦争に突入したことや新興ドイツ軍の戦略的戦いにより敗走し捕虜となったこと、そして国民に悲惨な体験をさせた生々しい話を聞き、

その後発生したパリ・コミューンに関しても「民衆がいかに激しやすいか、内訌が外国との戦争以上に国民を引き裂くこと」などを知ったであろう。

二つ目に、イギリスでヴィクトリア女王の絶対王権が議会の台頭で揺らいでいたこと（早急な国会開設と英国式立憲君主制への警戒）であり、自由民権運動への警戒である。コミューン惨劇の体験は前述の如くであり、イギリスに始まる議会制度についても感ずるところがあった。というのは、使節団が訪英した頃、女王の絶対王権はグラッドストーン首相の議会重視の考えで揺らいでいた。天皇親政とは言わないまでも、天皇の権威で国の統一を目指していた明治新政府には、議会が天皇の権威権力にとって代わるのは想像するだけでも脅威であった。その意味で英国的立憲君主国は、避けて通りたいと思ったに違いない。

三つ目は、遅れてきた帝国主義のプロシア（ドイツ）が軍事・産業両面でイギリス・フランスに肉薄・凌駕しようとしていたことが挙げられよう（皇帝に権限集中で成功したドイツは、王政復古で天皇統治を図る日本にとって格好の見本と見えた）。鉄血帝相ビスマルクの輔弼《ほひつ》で、後進国ながら軍事・経済ともにフランス・イギリスに迫るドイツ・プロシアは、天皇中心の国家目標としては格好のモデルであった。

井上は、一年間の在欧中、明治六年（一八七三）春にベルリンを訪れた以外は、フランスの地方視察はあったものの、ほとんどパリにいた。そして後に井上が同伴して帰国するボアソナードやフランス人法学者の講義に通い、傍ら法学書の翻訳にも没頭した。とくにベルリンではワンゼロンから、ドイツ法学会で勃興しつつあった歴史法学（自国の歴史に基づく法律）を学んだ。それはフランスの主流であった自然法論（ルソーの自由論）に対抗したもので、ナポレオン法典を拙速に採用する当時の日本の大勢に反省を促す契機になった。

ドイツの歴史法学の思想は、後の井上の思想的骨格となり、日本固有の文化・習慣・法律を基盤とする憲法観は、この短いドイツ訪問時に学んだと言えるかもしれない。

3　帰国後、政府首脳へ次々と接近、一四年の政変では大活躍

大久保、伊藤、岩倉、山縣らに接近

井上はヨーロッパでの学習成果を胸に、帰国後、時の有力政治家に次々と接近していく。政治家がその時必要としている情報、資料、アイデアを、適時かつ的確で簡明な文書で提出する。井上毅の代草案件は、大久保利通（六件）、伊藤博文（一〇件）、岩倉具視（五件）、三条実美（六件）、さらには、山縣有朋（一九件）、松方正義（三件）、その他（七件）の五六件に上るという（石倉幸雄「明治政府の法制官僚――井上毅」）。かつそのことごとくが、明治政治史・外交史に画期となる案件であることに驚かされる。

まず、明治六年の政変後には、新政権を主導した大久保利通に登用される。次いで、明治七年（一八七四）の佐賀の乱では、大久保に同行して江藤新平の裁判に関わりその極刑処分を見届ける。さらには台湾出兵に関する意見書を出し、大久保利通の清国での交渉に随行して、ボアソナードと共に万国公法に照らした外交文書案の作成にあたる。ちなみに付言すれば、この時の交渉が後の日清条約での琉球（沖縄）の日本帰属に繋がっていく。

明治一一年（一八七八）に大久保が暗殺された後は、岩倉具視の側近となり、岩倉の憲法制定に係る意見書の草案（憲法綱領意見、憲法意見、欽定憲法考）を作った。

明治一四年（一八八一）の政変（後述）は、その後の明治国家のあり方を決定した画期的事件であったが、井上は岩倉と伊藤の間に立って黒幕的役割を演じる。結果、自由民権運動による早期国会開設要求を排し、国会開設を漸進主義で九年後の明治二三年（一八九〇）と定め、その間に天皇主権の憲法を定めるという維新政府の大方針の確定に繋がった。

明治一八年（一八八五）には、三条実美の代草「太政大臣三条実美内閣官制改革奏議」を書き上げ、さらには山縣有朋にも用いられ、「参議山縣有朋壬午京城事変意見案」（明治一五年）、「為山縣伯代筆条約意見」（明治二二年）、「山縣首相自衛議」（明治二三年）などに関与している（石倉幸雄「明治政府の法制官僚」）。

明治一四年の大政変を影で演出か

岩倉は元老院で憲法を議すると同時に、各参議に対し「漸次立憲政体樹立の詔書」に基づき憲法意見書提出を求めていた。井上は真っ先に自分の意見書を岩倉に献策していたが（『上岩右相意見書』）、明治一三年（一八八〇）までに、山縣有朋、黒田清隆、山田顕義、井上馨、伊藤博文などが提出した。ところが明治一四年になっても大隈重信が未提出であった。三月、有栖川宮親王の催促で大隈も提出したが、それは「国会を明治一五年末に開設するという英国式議会主義の提案」（矢野文雄起草）で、急進的内容であった。しかも、その提出の仕方が異常で、他の参議に見せる前に天皇に直接内奏したいとの条件を付け、多くの参議が漸進主義なのに対しきわめて急進的で、当時の自由民権運動家や世論を反映したものであった。

折から北海道開拓使官有物払下げ事件が露見した。これは累計で一四〇〇万円を掛けた開発投資物件を黒田長官がわずか三八万円で薩摩出身の民間人に譲り、そのうえ三〇年無利子という好条件で払下げを決定したことである。大隈はこれに猛反対するのだが、それが密奏の形で行われた憲法案と結び付けられて政府転覆陰謀説を生むことになり、大隈排斥が画策され天皇の北海道行幸の随行から帰京したばかりの大隈が罷免される事態となった。

これは、英国型憲法を急進的に進める大隈案が排撃され、プロシア的憲法を志向する漸進主義の方針が決まった瞬間でもあった。一般には、政変後、政治の表舞台に立った伊藤博文らが仕掛けたものとされているが、実はその背後に井上毅の深謀遠慮があり伊藤はむしろ策略家の井上に踊らされたという説もある（石倉幸雄「明治政府の法制官僚」、大久保啓次郎「明治国家形成期における井上毅の事蹟」）。

それによると、大隈案に怒った伊藤が辞職をほのめかしたため、大隈ら自由民権運動家が発言力を増すのは困ると危機感を持った井上が、伊藤に「あなた以外の誰に憲法の行方を託せようか。この事業（憲法制定）があなた以外の手に落ちるなら、私は官を辞して熊本に帰り一市民になる」と必死に慰留に努めたという。

そして井上は、京都で療養中の岩倉や厳島で養生中の井上馨のところまで出かけ、薩摩閥の黒田も取り込んで大隈包囲網を築き政変に追い込んだという。井上は、一貫して自由民権は新政府を危うくするものとし天皇大権による政体を目指したからとされる。

伊藤博文の憲法観は、この政変以前はそれほど緻密なものではなかった。そこで、井上は伊藤が憲法に対する見識を深めて、自信を持って国政にあたれるよう憲法調査のための訪欧を画策したとも言われている。

4　大日本帝国憲法——教育勅語ならびに民法典の制定に尽力

欽定憲法の制定

明治一五年、伊藤博文をリーダーとして憲法調査団が出発する。伊藤らは、ベルリンでグナイスト（ベルリン大学）の教示を受けるが建設的な助言は得られず、ウィーンのシュタインの評判を聞いて訪ねていく。そしてようやく貴重な教えを受けることが出来、あるべき憲法の姿を見つける。それは一つには国家は行動原理としての議会制度の補完として行政こそが大切という国家学の考え方であり、二つには井上の学んできた歴史主義的思考、つまり国の歴史的政体の尊重という思想であった。

大日本帝国憲法の草案は、よく知られているように、明治一九年から伊藤博文、伊東巳代治、金子堅太郎、ドイツ人顧問であるH・ロエスレルとA・モッセ、そして井上毅らが夏島に籠って練り上げられた。制定に至るまでのやり取りはここでは詳述しないが、伊藤は、天皇が政治に深く関与することを憂慮して大臣が輔弼する政体を構想し、併せて政党による議会も模索していた。

一方、井上は、小野梓《おのあずさ》に啓発されて古文書を渉猟し、『古事記』の中の「ウシハク」と「シラス」の言葉に惹かれる。「ウシハク」とは「私的に占有、所有する、領有する」意味であり、「シラス」とは「公的にお治めになる、天皇個人や、一族のためでなく、国民のための国家統治」の区別に注目したのだ。

中国やヨーロッパでは、一人の豪傑（王）が現れて、土地人民を支配して征服国家をつくるが、わが皇室には「皇祖の鏡の如き御心で民草を安んじて、しろしめす（統治する）」という伝統があると考えた。つまり天皇による君民同化による徳による政治、「支配ではなく天皇による徳治」、いわば「堯舜の世」に倣った理想的国体であるとの考えに行き着いたと考えられる。

井上の次の言葉「我が国の憲法は欧羅巴の憲法の写しにあらずして、すなわち遠つ御祖《みおや》の不文の憲法の今日に発達したものなり」（梧陰存稿）は、それを表しており、最終的に大日本帝国憲法の「万世一系の天皇これを統治す」に結実し、天皇大権（主権）が定まったと考えられる。

したがって徳治の大権は国民を苦しめることはないとの思想であり、後に昭和軍閥が統帥権を乱用して暴走し亡国の危地にまで追いつめたことは、まったく井上の想定外の出来事であったと想像される。

明治憲法と共に制定された皇室典範も井上毅の起草であり、伊藤の名前で公表され、伊藤が憲法全国遊説に使った「憲法義解」（解説書）も井上の起草に基づいている。

『軍人勅諭』と「教育勅語」

憲法発布に先立つ明治一五年には、山縣有朋の下で『軍人勅諭』が出された。これは初め西周が起草したものだが、福地源一郎、井上毅、山縣有朋が加筆・修正したものである。そして、その流れで山縣の発案により「教育勅語」が企画される。この草案は最初、中村正直《なかむらまさなお》が作ったが、山縣が井上（法制局長官）に諮ったところ、井上は宗教色、哲学色が強いと批判したので、井上に改めて起草を依頼したという経緯がある。

井上は「立憲主義からいえば、君主は国民の良心の自由に干渉すべきではない」と言い、「宗教、哲学、政治、学問とは関わらない中立」のものにすべきだと提言、天皇側近の元田永孚と修正を重ねながら最終案を作った。そして明治二三年、山縣内閣のもとで発布されるのである。

しかし、これは本来、天皇勅語として下賜されたものだが、後に、軍部に利用されるところとなり、全国の学校で御真影と共に天皇制教育の支柱となっていく。これもまた、井上の当初意図したところと違ったと言っていいだろう。

井上の事績としてはその他に教育全般に関するものがある。それは明治二六年に第二次伊藤内閣の時、文部大臣を務めるからである。井上の教育思想は、一言で言えば「国体教育主義」に尽きる。その要点は次の三つである。

一つには、キリスト教排斥。

二つには、元田的教学思想（天皇親政と政教一致）の否定と自由民権運動との対決。

三つには、ドイツ的思想への傾斜。

そして国民教育は「人心帰一による教育富国の国民国家」達成にありとし、短い大臣時代であったが、森有礼の没後中断していた明治国家の教育体制の整備・確立に努めた。幼児教育、中等教育、女子教育、実業教育により国力の涵養と愛国心の向上を目指した。

民法典策定への功績

日本の民法は、岩倉使節団に兵部省理事として参加した山田顕義が、帰国後司法省に転じてからフランスから招聘したボアソナードの指導のもと、使節団派遣メンバーの一人でもある今村和郎《いまむらわろう》の手も借りながら精力的に進められてきた。不平等条約改正に向けて、憲法や諸法制度の策定は、明治国家の喫緊の課題でもあった。そして明治二一年（一八八八）に旧民法草案が内閣から元老院に提出された。しかし、この頃から、大陸法系（フランス法推進の司法省法律学校）とイギリス法系（東京帝国大学）の対立論争が起こる。穂積八束《ほづみやつか》（東京法学院講師）は「民法出でて忠孝ほろぶ」の演説で国民的関心を呼んだ。これは自然法（フランス大陸法）と歴史法（英米）との思想体系の対立でもあった。

そして、旧民法はいったん帝国議会で可決し天皇の裁可も得たが、山田顕義の死去もあって結局発効せずに終わった。そこで活躍したのが井上である。井上はもとから自然法懐疑派であり、ドイツでの歴史法学に傾斜している。明治二〇年（一八八七）に法科大学にドイツ法課程が設けられて、徐々にドイツ法学者が増えてゆき、それまでにフランス法から編纂されてきた憲法、刑法、商法、民事訴訟法、行政法（旧民法）が、すべてドイツ法に切り替えられ明治三一年（一八九八）施行の明治民法（修正民法）となっていく（根岸謙「明治の民法制定の経緯と特徴、および現在に繋がる意味」）。井上はボアソナードを終生、師とし親友としながらも、その教えを丸ごと採用したわけではなかった、井上は粘り強く自分の思想を貫き通したと言えるだろう。

5　重要案件の諮問役、スーパー法制官僚へ

重要案件の諮問役

井上は、条約改正に関しても常に関わっている。歴代の改正担当外相、すなわち井上馨、大隈重信、青木周蔵、榎本武揚、そして最後の陸奥宗光に至るまで、すべての条約改正文案の妥当性について諮問されている。ある時は、参事院議官兼条約改正御用掛として、ある時は図書頭や枢密顧問官として、または法制局長としてダメ出し意見を上申している。井上は、常に憲法との整合性に照らして進言し、安易な妥協は外国から日本の法意識への疑義を持たれかねないので、むしろ改正しない方がよいとまで発言している。

また、大津事件（ロシア・ニコライ皇太子殿下を警備の巡査・津田三蔵《つださんぞう》が切りつけた事件）という国難的大事件に際しても、法制長官を終えたばかりの井上が、明治天皇からの直接の御下問を受けて、法律顧問官アレッサンド・バテルノストロのアドバイスの下で適切に対処したことで、国際問題化を防ぎ円満解決に導いたことはあまり知られていない。犯人の津田三蔵を極刑にすべしとの世論に抗し、敢然として正論を貫き司法の独立を守ったのはもっぱら児島惟謙《こじまいけん》大審院長の功績とされるが、その背後には井上の毅然とした志操と確固たる法思想があったことを忘れてはならない（木野主計「井上毅の条約改正への功業」）。

スーパー官僚の自負と覚悟——現代への教訓

井上は晩年、元田永孚への手紙の中でこう述懐している。

「世間徒ニ外ニ向イテ虚喝シテ一己之俠名ヲ売ルモノ多シトイエドモ　真成ニ国ヲ憂ヒ難ヲ冒シ……瞑々ノ間ニ大勢ヲ挽回スルノ誠を尽スモノ」

ここには、決して政治家のように名を求めず黙々として舞台裏で「真成ニ国ヲ憂ヒ難ヲ冒シ」、誠実を尽くした思想家・大法制家であった井上の覚悟と自負のほどが感じられる。

井上は、大局観を持ち世界情勢を見ながら、将来も見据えて国の設計に参画した。それは、光ばかりでなく陰の部分も当然のことながらあった。だが生涯を通じて、初志を貫き通し、政治家たちを自らのシナリオに従って巧妙に演出したと言えるかもしれない。その意味ではかなりの策略家であったかとも思われ、官僚というより政治家でもあったようにも思われる。

翻って平成の現在をみれば、官僚も各省に細分化されて、国全体の未来ヴィジョンより省益しか考えない官僚が多いとされる。時代の変遷で止むを得ない面も否定しないが、岩倉使節団が求め達成した西洋近代化が、世界的に見直しを求められ、新たな変革を必要とされる今だからこそ、日本の未来像を描ける井上のようなスーパー官僚の登場が待望される。井上毅を改めて再検討する今日的意義も深いと思料されるのである。

参考文献

石倉幸雄「明治政府の法制官僚――井上毅」淑徳大学国際コミュニケーション学会『国際経営・文化研究』二〇巻一号、二〇一五年一一月。

大久保啓次郎「明治国家形成期における井上毅の事積」米欧亜回覧の会歴史部会、二〇一五年七月。

木野主計「井上毅の条約改正への功業」『明治聖徳記念学会紀要』復刊第四八号、二〇一一年一一月。

古賀勝次郎「安井息軒の門生たち（1）井上毅――安井息軒研究（6）」『早稲田社会科学総合研究』一〇巻二号、二〇〇九年一二月。

瀧井一博『伊藤博文――知の政治家』中公新書、二〇一〇年。

根岸謙「明治の民法制定の経緯と特徴、および現在に繋がる意味」米欧亜回覧の会歴史部会、二〇一六年四月。

第13章　山田顕義——ナポレオンに傾倒、軍事家から法律家へ

根岸　謙

岩倉使節団の随行員の一人であった山田顕義《やまだあきよし》は、近代化に向けて日本の社会的諸制度を整えるにあたり、渡航先のヨーロッパで、〈軍事〉〈法律〉〈教育〉と多方面の社会的諸制度に触れるのであるが、単にこれらの諸制度を日本に持ち込めばよいというのは適当ではなく、社会の構成員である国民を育て、国民にどのような社会的諸制度を設計・構築していくのがよいかを決めさせるべきであるという一貫した志をもって、日本の近代化に向けて明治国家の社会的基盤を整えた人物である。

本章では、山田の歩んできた人生を瞥見しながら、このような山田の抱いていた志というものに焦点を当てて見てみたい。

1　軍事家として文武両道のナポレオンに憧れる

長州の名門武家に生まれ、軍事家としても頭角を現す

山田顕義は弘化元年（一八四四）一〇月に、長門国（現・山口県萩市）で生まれた。父は長州藩士・山田顕行であり、曾祖父には長州藩の改革者である村田清風《むらたせいふう》がいる。村田は、毛利斉房《なりふさ》から毛利敬親《たかちか》までの

山田顕義
(国立国会図書館蔵)

長州藩主に仕えて、財政難から一転、一二〇万石もの富裕な藩に立て直すことに成功し、また、富国強兵策を実施して、銃を中心とした軍事政策を主導した。長州藩が明治維新の際に活躍できたのは、村田の改革があったからであると言われている。

また、山田顕義の伯父には、吉田松陰の軍学の師である山田亦介《またすけ》がいた。父が長州藩士であったこともあり、顕義は一二歳の時に藩校明倫館に入学することができたものの、幼少の頃から、顕義は、「性質愚鈍」「垂鼻頑獣《はなたれだるま》」「殆《ほと》ント白痴ノ如シ」と言われていたほどであり、明倫館側も彼の扱いには手を焼いていた。

このような顕義の姿を見て亦介は、自身の弟子である吉田松陰に任せるほかはないと考え、安政四年(一八五七)、顕義が一三歳の時に、松下村塾に入門させた。山田は松陰にとっての最年少の門下生であったが、とくに目をかけられていたと思われる。このことは、入門の翌年に、松陰から、志の重要性について説いた、次の「与山田生」という詩を贈られたことからもうかがえよう。

「立志尚特異　俗流與議難　不思身後業　且偸目前安　百年一瞬耳　君子勿素餐(立志は特異を尚《たっと》ぶ、俗流はともに議し難し、身後の業を思はず、且つ目前の安きを偸《ぬす》む、百年は一瞬のみ、君子素餐することなかれ)」(日本大学大学史編纂課蔵。括弧内は一般社団法人山田顕義記念基金による訳である。)

山田が入門してから二年後に、松陰は処刑されるに至る。しかし山田は、松陰から学んだ志に向けて、着実に邁進していく。文久二年（一八六二）には、長州藩の命令により京都に上って毛利広封《ひろあつ》の警護役となり、これを皮切りに軍事家としての才覚が現れていくことになる。元治元年（一八六四）には高杉晋作とともに長州藩を脱藩し、また、禁門の変では御楯隊司令として幕軍と戦う。明治元年（一八六八）の戊辰戦争では長州軍の総隊長を務め、西郷隆盛からは「あの小わっぱ、用兵の天才でごわす」と評されたほどであった。同年一月には征討総督副参謀に、同年七月には海軍参謀に、そして、翌年四月には陸軍兼海軍参謀に任命された。その翌月に、榎本武揚ら箱館の旧幕府軍の指導者らは、山田に面接して降伏し、これにより戊辰戦争は終結することとなった。その後、山田は同年七月に兵部省の兵部大丞に任命された。

岩倉使節団に随行、「武から法へ」の時代に目覚める

このような軍事家としての山田の才覚が買われ、明治四年（一八七一）一〇月には、岩倉使節団に兵部省理事官として随行するよう命じられた。これが契機となり、山田は軍事家から法律家に転身していくことになる。

山田の調査研究の主要課題は、陸軍兵制のうち、参謀・軍務・給養を中心とするものであった。同年一一月に横浜港を出て、二カ月後の明治五年（一八七二）一月にワシントンに到着、翌月には岩倉・木戸らの使節団に先立ってフランスに渡航する。以後、フランスを拠点として、オランダやイギリス、ロシア、オーストリアなどへ赴いた。

足場となったフランスで、山田はナポレオンのことを知ったとされる。もっとも、この点については、フランス語のできる佐久間象山からフランスの知識が吉田松陰に引き継がれ、そういう関係で山田は若い時からフランスに興味を持っており、ナポレオンについても知っていたと捉える見解もある。

山田はナポレオンのことを、内憂外患の戦乱の時代を終わらせたほど偉大で最強の軍人であり、皇帝の地位に上りつめた後は、武力で国民を抑えつけることはせず、法こそが武力で戦う時代を終わらせ、新しい時代を拓くことができると考えて民法典を作った人物であると高く評価し、「那破列翁《ナポレオン》」と題する漢詩まで残している。それほどナポレオンに陶酔していたということがうかがえよう。

明治六年（一八七三）六月に山田は帰国し、同年九月には、随行の成果を、〈軍事〉〈教育〉〈法律〉の三つの観点から成る建白書という形で太政官に提出している。

要約すると、まず〈軍事〉については、ただ武力を持った兵士を育成しても世間に乱暴者が増えるだけであり、国家と国民のためにならないと述べている。

次に〈教育〉については、国家社会のあり方を念頭に置き、国民が社会の構成員となる世の中にすべく、その重要性を説いた。また〈軍事〉との関係では、よく教育された国民は、単に兵器の使い方を覚えただけの兵士よりもずっと強いとも述べている。

最後に〈法律〉については、条約改正交渉で、日本に欧米各国のような憲法も法律もないことがいかなる結果をもたらすかを体験したことや、法律を作るにあたっては日本の慣習や文化を踏まえる必要がある旨、述べている。

当時、山田は、東京鎮台司令官に任命されたところであったが、建白書において、〈軍事〉よりも〈教育〉を優先すべきことを説いて、徴兵令実施の延期を主張したため、即時実施派の陸軍卿山縣有朋と対立することとなってしまった。そのような事情もあってか、同年一一月には、清国駐在の特命公使に任命されることとなる。しかし、時を同じくして佐賀の乱が勃発したため、その平定の任に命ぜられ、結果的に、清国に赴任せずに済んだ。

このような山縣の姿勢とは対照的に、建白書を読んだ木戸孝允は、国家に法が必要な理由を明快に解いたことに感心し、〈軍事〉から〈法律〉の世界に転身するよう山田を説得し、難航していた法典の整備を任せるに至った。

2　法律家としての研鑽、そして司法大臣へ

司法畑へ転向、「日本の小ナポレオン」と呼ばれる

軍事家としての基盤の下に法典を編纂した姿は、山田が憧れるナポレオンと似ていたことから、山田は後の研究者らによって、「日本の小ナポレオン」と呼ばれるようになる。

明治七年（一八七四）、山田は司法大輔に就任し、刑法の編纂にとりかかった。これを皮切りに、山田の法律家としての側面が多々みられるようになる。

明治一三年（一八八〇）以降、国会開設運動の高まりに伴い、憲法の必要性が説かれるようになる。青木周蔵や福地源一郎、植木枝盛、小野梓らによりさまざまな憲法私案が創出される中、山田も独自の憲法私案を考え、翌年九月に、自身の憲法私案を有栖川宮左大臣および岩倉右大臣に提出した。

山田が憲法私案を構想するにあたり最も念頭に置いたことは、ただ西欧型の憲法をそのまま導入するのではなく、日本の慣習・文化を踏まえるという点であった。そのため、ワイマール憲法を基礎とした憲法案を構想していた伊藤博文に対して、山田は懐疑的であったと言われている。

また、憲法を定めたからといって、その規定内容を即時に実施するのではなく、憲法を策定した後、これを国民に教示し、その了解が得られて初めて具体的に憲法の内容を実現していくべきだと主張している。

司法卿に就任、法律調査委員会で精励

明治一六年（一八八三）一二月には司法卿に就任し、主に条約改正交渉を目的とした、民法典編纂作業に関わっていた。条約改正交渉は外務省が主管となって行われており、この当時は外務大臣である井上馨が担当していた。井上は、条約改正交渉の切り札の一つとして、民法典編纂を捉えていた。民法典編纂は本来、司法省で行われるべき性質のものであるが、井上は、一刻も早く民法典を編纂させなければならないというある種の焦りから、外務省内に法律取調委員会を設け、その委員長に就任することにより、自身で民法典の編纂の舵を取った。

井上は西欧各国と個別に条約改正交渉をする中で、大審院判事に外国人を採用することや、日本で法律を制定する場合には各国に通告すること、法廷の公用語は日本語のほか英語も準じて使用することなど、国民感情を逆撫でする内容の交渉案を策定したため、国内から批判を受け、井上による条約改正交渉は中止された。これにより、外務省内にあった法律取調委員会は司法省に移り、当時の司法大臣であ

った山田顕義が、その委員長に就任することになる。

山田が委員長となった法律取調委員会では、民法典編纂に対する山田の姿勢を窺い知ることができるエピソードがいくつか残っている。たとえば、委員会は毎日午前八時から開始されるのであるが、その委員会の冒頭で、山田は各委員に対して、ある時は、「皆様、本日は帰宅することが許されません」と述べ、また、ある時は、「皆様、本日の議論は夜をまたいで明日に達してしまいます」と言っていたとされる。このように、長時間にわたってまで議論を行い、民法典編纂を急がねばならなかったのには、条約改正交渉という事情の他に、第一回帝国議会の開催が間近に迫っていたという事情があったからであった。当時、明治政府を実質的に構成していたのは薩長藩閥であったため、薩長藩閥に対する反発が強まり、帝国議会で民法が審議にかけられてしまった場合、成立は困難であることが予想されていた。それゆえ、山田は第一回帝国議会開催前に民法を制定したかったのである。

しかし、いわゆる法典論争に巻き込まれてしまい、山田が関わった民法草案は帝国議会で成立するものの、施行はされず、明治二五年（一八九二）五月に再度、民法を修正することが求められた。その半年後に、山田はこの世を去った。

3　日本固有の法を目指し、日本法律学校（後の日本大学）を創立

これらの法律整備の作業を通して、山田は、西欧型の法律をただ直訳するのではなく、日本の文化・習俗を踏まえたものにする必要があるという信念が確固たるものとなり、山田の視線は〈教育〉へと向

けられることになる。

この当時は、法律学校が多数あったものの、いずれも西欧型の法律を教えるだけであり、日本の文化・習俗について教えるところはなかった。そのため、山田は明治二二年（一八八九）一月に、皇典講究所の所長に就任して、日本的な事物についての研究も深めていくことになる。具体的には、日本の人種・習慣・風俗・言語等、国家成立の要因たる国体を明らかにすることが、その最大のテーマであった。

山田は、このような日本固有の国体を明らかにした上で、この「日本古来の法」と、西欧型の法律である「外国の法」を繋げるための教育の必要性を感じ、同年一〇月に、日本大学の前身である、日本法律学校を創設した。さらに翌年七月には、「日本古来の法」をさらに掘り下げるべく、国文・国史・国法を研究する教育機関として國學院（現・國學院大學）も創設した。

4　山田の一貫した志

以上の山田の功績を眺めてみると、人（国民）を育てるという〈教育〉が主軸となって山田の志が形成されていることが窺えよう。山田は、国家やその中枢を担う一部の人のみが日本の近代化を考えるのではなく、日本人一人ひとりが社会の構成員である国民として、近代化を遂げるために必要となる一つひとつの問題について考え、議論をし、その是非の判断をしていくことが重要であると考え、そのためには〈教育〉が必須となることを説く。その過程で、徴兵制や憲法案の実施時期に関し、山縣や伊藤と対立することとなるが、それでも、〈教育〉に重きを置く山田の志は、自身の姿勢を崩すことを許さなかった。このような山田の志は、〈教育〉の実践的空間であった松下村塾という特異な環境下において醸成され、松陰から授かった漢詩「与山田生」によって立ち上がったと言えるのではないだろうか。

参考文献

村井益男・高瀬暢彦・山本哲生編『山田顕義――人と思想』日本大学総合科学研究所、一九九二年。

日本大学広報部『シリーズ　学祖・山田顕義研究』日本大学、一九八二年。

日本大学大学史編纂室『山田伯爵家文書総目録』新人物往来社、一九九二年。

佐藤三武朗『日本巨人伝　山田顕義』講談社、二〇一一年。

沼正也『民法学の二つの流れ』三和書房、一九八二年。

沼正也『Pandektensystem における Institutionessystem の交錯』三和書房、一九八三年。

沼正也『エイジレスの法理』三和書房、一九九六年。

ウェブサイト「一般社団法人山田顕義記念基金」（www.akiyoshi-yamada.net/yamada/〔二〇一八年七月二〇日最終閲覧〕）

第14章　田中不二麿――国民主義の教育を志向

大森東亜

田中不二麿は、文部省理事官として岩倉使節団に加わり、主に各国の教育制度とその実情について視察調査に従事した。帰国後その調査結果を集大成して文部省『理事功程』を作成し刊行する。また米欧回覧中、明治五年（一八七二）「学制」を新政府が公布したため、田中は文部省担当者として「学制」実施のため使節団一行よりひと足早く帰国を余儀なくされる。明治六年（一八七三）からの「学制」実施に鋭意取り組み、わが国の近代教育制度の立ち上げに尽力した。この間、田中が取り組んだ「学制」はフランスの教育法制に準拠した机上の理想案であったため、田中は日本の実情に合った教育制度を米欧各国での調査を参考にして検討し、「学制」を改め、新たに明治十二年「教育令」を策定し、わが国の近代教育の基礎づくりに寄与した。本章では『理事功程』刊行と「教育令」策定までを中心に日本の近代教育制度形成に果した田中の役割について検討する。

1　尾張藩士から明治新政府へ

勤王の志士、若年ながら藩主徳川慶勝に建白

田中不二麿は、弘化二年（一八四五）、尾張藩名古屋城下に中級武士の長男として誕生した。一五歳で父親の不慮の死（自死であった模様）により家督を継ぐ。父親は藩主の御側物頭役、庶務係長のような役を務めている。父は楠公・楠正成を尊崇し、不二麿は物心つく頃から勤王の思想を吹き込まれる。少年時代、近隣の藩士から四書や経書を学んでいるが、その後は独学で漢学を学んできたようである。尾張藩には藩校明倫館があり早くからそこで学んでよいはずであるが、父親の急逝と家の事情もあったためか明倫館の学生となったのは、二一歳の時であった。しかし入学後は実力を認められて翌年には明倫館助教に昇格している。

田中について特筆すべきことは、馬廻組に採用された頃（二〇歳の時）、前藩主徳川慶勝《よしかつ》に王政復古に向けた建白書を提出し慶勝に評価されたことであり、それが契機になって引き立てられるようになる。建白書の要旨は、老公・徳川慶勝に「勤王の士」として藩兵を率いて上洛のうえ、天皇を戴き、将軍を補佐して天下に号令し、薩長に後れをとらないようにとの内容である。

慶勝は水戸斉昭の甥、徳川慶喜とは従兄弟であり、鳥羽伏見戦争では岩倉具視の密命を受け、藩論が佐幕派に傾く中、家老格等の重役を含め、一四名を斬首して藩論を統一するという痛ましい事件を采配している。岩倉の意を受けて果断な藩政を行う慶勝に随従することにより、不二麿は維新後、新政府の

中枢を担う役につくことになっていく。

そして幕末動乱のただ中、京都に赴き、勤王の志士として政治活動に従事する。慶応三年（一八六七）一二月、京都御所での岩倉を中心とする小御所会議では尾張藩からの代表三人組の一人として薩摩の大久保利通、土佐の後藤象二郎《ごとうしょうじろう》らと御所の第三の間に控える。

新政府の官僚となり、岩倉使節団に文部省理事官として随行

明治新政府発足の時には、辨事（行政職）に登用され、明治二年（一八六九）に大学校御用係、明治四年（一八七一）太政官出向を経て、文部大丞《たいしょう》となる。この年、岩倉使節団の文部省理事官として米欧教育制度等視察のため派遣される。

田中不二麿

田中不二麿が岩倉使節団に参加することになった経緯は記録がないため不明であるが、明治新政府の発足前後から木戸孝允が田中と応接のあったことが『木戸孝允日記』から窺える。木戸は田中の明晰な仕事ぶりと考え方に共鳴しており、使節団発足当時、田中が文部大丞の地位にあったことのほか、木戸の薦めがあったものと推測される。

次に田中が影響を受けた人物として木戸のほかアメリカから使節団に新たに加わった新島襄がおり、新島はアメリカのみならずヨーロッパまで田中に同伴し、田中のために尽力し、田中の分身ともなって米欧教育視察報告作成に大きく貢献した。

また、田中の業績は、ひとり田中だけでなったわけでなく、新島のほか文部省随行員たち五名、長与専斎、中島永元、内村良蔵、近藤鎮三、今村和郎も田中の手足となった。随行員は長与が医学担当のほか、専門語学によりそれぞれイギリス、ドイツ、フランスに渡った。

2　欧米教育事情の精細な報告書『理事功程』の刊行

米英の教育事情

田中の主な業績は視察報告書『理事功程』の作成刊行がある。明治六年九月、米国篇を手始めに明治八年（一八七五）九月まで十五巻が逐次刊行される。内訳は米国篇二巻、英国篇一巻、フランス篇はベルギーを含め四巻、ドイツ篇四巻、オランダ篇一巻、スイス・デンマーク・ロシア篇をまとめて三巻である。第一に各国、州・市の教育制度の概観、第二に規則、法令の抜粋、第三に統計、予算、各教育段階の学科目、その他の質問などが掲載されている。

アメリカでは、政治が民主制の下にあり、広く米国民の知的向上を図っていくことが求められており、共通の知的水準により米国民の共通の意思形成をできるようにすることが連邦国家として存続していく基礎となっていること。統一された連邦の教育制度は存在せず、州ごとに教育制度が作られており、州教育法や規則も一般的に厳格さで迫ることなく寛大であって、人々各人を自ら奮起させ、意欲を起こさせるようにしていると報告している。

初等教育の就学率はアメリカ全体では六四・五％であるが、マサチューセッツ州では半ば義務制となっており、九〇%を超えていた。各州の教育状況のほか、大学の設置状況に加え、ハーバード大学のカレッジ（学部）のほか法学校などのカリキュラムも紹介している。

イギリスでは、国教会の下、教育全般について教会の関与する度合はアメリカよりも高く、イギリスの教育制度は教会と議会との関係が問題であると『理事功程』ではみている。政府の教育への関与は遅れており、初等教育の義務化は明治三年（一八七〇）に成立したばかりである。初等教育の就学率は七四・三%となっているが、この数字は就学登録した者に対してのもので、未登録の者を加えた就学率は不明である。中等教育は私立中心でイギリスでは中等教育と高等教育とも公的教育制度は模索中であった。

仏独の教育事情

フランスは、日本の学制が当時フランスの学制に準拠していたこともあり、詳細な報告がなされている。フランス革命後、ナポレオンがフランスを統一する。それまで初等教育は教会が担っていたが、教育は国によって実施されるべきとの議論が交錯する中、国のイニシアチブの下、学校の非宗教化と併せ、初等教育の義務教育制が課題となっていた。初等教育の就学率は、約七〇%。初等教育の義務化は一八八二年と遅れている。中等教育および高等教育の公教育化が進められる一方、専門の高等教育機関が各関係省庁のもとに置かれているのがフランスの特色と言える。

ドイツは、初等教育の義務化が主要国のうち最も早く一七六三年に遡る。したがってその就学率も九三・七%に達している。教会が公的教育の一翼を担っており、宗教教育を担当し、学校管理も一部委ねられている。ドイツは領邦国であったこともあり、アメリカ同様、州政府の責任で教育が実施されている。当時、州知事は国の内務卿が任免権を持っていた。中等教育についても学科目等が詳細に報告されている。大学では学生に対する大学裁判制度も紹介している。田中は、晩年の回顧録「教育瑣談」で、回覧当時、ドイツが独仏戦争で勝利したのはドイツの初等教育制度がフランスより優れていたためであると、ドイツの教育制度を評価している。

なお、日本の初等教育就学率は、明治六年二八・一％であったのが、教育制度の進展に伴い明治一〇年（一八七七）三九・九％、明治二〇年（一八八七）五五・一％、明治三五年（一九〇二）に九一・六％へと推移してゆく。日本の義務教育四年制が確立されるのは明治三三年（一九〇〇）である。

3　文部省顧問ダヴィッド・モルレーの招聘

文部省理事官としての重要任務の一つは、日本の教育制度近代化のため教育全般について適切な助言指導のできる教育顧問を探すことであった。このことを依頼されていた駐米代理公使（弁務使）の森有礼は、アメリカの大学学長等教育関係者に今後の日本の教育のあり方についてアンケートを送り、その回答に基づき候補者を絞った。二人の候補者が浮上したが、そのうちのダヴィッド・モルレーが木戸孝允と田中不二麿の協議により決定される。

モルレーは、米ラトガーズ大学の数学・天文学教授で、同大学が連邦政府のモリル法による州立大学となるうえでプリンストン大学との競合で打ち勝つのに貢献したと言われる。また、この人選には、使節団の通訳として現地採用された畠山義成がラトガーズ大学の留学生でモルレーの教えを受けていたことも関係したかと思われる。

イギリス、フランス、ドイツでも教育顧問の候補者を物色したが、適当な候補者が見つからなかったようであり、結局アメリカから招聘することになる。

モルレー来日後、田中はモルレーの勧告を積極的に受け入れ、田中の業績の多くはモルレーの進言によるところがきわめて大きかったと考える。

なお、モルレーは、田中も参画した米国百年を記念してフィラデルフィアで開催された万国博覧会についての講演を、明治一〇年に東京開成学校の学生に行った。その中で博覧会での目に見える具体的な産業機械などの展示にもまして、実社会に役立つ専門教育が重要であること、さらに目に見えない教育活動が非常に大切であり将来社会の発展を左右すること、それには国がそうした機会を国民に提供することが肝要で、何より大切なことは各個人が学ぼうとする意思、意欲を持つことが重要であることを力説している。

4　「学制」実施推進と国民主義志向の「教育令」制定

帰国後、「学制」の実施推進に尽力

田中は米欧回覧中の明治五年八月、「学制」が頒布されたため使節団一行よりひと足早く明治六年三月に帰国した。そしてフランスの学制に範をとり机上の案ともいわれる「学制」の実施に着手する。こ

こでは、田中が陣頭指揮した「学制」の実施状況を報告した『文部省第一年報　明治六年』など、主に『文部省年報』によりどのような考え方で日本の教育制度の基盤づくりに取り組んだかを見ていくことにする。

「方今奎運方ニ兆シ民智漸ク開クルノ時ニ業務ノ旺盛ナランコトヲ庶幾スト雖モ歳月未タ経久ニ至ラス規模猶創始ニ属スルヲ以テ衛生ノ術ノ如キ未タ遽ニ其功ヲ奏スルヲ得ス……」と、学制実施の一年では歴史的検証には不十分であるものの、文部省の所轄とされた病院設置では進展はなかったのに対し教育制度は何とか動き出し端緒に就いたと述べている。その中で報告と諸統計は各地方にそれぞれ事情があるので画一的見方をしないように、また就学状況が不十分な所があっても性急に完全さを求めないように注意を促す。田中はまず各地方の実情に応じて漸進的に「学制」を実施していくことを基本方針とした。

このことはアメリカから招聘した教育顧問モルレーの考え方に沿ったものでもあった。具体的な全国の指導方針として、小学校について各地方において第一に教科を簡易にし、学制が定める全教科を教えるのではなく教科を減らす必要があること、第二に教員を養成する必要があるという重点事項を示した。地方官（知事）の職務が多事にわたるため教育に目が行き届かないことを懸念し、各地方に教育担当責任者を任命して教育振興にあたらせることや併せて教育振興のため地方への委託金・助成金増額の必要性を強調した。続く『文部省第二年報』（明治八年）では、各地に学校が活発に設置され、それによって国民に教育の重要性が理解され浸透していく手応えを記している。年報報告を通して田中が教育の普及は国の元気を拡張し、公益をもたらすものと見ていたことが窺える。

「就学強促法」と実情調査の提唱

しかし田中は、日本は先進諸国と比較して不学のまま成人となる者が多い点や、人口一〇〇人中の就学者の割合がアメリカ、ドイツなどが二〇人に対し日本は五人と少ないことを指摘し、「就学強促法」（義務教育制）の制度化を提唱した。先進各国で不就学子女が少ないのはそうした制度が貢献しているからである。「就学強促法」の制度化を妥当とする一方、日本ではその前段階として各地方の民情を酌量し、地方の実情に対応した検討を行うことが望ましいとして、国と文部省による「教育・戸籍調査法」の制度化を提案している。これにより全国の男女について、年齢別に有学・無学を検証し識字率を調べ、各地の状況を把握したうえで教育活動を推進していく必要があると考えた。

以上のことから田中は、基本的に教育は国による一律的実施ではなく、地方主体による教育実施を思い描いていたものと思われる。その背景には、アメリカの教育制度が州ごとに実施され特色があり、連邦政府による一律化はなされていないことに田中は大きく影響を受けていたと考えられる。ちなみにドイツでも初中等教育は州政府により実施されていた。

「学士会院」および「教育国会」の提案

学制実施三年を経過して『文部省第三年報』が明治一〇年（一八七七）六月に刊行され、その中で田中は「学士会院の成立を要す」という提案をする。学士会院は福沢諭吉、西周ら当時の第一線の学者・有識者の賛同を得て実際に設立され、現在の「学士院」に連なる。設立要旨で教育事業が元来無形で、一般の有形事業とは性格が異なり、目に見える形での成果判定は容易ではない。したがって教育研究制度の創設にあたっては、広く一般社会に影響を及ぼすことが大きいので、その活動について衆智を尽くして、その公論の帰するところにより方向を定めるべきであるとする。それには第一線の学者、有識者により慎重に誤りがないかどうか検討審議してもらう必要があるとして「学士会院の成立」を求めたのであった。

この学士会院の提案をなした二年後、明治一一年（一八七八）一二月、田中は「教育国会ヲ創設スルノ議」を以下のように提起する。

「議会ノ人間ニ須要ナル独リ政治上ニ止マルノミニアラス教育上ニ於テモ然リトス。顧フニ世ノ教育者夙ニ聡明ノ資アリト雖安ンソ能ク有限ノ智識ヲ以テ無限ノ事物ニ接シ其利害得失ヲ瓶別シ随テ施為スル所其宜ニ適スルヲ保ツ可ンヤ。是レ議会ノ創設ハ教育上最欠ク可ラサルノ良図タル所以ナリ。不二麻呂等意ヲ茲ニ留ムル事久シ、特ニ時未タ機未タ熟セサルモノアルカ為ニ遷延シテ此ニ至ル。頃者各地方ノ現況ヲ査スルニ一府一県若クハ数府県聯合シテ教育議会ヲ開クモノアリ、亦以テ世論ノ赴ク所ヲ知ルヘシ。今日ノ計ヲ為ス者ハ更ニ宜ク教育国会ヲ便要ノ地ニ創設シ、其規制ヲ定メ、其期日ヲトシ、遍ク教育ニ従事スルノ士ヲ招集シ、精究確討互ニ其所見ヲ交換セシメ以テ多少ノ公益ヲ教育上ニ収取スルニ在ルヘシ。爰ニ第五年報編纂ノ局ヲ了ルニ際シ謹テ斯言ヲ呈ス。」

第一線の有識者による教育研究のあり方についての検討審議体に加え、教育者を中心に、広く各界の一般国民とがともに教育のあり方や教育の方法を研鑽検討する教育国会創設の提案であった。教育者ひとりの知識には限りがあるので、他の教育者の知見を加えて検討審議する必要があると訴えた。これはすでに地方で行われていた教育者による研鑽会を田中が見学する機会のあったことのほか、維新時の「五箇条の御誓文」にある「広く会議を興し、万機公論に決すべし」との精神に田中が共鳴し、全国レベルの会議体の創設を提唱したとも考えられる。しかし、この提案は田中を中心に「学制」を改組した「教育令」の原案には盛られたが、時の法制局長官・伊藤博文により削除される。

「教育令」制定

「教育令」は、学制実施の明治六年から二年経過後、明治八年六月に田中は、日本の実情に合った実現可能な「学制」改革案を構想し、「教育令原案」(七八条)を起草する。原案は伊藤博文と貴族院により二九条文が削除され、加除修正のうえ明治一二年(一八七九)九月「教育令」(四七条)として制定される。この教育令は明治の初等教育の確立に注力し、かなりの条文が加除修正を受けたとはいえ、田中の国民主義を志向した教育制度であったと思われる。その後、「教育令」は国家主義を基調とする「学校令」に改組され、「学校令」によって戦前期の日本の教育は進展、展開されていくことになる。

5　文部行政の基本レールを敷く

田中は、学制実施に尽力し、日本の教育制度を基礎づけ文部行政の基本レールを敷いた人物である。主な業績を挙げると、まず『理事功程』刊行があり、それは現在の文部科学省『諸外国の教育動向』に引き継がれる。次に『文部省年報』の刊行があり、教育調査報告である文部省年報は現在の『文部科学白書』および『教育基本調査報告書』の形で継続刊行されている。

そのほか『米国学校法』刊行、『米国百年期博覧会教育報告』、東京大学の教育について日本語授業実施実現への注力、女子高等師範（お茶の水女子大学の前身）創設と女子教育の振興、幼稚園制度創設、音楽教育および体操教育の促進、図書館・博物館設置、現在の日本学士院の前身である学士会院創設、明六社に参画し福沢諭吉との応援もあり私立学校の積極的位置づけ、さらには教育のため国民の衆知を集め、検討する「教育国会創設」の提唱などが挙げられる。

日本の近代国家成立時、田中不二麿が鋭意実施した「学制」および「教育令」の時代は国家主義による教育ではなく、国民主義による教育体制が志向されていたと思われる。しかし、「改正教育令」以降、各「学校令」による時代は国家主義の教育体制に移行し、その教育体制は日本の第二次世界大戦の破局への道を加速させたようにも考えられる。現在の教育制度が国民全体の幸福を志向する国民主義の教育となっているかどうか、田中が日本の教育制度の創設時に提唱した「教育国会の創設」に傾聴し、日本のあるべき教育のあり方について改めて今日的立場から国民各自がともに考えてゆくことが求められていると思われる。

なお、田中不二麿は明治一三年（一八八〇）まで文部行政を担当し、その後、司法卿を経て、イタリア、フランスの公使、司法大臣、貴族院議員、枢密顧問官などを歴任する。そして明治四二年（一九〇九）に満六四歳で波乱に富んだ生涯を閉じた。

参考文献

『理事功程』文部省、一八七六年。

『文部省年報』（第一～第五）一八七六～七九年。

田中不二麻呂「教育瑣談」『開国五十年史』上巻、大隈重信撰、所収、一九〇七年。

倉沢剛『教育令の研究』講談社、一九七五年。

倉沢剛『学校令の研究』講談社、一九七八年。

小林哲也「「理事功程」（文部大丞田中不二麿の海外教育調査報告書）研究ノート」『京都大学教育学部紀要』二〇巻、一九七四年三月。

西尾豊作『子爵田中不二麿伝――尾藩勤王史』咬菜塾、一九三四年。

森川輝紀『教育勅語への道――教育の政治史 田中不二麿、元田永孚、森有礼、井上毅』三元社、一九九〇年。

文部省編『学制百年史』帝国地方行政学会、一九七二年。

第15章　新島襄——同志社創立・キリスト教主義教育・社会福祉

多田直彦

新島は元治元年（一八六四）、国禁を犯して脱国し、八年間、アメリカで学んだ。その間に岩倉使節団と出会って、田中不二麿と米欧視察にも出かけている。脱国から一〇年後の明治七年（一八七四）に宣教師としてアメリカから帰国。宣教師の新島襄が設立した学校は、伝道目的のミッション・スクールではなく、日本の近代化のリーダーとなる人物の育成を目的にしたキリスト教主義の学校であった。

キリスト教主義の学校設立と運営には数々の困難があったが木戸孝允や田中不二麿など岩倉使節団のメンバー等の尽力で切り抜けている。誕生した同志社からは多才な人物が輩出されているが、特筆すべきは、「福祉」を通じて日本の近代化に貢献するパイオニアが育っていることである。そこで今回は「社会福祉」に焦点を絞って新島襄を探った。

1　安中藩士・新島の価値観形成に影響を与えたもの

青少年期の学習環境

新島（幼名七五三太《しめた》）は天保一四年（一八四三）一月一四日に上州安中《あんなか》藩江戸屋敷で誕生した。一三歳の時、藩主板倉勝明に抜擢されて蘭学を学び、物理学と天文学についての簡単な論文を読めるほどになり、漢学も学び、漢学所の助教に任命されている。一五、一六歳にはペリー艦隊の二度にわたる来航と幕府の開国に直面。一七歳に幕府が築地に設けた軍艦操練所に入学し、数学と航海学を学んでいる。このように勉強好きの新島にとって恵まれた環境にあった。しかし、藩主板倉勝明が急逝すると学習環境は悪化し、制限された。新島は新しい藩主に反感を抱き、封建体制への不満も強まった。

新島襄（国立国会図書館蔵）

心を動かされた二冊の書物

その頃の新島は『漂荒記事』（『ロビンソン・クルーソー』の邦訳）を読み自由の良さを知るなどの影響を受けていたが、次の二冊からの影響が脱国に結びつくものであった。一冊はアメリカン・ボードの宣教師E・C・ブリッジマンが漢文で書いたアメリカの地理書の『連邦志略』。そこから大統領制、公立の救貧院、感化院、月謝不要の学校等日本とはまったく異なる社会制度の存在を知り、感動するとともにカルチャーショックを受けている。

もう一冊は、友人から借りてこっそり読んだ漢訳聖書の抜粋『真理易知』である。そこには天父の存在はもちろんのこと、新島が好んで引用する「ヨハネ伝三章一六節」も書かれていた。この二冊から西洋の知識を学ぶことに憧れ、キリスト教への関心が高まった。

キリスト教徒との出会い

新島が脱国後、後の人生に大きな影響を受けたのは、次のキリスト教徒との出会いであった。最初に出会ったキリスト教徒は、箱館から上海に向かったベルリン号の船長W・T・セイボリーである。彼は新島の志と熱意にほだされて、幕府が日本人の海外渡航を禁止していることを知りながら、新島を上海まで運んだ。彼は後にそのことで船長職を解かれている。新島はセイボリー船長の好意に深く感謝し、二度目の渡米時にも郷里を訪問して、感謝の気持ちを伝えている。

次いで、上海から乗船したワイルド・ローバー号のH・S・テイラー船長である。彼は新島に英文の聖書を与え、新島が香港で中国語の聖書を購入したいと申し出ると、新島が所持する刀を買ってやり、その購入費の工面に協力している。そしてボストンまでの航海中、新島をジョーと呼び、航海術なども教えている。特筆すべきは、彼の口添えでA・ハーディー氏との出会いが実現したことである。

最高の出会いは、最大の恩人は、ワイルド・ローバー号のオーナーで、いわゆるフィランソロピストのA・ハーディー氏である。ハーディーは新島を「養子」とし、ミドルネームも与えた。金銭的には滞米中の生活費だけでなく、帰国後の生活費まで面倒をみている。また、ハーディーがアメリカン・ボードの運営委員会議長であったことから、新島が最初に学んだフィリップス・アカデミーへの途中入学ができた。A・ハーディー氏は新島にとって最大の恩人である。新島がフィリップス・アカデミー時代の下宿での出会いに下宿のオーナーであるM・E・ヒドュンとの出会いと、同宿していた元校長で牧師を志しアンドーヴァー神学校で学んでいたE・フリントとその夫人との出会いがある。夫人からは毎晩のように聖書について教えてもらっている。

敬虔なキリスト教徒との出会いは、アーモスト大学のJ・H・シーリー教授である。教授宅には休暇時に幾度も泊めてもらっている。長いときは六週間も滞在した。リューマチが持病の新島は夫妻から手厚い介護も受け、クリスマスには懐中時計を贈られるなどまさに家族ぐるみで特別な恩恵を受けてきたが、最大の恩恵は、教育的、宗教的な感化を受けたことである。

このような素晴らしいクリスチャンとの出会いが得られたのは、この地域がニューイングランドという伝統的なキリスト教徒が多く住む独特な地域だったことが大きい。

新島がこのように純粋なクリスチャンと生活し、直接触れる体験は後年、新島の教育観、宗教観、福祉思想の形成に大きな影響を与えている。

「徳育」を重視する学校

新島が学んだ学校の特徴はいずれもキリスト教の会衆派に属し、学力と共に徳育を重視していた。

新島が最初に学んだフィリップス・アカデミーのモットーは「他人のために」「自分のためだけにではなく」であり、その後、進学したアーモスト大学の教育理念は「世を照らす人に」であり、社会に貢献する人物の育成を目標としていた。教育内容はリベラルアーツ教育であり、特定の学科や科目に偏らず、幅広く人間としての素養を身につけることを目標としていた。そのために神学、倫理、哲学などのカリキュラムが組まれており、新島はそれらを学んでいる。

このように純粋なキリスト教徒との生活や「他人のため、地の塩」を重視する校風の学校で新島は、「慈愛」を身につけ、敬虔なクリスチャンであるシーリー教授から「金にメッキする必要はない」（井上勝也『新島　人と思想』五九頁）と最高の評価を得るまでになった。

2　岩倉使節団に巡り会い、キーマンからの高い評価、旅券と米欧視察を得る

岩倉使節団との出会い

新島はアーモスト大学卒業後、アンドーヴァー神学校（大学院）に進学した。その時、訪米してきた岩倉使節団と巡り会っている。そのことは「同志社大学設立の旨意」と題する大学設立への協力を二〇以上の新聞と雑誌に呼びかけた文に次のように記されている。

「明治四年、故岩倉特命全権大使等の米国に航せられしや、文部理事官田中不二麿君は、欧米諸国教育の実況を取調への為め其一行中にありき、時に余アンドヴァに在て勤学せしが、徴されて文部理事官随行の命を蒙り、理事官と共に北米中著名の大中小学校を巡視し、更に欧洲に赴き…」（『新島襄全集1』一三〇頁）。

駐米代理公使（小弁務使）森有礼にスカウトされる

森有礼は当時、ワシントン駐在の少弁務使で、業務の一つに留学生管轄があり、そのかたわら岩倉使節団の通訳を探していた。森はアメリカの高校と大学を卒業していた新島に目を付け、使節団への協力を要請した。その出会いは一八七一年三月一五日（『新島全集8』七〇頁）であった。森は早速、国外脱出

の罪を許すように外務省に申請し、「渡海留学免状」を取り寄せて新島に渡している（『新島襄全集8』七二頁）。この結果、新島は正規の留学生となり、晴れて自由の身となることができた。そして、特命全権大副使から「三等書記官心得」と「文部理事官随行」の辞令が交付された。

田中不二麿と米欧教育視察に出かける

新島は、辞令交付により（『新島襄全集8』八四頁）、正式に田中不二麿の随行員となり、アンドーヴァー神学校を休学し、田中と一年余にわたり米欧八カ国の教育制度等の調査や視察を行うことになる。その視察内容は太政大臣三条実美の勅旨に基づき田中が立案した実行計画により実施された。その視察内容は学校教育だけでなく、博物館、図書館、病院、貧院、盲唖院にまで及んだ。

その精細な視察報告は一五巻の『理事功程』として田中不二麿から文部省に提出された。新島が書いた草稿の一部は『新島襄全集1』四六七～六〇九頁にある。また新島としての視察記録メモは英文日記という形式で遺っている。その現代語訳は岩波文庫『新島襄自伝』の「米欧教育視察――岩倉使節団とともに」一三〇～一六一頁にある。

新島は田中との充実した視察旅行の結果、「近代国家における教育の役割を再認識する」（沖田行司『新編・同志社の思想家たち』一〇四頁）とともに、同志社を設立しようという意志を固め、宿志となったのである。

木戸孝允に「頼りになる一友」として惚れ込まれる

木戸孝允とは一八七二年（明治五）三月二二日に初めて出会っている。そのことは『木戸孝允日記』に次のような記述がある。「今日西島〔新島〕始て面会す同人は七八年前学業に志し脱て至此国当時已に大学校を経此度文部の事にも着実に尽力せり可頼の一友なり」と。木戸はその後も新島を贔屓にし、新島の恩師シーリー教授が日本訪問の際にも紹介状を書いたり、帰国後は学校設立などで協力を惜しまなかった。

このように森有礼の仲介で田中不二麿や木戸孝允とも面識を得るだけでなく、伊藤博文とも接触があったようだ（本井康博『新島襄の交遊』二四頁）。そして帰国後、同志社設立の際、これらの人たちから何かと力になってもらっている（『新島襄の手紙』一三八頁）。

3　新島が考えた「日本近代化」は教育事業であった

日本の近代化に必要なもの

新島がアメリカ滞在の五年間で気づいたことは、アメリカの文明の基には教育があり、教育が国の盛衰に深く関係しているということであった。それを田中不二麿との各地の調査や視察で確認した結果、次のように考えるに至った。「つまり欧米文明を根底においてつくり、支えているものは、キリスト教信仰を持ちデモクラシーを体得した独立自尊の人間である。したがってこのような人間を日本で教育することができるならば、日本を近代化することが可能になるという確信である」（井上勝也『新島襄　人と思想』一四八頁）。そこで新島は、日本の近代化は物質文明や産業技術ではなく、近代国家をつくり出す人間を育成する、キリスト教主義の学校の設立を目指すようになった。

同志社英学校の設立と教育の柱

新島は明治七年（一八七四）に帰国。翌年一一月には、日本の近代化のリーダーとなる人物の育成を目指して京都の地に同志社英学校を設立した。しかし、新島の夢であった「大学」の設立は天皇制絶対主義国家体制の確立や臣民教育、キリスト教排撃運動などの逆風に遭い、「大学令による大学」としての認可は、新島の死後、三〇年の大正九年（一九二〇）まで待たねばならなかった。

もとより新島にとって「大学」設立は手段であり、目的は一国の良心ともいうべき人物を育てることにあった。その内容は、道徳心を磨き、品性を高め、精神を正しく強めるように鍛え、ただ、技術や才能ある人物を育成するだけでなく、いわゆる「良心を手腕に運用する人物」を意味した。その養成を同志社教育の柱としたのである。

4　新島襄の教育目的と指導方針

新島は自身の教育目的や指導方針については著作を残していないので書物では確認できない。しかし、書簡、講演録、説教、口癖、新島の評伝などからそれらを窺うことができる。

教育目的は人物の養成

教育目的については、徳富猪一郎宛ての手紙で次のように書いている。

「教育の目的は、智徳併行にして人物養成の一点に止まれり。人才養成にあらず、人物養成の意なり。」（『新島襄の手紙』二四七頁）。即時速効の「人材」ではなく、良心を持った「人物」を育てることを強調している。

指導方針は目立たない人を

新島は教育方針と明言していないが、あえて「方針」と言えば、次のようなものである。

- 進路を問わず、姿勢を問う——新島は『新島襄片鱗集』で次のように書いている。「わが校の門をくぐりたるのものは、政治家になるもよし、宗教家になるもよし、実業家になるもよし、教育家になるもよし、文学者になるもよし、且つ少々角あるも可、奇骨あるも可、ただかの優柔不断にして安逸を貪り、苟くも姑息の計をなすがごとき軟骨漢には決してならぬこと、これ予の切に望み、ひとえに希うところである」。新島襄は学生を特定の鋳型にはめようとはしなかったのである。
- 他人のために生きよ——「世の中のために生きることの大切さ」や「社会事業は神の委託事業である」。と新島が学生に口癖のように言っていた。これらは新島がアメリカで学んだ学校のモットーが身についていたからであろう。また、「目立たないで人のためになる灯台やロウソクの光のように、闇の夜に輝き、暗き道を照らして人々を助け導きなさい」、とも説いている。ここから学生に奉仕や福祉の心が芽生えていったのであろう。
- 一人を大切にする指導が大切である——新島が明治一八年に同志社英学校創立十周年の記念式典の式辞の中で思わず発したといわれる「諸君ヨ、人一人ハ大切ナリ」という言葉が言い伝えられている。一人の学生の大切にすることに重点を置くという意味で、この背景にはキリスト教の教え「九九匹の羊」がある。

- 日の当たらない人を大切に――新島は日記（明治一八年（一八八五）一二月一三日原英文）に次のように書いている。「私がもう一度教えることがあれば、クラスの中で最もできない学生にとくに注意を払うつもりだ。それができれば、私は教師として成功できると確信する」（『現代語で読む新島襄』一七九頁）。これも新島襄らしい姿勢である。
- 常規では律しがたい学生も抑えつけない――新島襄の遺言に「同志社ニ於テハ倜儻不羈《てきとうふき》なる書生ヲ圧束せす」という一文がある。この意味は「信念と独立心とに富み、才気があって常規では律しがたい学生を圧迫しないで、できるだけ彼らの本性に従って個性を伸ばすようにして天下の人物を養成すること。」である。（『現代語で読む新島襄』二五三頁）新島襄自身が倜儻不羈なる人間であったとの見方もある。

5　同志社の生んだ多才な人物と「福祉」の人脈

同志社山脈、各界に人物を輩出

前記のような目的と指導方針からどのような人物が輩出されたのだろうか。

学校法人同志社が編者で、本井康博教授等が執筆した『同志社山脈――一一三人のプロフィール』には、「同志社の設立ないし教育理念に即して活躍された偉人」が一一三名掲載されている。分野別に見ると、同志社を含む教育関係が五四名、福祉・社会運動関係が一三名、芸術一〇名、伝道九名、政官界七名、財界七名、医学五名、スポーツ四名、ジャーナリスト四名と実に多岐にわたっている。

特記すべき「福祉の同志社人」

第八代同志社総長海老名弾正の言葉に「政治の早稲田、経済の慶応、福祉（精神）の同志社」がある。このように同志社は「自分のことよりも周囲の人たちのことを優先させる生き方をした人」（本井康博『元祖リベラリスト』二三七頁）を輩出してきたことに特徴がある。その中で著名な人を紹介する。

○留岡幸助《とめおかこうすけ》（一八六四〜一九三四）

新島襄の教えに加え、同志社病院長のJ・C・ベリーから監獄改良思想の影響を受け、北海道空知集治監の教誨師となる。そこで囚人三〇〇名から育成歴などの調査結果を得た後、二年間米国留学。それらの学びから東京巣鴨に「家庭学校」を設立。後に北海道サナプチ（現・遠軽町留岡）に分校を開設している。

「家庭学校」とは、学校のホームページによると「夫婦の職員を寮長、寮母とする家庭的な雰囲気のある寮舎に住まわせ、時に美しく、時に厳しい自然の中で生活・学習・作業の指導をすることにより子供たち一人ひとりの特性に合わせた自立支援に努めるもの」とある。サナプチの学校は二〇一四年九月創立一〇〇周年を迎えている。学校の機関誌『ひとむれ』には職員の献身的な行動が載っている。

○山室軍平《やまむろぐんぺい》（一八七二〜一九四〇）

徳富蘇峰との出会いから新島襄を知り、同志社普通学校に入学。明治二八年（一八九五）、救世軍に入隊。特に力を入れたのは廃娼運動で、廃業した娼妓をかくまうホームを設立するなど最前線で積極的に行動した。もう一つの運動は貧困家庭に信仰の手引きを添えた「慰問籠」を配ること。募金に使った「社会鍋」は年末の風物詩にもなるほどであった。この他にも結核療養所の設立、失業者の職業斡旋など先駆的に社会福祉活動を行い、近代日本の影の部分に光を当てた。

○石井十次《いしいじゅうじ》（一八六五～一九一四）

新島襄との直接の出会いはないが、『同志社設立始末』に触発され、岡山孤児院を設立。明治二四年（一八九一）の濃尾大地震や明治三九年（一九〇六）の東北地方大凶作による八二五名の貧孤児を岡山孤児院に収容し、一二〇〇人の規模になる。さらに大阪でも事業を展開した。なお、石井は山室軍平にも影響を与えている。

その他、新島精神を実践した牧師で社会事業家の元同志社総長牧野虎次《まきのとらじ》（一八七一～一九六四）や水上生活者の未就学児を助けた水上隣保館の中村遥《なかむらはるか》（一九〇三～一九七七）、知的障害の子供のための止揚学園を創設した福井達雨《ふくいたつう》（一九三二～）などを挙げることができる。

6　同志社と社会福祉

日本に社会福祉という新しい分野を創設

新島は「福祉」という言葉を当時から使っている。それは『新島襄全集　第二巻』に「同報ノ福祉」（三九八頁）、「霊魂ノ福祉」（四〇二頁）がある。

また、社会福祉の歴史的一人者である故吉田久一は、新島襄の影響を受けて育った同志社に連なる福祉に携わる人物を「良心派」と読んだことがあるが、同志社大学の小倉襄二教授はそれを「同志社派」と称している（木原活信「同志社と社会福祉」一六二頁）。このように、同志社は社会福祉の中核的存在であった。

社会福祉の研究機関と人材育成

そのスタートは「一九二八年には神学部の中に、「基督教実際問題研究会」が誕生し、三年後（一九三一年）には、「社会事業学専攻」へと発展。これが日本では大学レベルで最初に生まれた社会福祉コースである。そして、竹中勝男教授が主導して一九三九年には神学部から分離し、「文化学科厚生学」になった。戦後の一九四八年「社会福祉専攻」になり、二年後の一九五〇年、日本初の大学院コース、社会福祉学専攻修士課程が設けられた。その後も大きく花開き、二一世紀の福祉の時代を築く担い手を育んでいる（本井康博「社会福祉のフロンティア」）。

以上のようにシーリー教授から「金」と評価されたクリスチャン新島襄は、キリスト教主義教育の同志社のために持病の治癒にも時間を割かず、著書も残さず全てを打ち込んだ。そこから社会福祉のリーダーが育ち、「社会福祉」を通じて日本の近代化に貢献したのである。なお、これらは岩倉使節団との出会いが一つの引き金となって実現したのである。

参考文献

学校法人同志社および同志社大学のホームページ。

新島襄全集編集委員会編『新島襄全集』第一巻・第八巻、同朋舎出版。

同志社編『新島襄の手紙』岩波文庫、二〇〇五年。

伊藤彌彦『未完成の維新革命――学校・社会・宗教』萌書房、二〇一一年。

井上勝也『新島襄　人と思想』晃洋書房、一九九〇年。

沖田行司編『新編・同志社の思想家たち　上』晃洋書房、二〇一八年。

木原活信「同志社と社会福祉――新島の良心の系譜」『良心之全身ニ充満シタル丈夫ノ起リ来ラン事ヲ』同志社大学キリスト教文化センター、二〇一七年。

現代語で読む新島襄編集委員会編『現代語で読む新島襄』丸善、二〇〇〇年。

日本キリスト教社会福祉学会編『日本キリスト教社会福祉の歴史』ミネルヴァ書房、二〇一四年。

室田保夫編著『人物で読む近代日本社会福祉のあゆみ』ミネルヴァ書房、二〇〇六年。

本井康博『新島襄の交遊――維新の元勲・先覚者たち』思文閣出版、二〇〇八年。

本井康博『敢えて風雪を侵して――新島襄を語る（四）』思文閣出版、二〇〇七年。

本井康博『元祖リベラリスト――新島襄を語る（五）』思文閣出版、二〇〇八年。

第16章　津田梅子ら女子留学生たち——女子教育のパイオニア

畠山朔男

なぜ、この時期に女子留学生を派遣することになったのか、誰もが抱く疑問だと思う。それは意外にも薩摩のサムライ、黒田清隆が絡んでいる。

なぜ、五人の少女が選ばれたのか、どんな留学生活を送ったのか、帰国後の五人はどんな生涯を送ったのか。次々と疑問が出てくる。

その中でも津田梅子《つだうめこ》は、「日本初の女子留学生」の象徴的存在として、津田塾大学を創立した人物として、誰にも馴染みだといってもよいだろう。また、山川捨松《やまかわすてまつ》についても永井繁子《ながいしげこ》についても最近は「伝記」的書物も出版されて、知る人は少なくないかもしれない。しかし、その全体像や詳細はまだほとんど知られていないのでないか。

本章はそのあらましを伝えようとするものである。

1　女子留学生派遣の背景

黒田は、戊辰戦争の最終戦ともいわれる箱館五稜郭戦争で官軍の将として戦闘を指揮し旧幕府軍を降伏させた人物である。その功によって明治二年（一八六九）北海道開拓使が設置されると、翌年その次官に抜擢される。また同時に樺太専務を命じられたので同島を探索しロシアからの南下圧力が強いことを痛感する。「このままでは三年ももたない」との危機感を持ち、早急に北海道の防御を強化する必要を感じ、開拓に傾注すべきだと建議することになる。

そこで、明治政府は黒田に、西部開拓で実績のあるアメリカを中心に欧米を視察するよう命じた。かくして明治四年（一八七一）一月四日、黒田は横浜を出発し、ワシントンへ向かい、そこでは初代代理公使として着任していた森有礼に会っている。森は薩摩藩の後輩である。黒田の目的に大いに共鳴し、最大限の協力をすることを約束した。まず森は、黒田をグラント大統領に引き合わせて日本の実情を詳しく説明した。そして北海道開拓のために技術顧問として適当な人物を紹介してほしいと願い出た。その結果、農務局長であったケプロン他三名の技術者を招聘することが可能になった。このことにより黒田は、ケプロンを伴い欧米を視察したのち六月に帰国する。

黒田はこの旅で、西洋における女性の存在が日本とは非常に異なることに強い印象を受けた。「これからの時代に必要な優秀な若者を育てるには母親たる女性の教育が不可欠である」と深く考えたのだ。森も「日本の新しい国家建設には女性の立場と役割を変革しなければならない」と主張し、そのためには日本の女子にも欧米のような女性教育をすることが肝要であると論じあった。

直情径行の黒田は、帰国するとすぐ、正院（当時の内閣）に「北海道開拓一〇年計画」を提出、一〇年の総予算一〇〇〇万円という壮大なプロジェクトを立ち上げ決済を得る。そして、その一環として女子留学生の派遣を決定するのである。

2　五人の女子留学生とその親たち

五人はどのようにして選ばれたか

事はまことに急である。派遣するなら岩倉使節団に随行させるのが好都合ということで、急遽、募集を始めることになった。条件は「期間十年、往復の旅費・学費その他生活費一切官費、その上年間八百弗の小遣い支給」、当時一ドルが約一円と考えるとかなり法外な額といえる。しかし一回目の募集では誰一人として応募者はなかった。当時、男子については海外留学の志望者はたくさんいたが、女子を事情の分からない外国へ出すことなど考えられなかったからだ。そこで当局者はやむなく外務省を中心に縁故で募集を行うのだが、結果的に幕臣や佐幕藩の士族の女子が選び出されることになった（寺沢龍『明治の女子留学生』）。

それはいずれも親や兄がすでに海外経験があるか、海外事情に通じている家族の子女であった。順に紹介すると次の五人である（上田悌と吉益亮については、正確な生年月日は不明）。

- 東京府貫属士族外務中録　上田畯女　悌　一八五五年生まれ　満一六歳
- 東京府貫属士族同府出仕　吉益正雄女　亮　一八五七年生まれ　満一四歳
- 青森県士族　山川与七郎妹　捨松　一八六〇年一月二三日生まれ　満一一歳一〇カ月
- 静岡県士族　永井久太郎養女　繁　一八六一年三月二〇日生まれ　満一〇歳八カ月
- 東京府貫属士族　津田仙弥女　梅　一八六四年一二月三日生まれ　満六歳一一カ月

親たちの経歴と気概

これらの少女が自分の意思で留学生に応募したとは考えられない。彼女たちの親や兄たち（家長）が決断して薦めたと想像できる。いずれもかつて賊軍側にあり中堅官吏の家庭であることから、我が子を敢然として新時代の教育を受けさせ世に出そうという気概が推察できる。その背景にはそれぞれに海外渡航歴や海外に関係する仕事をしていたことがある。

吉益亮子の父・正雄については幕末の渡航歴は見当たらないが、明治二年の外務職員録には上田畯と共に外務権大丞だった黒田の直属の部下であったことが分かっている。

上田悌の父・友助（後の畯）は、天保年間に新潟奉行支配並定役の幕臣であり、文久元年（一八六一）の竹内下野守保徳《しもつけのかみやすのり》使節団に随行している（福沢諭吉や福地源一郎同行）し、慶応二年（一八六六）には小出大和守秀實を正使とする遣露使節団にも同行している。

山川捨松（幼名は咲子）の場合、父・尚江（会津藩の家老格）は亡くなっており、長兄の浩《ひろし》が家長だった。浩は慶応二年に会津藩より遣露使節団の正使の従者として同行しており、弟の健次郎は黒田清隆が視察のためにアメリカに渡った同じ船で、北海道開拓使の男子留学生の一人として渡航している。

永井繁子の父・鷹之助は、佐渡奉行の地役人であったが、書と算に才覚があり箱館奉行支配調役に栄転して幕臣の列に加わった。その長男、徳之進（後の孝、三井物産の創始者であり初代社長）は箱館で英語を習い始めて上達し、父が江戸詰めになった時、年齢を偽り外国奉行（外務省）の英語の試験を受けて合格、幕府の通弁御用出役（通訳官）に任命されている。そして、文久三年（一八六三）の池田筑後守長発《ながおき》の遣欧使節団には親子二人で同行の機会を得る。当時親子での渡航は禁じられていたのだが、徳之進は親戚の者と偽り父親の従者として随行に成功するのだ。

津田梅子の父、仙弥（後の仙《せん》）は、佐倉藩の財政を預かる勘定頭元締、禄高百二〇石、小島良親の四男として生まれる。そして黒船来航の折に江戸海岸防衛に任じられ、その威力を目の当たりにして、オランダ語よりは英語学習に転向する。やがて外国奉行の通弁に採用され、慶応三年、勘定吟味役小野友五郎の遣米使節団に通弁士として同行する。

以上の経歴をみると、この少女たちが西洋事情を知らなければいけない時代の変革期であった背景や、国際教育の重要性について理解ある家庭事情で育てられ選ばれていったことが判然としてくるだろう。

3　戸惑うアメリカでの生活

森の配慮で転々

五人の少女たちは、明治五年（一八七二）二月二九日（陽暦）、岩倉使節団一行と共にワシントンに到着する。そして森有礼の配慮もあり、在米日本弁務使館に書記官として勤務していたチャールズ・ランマンの自宅〔ジョージタウン〕に落ち着く。ランマン家には妻のアデリン夫人とランマンの独身の妹がおり、面倒を見てくれた。

しかし一週間後には五人を三カ所に分散して住まわせることになる。幼い津田梅子と年長の吉益亮子はランマン宅に残る。吉益は横浜出発以来、梅の面倒をよく見てくれた気立ての優しい娘だったからだ。上田悌子、山川捨松、永井繁子の三人のうちの二人は当時ワシントン市の市長であったクック氏の邸宅に世話になり、残る一人は定かではないがアデリン夫人の妹宅に預かってもらったようだ。一説にはローマ字の普及で有名なジョージ・ヘボン氏の兄の宅に寄宿したとも言われている。

しかし、言葉も分からない少女たちを預かる方もたいへんなら少女たちも戸惑ったであろう。このような生活は二カ月ももたず、森は自分の英国留学時代の経験から一軒家を借りて、家庭教師と料理人を雇入れ五人一緒の共同生活をさせる。しかし、このやり方で一日二〜三時間のレッスンでは英語の上達には役立たなかった。そこで森は個別にニューイングランド地区のしかるべきアメリカ人宅に預けることを考え始めた。

二人は体調を崩して帰国、しかし女子教育に関わる

アメリカでの生活も半年が過ぎた夏頃、吉益亮子が治療中の眼の病気が一向に良くならず帰国を申し出る。また、上田悌子も体調を崩して鬱病気味になり帰国を申し出る。やむなく森は決断し、二人はその年の一〇月末「開拓使」のお雇い外国人の化学者アンチセル氏の夫人に付き添われて帰国する（「開拓使文書」に残されているとの寺沢龍氏の記述がある）。

帰国後の二人のことは記録や資料が少ないが、横浜のアメリカ人宣教師が経営するミッション・ホームで学び、吉益亮子はその後津田梅子の父・津田仙が創立に関わる女子小学校（青山学院大学の前身）の英語の教師を明治八〜一三年（一八七五〜八〇）まで勤めている。明治一八年（一八八五）には、父吉益正雄が娘のために女子英学教授所を創立したが翌年、亮子は日本を襲ったコレラに罹り二九歳の若さで亡くなってしまう。

上田悌子は、父の上田畯が、娘のために明治五年に創立したと思われる上田女学校（別名万年橋女学校）で教えていたと推察される（資料は見当たらない）。だが、その後、医者、桂川甫純の後妻に入り、二男四女の母親として長寿を保ち、八五歳で亡くなっている。

いずれも、出発時、皇后陛下に拝謁しお言葉を賜り、官費で留学させてもらった恩義に報いるために、親ともどもそれぞれに「女子教育」に努力した事績が読み取れる。

4　津田梅子、山川捨松、永井繁子の学生生活

梅子の日々

その後の津田梅子は、一人ランマン夫妻宅でお世話になっている。子供のいなかったランマン夫人は梅子を我が子のように可愛がった。その頃森とランマンとの間で雇用契約のことでトラブルがあり、森は梅子を別の家に移すことも考えたが、ランマン夫妻は養育費も自分たちが負担するから一年だけでも預からせてほしいと訴えた。森はランマン夫人の愛情の籠った熱烈な申し出に感動し、一年間という条件でそのまま託することに決めた。

ランマンはその四年後に森の後任となった吉田清成公使の秘書として日本公使館（弁務館の後身）に再雇用され以後六年間勤務する。その結果、梅子は日本に帰国するまでの一〇年間ランマン夫妻宅で過ごすことになる。

チャールズ・ランマンは名門出身の教養人であり、『ウェブスター伝』等数多くの著述を残しており、

自然を愛し、山野を駆け巡り、魚釣りや絵画を趣味に持つ文化人であった。また、『米国在留日本人留学生』などの著述あり、大変な親日家であった。アデリン夫人も実業家の裕福な家に生まれ、教養に富み面倒見が良い愛情こまやかな人であった。このような恵まれた環境で、ときには厳しく指導を受け、普段はやさしくテニスなども楽しみ、旅行にも連れていってもらった。夫妻は、梅子を「仔羊のように快活だった」と述べている。

梅子は明治六年（一八七三）、ジョージタウンの私立小学校に通い、一八七八年にはアーチャー・インスティチュート高校に入学する。この女学校は生徒は一〇〇人程だが教師には優秀な人材を揃えていた。梅子は普通学科の他に、心理学、星学、英文学、語学としてフランス語、ラテン語を学び、音楽や絵画も習った。梅子は数学が得意であり、とくに読書欲が旺盛でランマン家の蔵書を片っ端から読み漁ったという。ウォーズ・ウォース、バイロン、テニスン等の詩は暗唱し、シェークスピアの戯曲さえその頃読んでいたという。

津田梅子
（国立国会図書館蔵）

日曜日にはランマン夫妻と一緒にジョージタウンの聖公会堂に行き、教会の日曜学校にも通っていた。日本でキリスト教禁制が解かれた明治六年四月頃、梅子は自ら夫妻に願い出てキリスト教の洗礼を受けている。クレヴァーで健康的に育ってゆく梅子を、ランマン夫妻は日出る国から来た“Sun Beam”と呼んでいとおしんでいた。

大山（山川）捨松
（国立国会図書館蔵）

捨松の日々

山川捨松と永井繁子の二人は一八七二年一一月、イエール大学に留学中の捨松の兄、山川健次郎が住んでいるコネチカット州、ニューヘイヴンのレオナルド・ベーコン牧師宅に寄宿することになる。ベーコン牧師はすでに七一歳の高齢であったが四〇年間ニューヘイヴンの組合派のセンターチャーチの牧師を務め、その当時はイエール大学の神学校で教壇に立っていた。奴隷解放の運動家でもあり、アブラハム・リンカーンが大統領選挙に出馬した時、ベーコン牧師の書いた『奴隷制度の悪』を参考にして選挙演説を行ったというエピソードが残されている。ベーコン家の家族は、先妻との間に生まれた九人、長女で独身のレベッカを除き、みな独立し、二度目の妻との間の五人の子供たちと同居する大家族であった。末娘のアリス（一四歳）と捨松はすぐ仲良しになり生涯の友となった。後に二度にわたり来日し、津田梅子の「女子英学塾」創立の最大の協力者となる。

ベーコン家は経済的には必ずしも裕福ではなかったが信仰心の篤い厳格な家庭であり、とくにベーコン夫人の熱心で愛情に満ちた厳しい教育指導により、捨松は知性と品性に富む娘に成長していく。その後男女共学の公立高校のヒルハウス・ハイスクールに学び、次いでニューヨーク州の名門校ヴァッサー・カレッジの四年課程の普通科に入学する。

繁子の日々

永井繁子は一週間ばかりベーコン牧師宅に捨松と一緒に世話になったが、日本人二人が一緒では英語の勉強に支障を来たすと、ベーコン牧師は友人で隣町のフェアヘイヴンに住むジョン・アボット牧師宅に繁子を託することにする。アボット牧師は当時六七歳で著述家としても有名で『賢母論』や『ナポレオン一世伝』など出版している。アボット家には夫妻の他に当時三五〜三六歳の独身の娘エレンが同居しており、繁子は彼女を実の姉のように慕い、エレンも繁子を妹のように可愛がった。

繁子にとりアボット家に寄宿したことは実に幸運であった。というのは、アボット家は同じ敷地内に私学の「アボットスクール」を経営していたことである。それは初等科（一年）、本科（二年）、高等科（四年）という本格的な中高一貫校であり、エレンが校長を務めておりアボット夫人もそこで国語と自然科学を教えていた。そして繁子はこの学校で、一台の洋琴（ピアノ）に巡り合う。しかも器楽・声楽の専任教師がいてレッスンを受けることもできたのだ。この出会いが繁子の後半生を決定づけることになる。

さらに幸運なことがあった。それは一人の青年との出逢いである。瓜生外吉《うりゅうそときち》は築地の海軍兵学寮を出てアナポリス海軍兵学校に入学するため、ニューヘイヴンのピットマン家に寄宿して受験勉強中だった。ピットマン夫人の紹介で知り合い、付き合ううちに二人の愛は育まれ、やがて将来を誓い合う仲になる。

ヴァッサー・カレッジの二人と梅子のその後

繁子はアボットスクールでの全人教育を受けたあと、一八七八年捨松と同じヴァッサー・カレッジに入学する。この学校は一八六一年に醸造家のマシュー・ヴァッサーによって創立された女子大学で、繁子はその芸術学部音楽専攻科（三年制）に合格する。こうして二人は全寮制の部屋は隣同士となり、互いに励まし合いながら勉学に勤しみ、日本のことや将来のことなどを語り合うこともできた。人生において最も楽しく希望に満ちた学生生活であったという。音楽専攻科はクラシック音楽の実技と最高の教養としての音楽を身につけることが理念とされ、専門以外の一般科目として仏語、仏文学、数学、英作文なども学んでいる。

捨松は普通科の教養課程で仏語、ラテン語、英作文、歴史、哲学、植物学、数学、専門課程は物理学、生理学、動物学などを学んでいる。

繁子は明治一四年（一八八一）六月卒業式を迎える。音楽科在籍者二七名中卒業できたのは六名でその中の一人であった。フィアンセの瓜生外吉もアナポリス海軍兵学校を卒業し、一足早く繁子の卒業証書を携えて帰国し、繁子の兄・益田孝（三井物産社長）に卒業証書を手渡し、二人の結婚許可を願い出ている。繁子は一〇月に帰国する。

この年、日本政府より約束の留学期間一〇年が過ぎるので三人に帰国命令が出る。繁子は問題なく帰国するが、捨松と梅子はそれぞれもう一年で大学と高校が卒業できるので、一年間の留学延長を嘆願して許される。捨松の成績は常にトップクラスで、二年時はクラス委員長に選ばれるなど人気者であった。明治一五年（一八八二）六月には卒業式を迎えるが、三八名中一〇名が来賓の前でスピーチする栄誉を与えられ、捨松はその一人に選ばれ「イギリスの日本に対する外交政策」の演題でスピーチをした。その情景は「拍手と喝采の声場内に震動し余響暫く止まざりし」と伝えられており、後日、『朝日新聞』がその時の様子を報じている（寺沢龍『明治の女子留学生』）。

梅子も同じ時期にアーチャー・インスティチュートを無事に卒業した。同校から受けた「学業成績証明書」には、「ミス・ツダはラテン語、物理学、数学、天文学、仏語にきわめて優れた成績を修めた。彼女の学んだすべてに明解な洞察力をあらわした」と記されている（寺沢龍『明治の女子留学生』）。

一八八二年一〇月三一日、捨松と梅子は一一年ぶりで日本への帰国の途につく。日本までは京都に帰任する同志社英学校の教師デーヴィス夫妻に伴われ、また途中のシカゴまではランマン夫妻、デンヴァーまではアリス・ベーコンが同行して見送ってくれた。その道中も捨松、梅子、アリスの三人は将来の夢を語りあった。自分たちがアメリカで受けた教育を日本の女子たちにも分かちたい、との思いが強かったのである。彼女たちを乗せたアラビック号が横浜に入港したのは一一月二一日の朝であった。

5　帰国後の永井繁子と山川捨松

音楽教師とよき家庭、恵まれた永井繁子

明治一二年（一八七九）、文部省の中に「音楽取調掛」が誕生し、お雇い外国人としてボストンの音楽アカデミーで学んだメーソンが明治一三年（一八八〇）に来日するなど、まさに音楽教育が本格的にスタートした時期にあった。繁子は明治一五年（一八八二）三月、文部省音楽取調掛の洋琴教師として採用され、年俸三六〇円という高給取になる。捨松と梅子の帰国を待って、かねてから婚約中の海軍中尉・瓜生外吉と永井繁子は、明治一五年一二月一日に質素な結婚式を挙げた。披露宴は年が明けた明治一六年（一八八三）一月二五日品川御殿山の兄・益田孝邸で行われた。

二人の新婚生活は〝国費による留学生そしてクリスチャン〟という共通の絆で結ばれ、他人が羨むような温かい家庭を営み、帰国子女たちのオアシス的存在であった。その後の生涯で四男三女の子供たちに恵まれ、繁子は産休を挟みながら当時としては珍しい主婦との二足の草鞋で東京女子高等師範学校を退職するまでの二〇年間、洋琴と英語の教師を続ける。その間、幸田延《こうだのぶ》や市川道、小山作之助《こやまさくのすけ》といった明治後期の音楽界の指導者たちを育てた。瓜生外吉も海軍軍人として日清・日露戦争の功により、最終的には海軍大将に昇進している。退役後には二度にわたり日米親善目的で政府から指名を受けて夫婦で訪米を果たしている。繁子は昭和三年六七歳の生涯を閉じる。夫の外吉は昭和一二年に八〇歳で亡くなる。

捨松は職なく意外な結婚へ、梅子を支援し社交界でも活躍

捨松が帰国した当時の山川家の状況は、長兄の浩は谷干城の勧めで陸軍に入隊し、佐賀の乱や西南の役での功労により陸軍大佐に昇格している。次兄の健次郎は東京帝国大学理学部教授になっており、長姉の双葉は東京高等女子師範学校の舎監の仕事をし、ロシアから帰国した次姉の操もフランス人の通訳として活躍。それぞれ社会的に恵まれた仕事についていた。とはいえ、会津戦後に斗南《となみ》で苦難な生活を強いられた人々が山川家を頼りにしてくるため、その人たちの面倒をみなければならず台所事情は苦しかった。

捨松は帰国早々、このような家庭の実情を察知し、一日も早く仕事を見つけなければと思った。そのため梅子と共に文部省に通う日々を過ごす。しかし、彼女たちをアメリカに送り出した北海道開拓使は

すでに廃止され、窓口は文部省に移っていた。送り出した当時の責任者、黒田清隆も政治の一線から身を引いて相談相手もなく、途方に暮れるばかりであった。そんな時、文部省から東京高等女子師範学校の生物学と生理学の教師、年俸六〇〇円という破格の条件の話が舞い込んだ。二週間後に着任せよという急な話であったが、日本語で教壇に立つ自信がなく断る。この時期、捨松は一人「何のために自分はアメリカで教育を受けたのであろう」と悩む。そして少し前から話があった縁談について真剣に考え始める。

繁子の結婚披露宴があった明治一六年一月に繁子の兄、益田孝から招待を受けて参加していた男性から、山川家に結婚の申し込みがあったのだ。その男とは、こともあろうに会津戦争で敵方の指揮をとった薩摩藩士の大山巌である。その当時は参議・陸軍卿という最高の顕官、しかも四二歳で先妻との間に三人の子供がいる、一八歳も年上であった。大山はすっかり捨松を見初めてたいへんなご執心である。教養、語学、家柄のすべてが揃ってのとびきりの才媛、国を代表して活躍する陸軍大臣の夫人としてはまさに最適というわけだ。仲立ちをしたのが、大山巌の従兄弟にあたる世知に通じた人間味豊かな西郷従道である。山川家としてはとんでもない話と頑なに断り続けた。だが、西郷は粘り強く丁重に説得をつづける。まず、兄の浩を攻略してなんとか捨松自身が納得するという条件で承諾をとりつける。いよいよ捨松自身の気持ち次第ということになると、捨松は考えに考えた。そして大山との三カ月間の交際期間を経て考えを固める。母親を亡くしたばかりの幼い三人の子供とこの包容力の大きなやさしい男性の幸せのために、生涯を捧げる決意をするのだ。

大山巌夫人となって以降の捨松は、公の人としては「鹿鳴館の貴婦人」として、時にはニューヘイヴン時代のヒルズ・ソサエティの経験を活かしたバザーの開催や篤志看護婦人会の理事として、また華族女学校の設立準備委員として活躍する。しかし、彼女にとり自分が先頭に立って女子のための学校づくりをするという梅子やアリスとの約束を反故にして結婚に踏み切ってしまった負い目と屈折した思いを持ち続け、梅子が実現する「女子英学塾」への多大な支援を続け、亡くなる寸前までそれを惜しまなかった。

大山との間に生まれた二男一女、合わせて六人の母親としても、そして大山元帥、公爵夫人としても立派に生き抜いた。そして、巌の死の三年後の大正八年、当時流行したスペイン風邪が原因で突然死を遂げる。享年五九歳であった。

6　津田梅子、苦難を越えて「夢」の実現へ

日本語も話せず自信ももてず、再留学へ挑戦

梅子は、帰国当時、日本語も話せず、仕事もなく、先の見えない苦難の日々であった。そこから「夢・女子英学塾創立」への道のりは、長く辛い時間であったが、梅子自身の「夢」の実現のため、再び独りアメリカに留学するための期間でもあった。また、塾の創立は、決して独力で行われたわけではなく、いかに多くの支援者が梅子の周りにいたか、ということでもある。

「女子英学塾」の創立は「高等女学校令」と「私立学校令」が公布された年の翌年、明治三三年（一九〇〇）七月のことである。梅子が最初の留学から帰国して一八年が経過していた。帰国した当初は日本

語の読み書きはもちろん話すことも出来ず、父親・仙の通訳なしには何一つ通じない不便な生活を強いられた。まったくのアメリカ育ちで右も左も分からないような女性に適当な仕事など待っているはずはなかった。捨松と共に仕事探しの毎日であったが、帰国後一年過ぎた明治一六年、井上馨外務卿の官邸で夜会に父・仙と共に招かれることがあった。そこで岩倉使節団に同行した際、梅子たちがお世話になった伊藤博文に再会する。この伊藤との再会こそ梅子に英語教師への道を開くきっかけとなる。まず、当時すでに桃夭女塾《とうようじょじゅく》を開き華族女学校の創設にも関わっていた下田歌子の紹介を受ける。そして伊藤の推薦で、この「華族女学校」（女子学習院の前身）に教授補に採用されることになる。この時、梅子は前途に道が開け、明るく差し込む光を感じたに違いない。

しかし、教職を続ける中で梅子は華族女学校の方針である良妻賢母型で夫の収入に頼る生活が基本の生き方に対して飽き足らない思いが募る。梅子は、女性も男子同様、経済的・社会的に自立することが肝要であり、そのためにしっかりとした収入を得なければならないと考えた。それには教職の道が適しており、教育により女性教師を育成する学校創りこそ自分が目指すべき道であると強く思い始める。そしてより良い学校創りには梅子自身が高度教育を修める必要性を感じ、二度目の留学、ブリンマー・カレッジへの道を目指すことになるのだ。梅子には不思議な力というべきか、人との交流を大切にし、次から次へと交流の輪を広げてゆく術が身に付いていたのではないかと思われる。

梅子が第一回目の留学時に父・仙の関係で知己を得たフィラデルフィアの富豪、メアリー・モーリス夫人がその後、二度目の留学の決め手になる、ブリンマー・カレッジ学長へ梅子の思いを伝えてくれ、学費と寮費の無償提供を受ける。メアリー・モーリスは、「日本婦人米国奨学金」の基金をつくってくれ、その後の「女子英学塾」創立時には資金集めにフィラデルフィアでネットワークを組織化してくれるなど、この人との出会いがなければ夢の実現など不可能であった。さらには捨松がニューヘイヴンで寄宿したベーコン家のアリス、ならびにアリスと入れ替わりに来日したアナ・ハツホーンたちの存在も非常に重要である。

頑固なまでに初心を貫き通し、「女子英学塾」を創立

帰国以来、日本語が不自由で自分の母親にも相談できない時、いつも手紙で心情を語り、ときには怒りをぶつけてきたアデリン・ランマン夫人の存在も梅子の夢の実現に精神的に大きな支えであったことを忘れてはならない。また、学校の資金繰りや経理面から「女子英学塾」創立時梅子を支えた姉琴子の夫、上野栄三郎の存在も大きかったと言える。父・津田仙は青山学院大学の前身である女子小学校や海岸女学校等の創立に関わっているが、娘の梅子が苦労して「女子英学塾」創立に漕ぎつける過程で、なぜか仙が資金面、運営面で協力したという記述が見当たらないのが不思議である。

梅子の創立した「女子英学塾」は大山捨松を顧問に（法人化した折には理事に）、そして新渡戸稲造を相談役に迎え、地道な拡大を図ってゆく。明治四〇年頃から梅子は持病の喘息や糖尿病で入退院を繰り返し、授業も欠席がちになる。学校運営はアナ・ハツホーンや教え子の辻マツや星野あいなどがあたり、順調に発展していく。昭和一二年の関東大震災では壊滅的な被害を受けるが、アナ・ハツホーンを中心とした職員の努力で徐々に復興を遂げる。梅子の病気は回復することなく、新学校用地として買い求めた小平村の地への新校舎の完成を見ることなく、昭和四年八月、鎌倉にて六四歳の生涯を静かに閉じた。

枕もとの手帳には「金曜日一六日Storm last night」の一言が残されていた（大庭みな子『津田梅子』）。

津田梅子は女子の高等教育を目指して頑固なまでに初心を貫き独身を通し、ひたむきな努力を続けたその最後の目標はやはり人間をつくることであった（吉川利一『津田梅子伝』）。女子英学塾は戦後津田塾大学へと発展し、彼女の目指した精神は今でも受け継がれている。

参考文献

大庭みな子『津田梅子』朝日新聞社、一九九〇年。

吉川利一『津田梅子伝』津田塾同窓会、一九五六年。

久野明子『鹿鳴館の貴婦人　大山捨松』中公文庫、一九九三年。

生田澄江『舞踏への勧誘――日本最初の女子留学生永井繁子の生涯』文芸社、二〇〇三年。

寺沢龍『明治の女子留学生――最初に海を渡った五人の少女』平凡社新書、二〇〇九年。

第17章　長与専斎——医療法制・衛生行政の父

西井易穂

日本の医学は、江戸中期から明治へかけて西洋医学を取り入れる道を歩んだ。とくに幕末の長崎では、シーボルト、ポンペ、ボードウィン、マンスフェルト、ゲールツなど、オランダ人の働きが目覚ましいものがあった。むろん、近代医学黎明期には江戸中期からの蘭学者、杉田玄白や前野良沢などの先駆的研究があったことを忘れてはならない。それは長崎の養生所（後に精得館と名前を変えて発展）、大阪に緒方洪庵の適塾、佐倉の佐藤泰然の順天堂に伝えられ多くの人材を育成した。

そうした時代環境の中で長与専斎《ながよせんさい》が登場してくるのだ。長与は、適塾で過ごした後、ポンペやマンスフェルトの下で学び、さらに岩倉使節団随行というチャンスを得て西洋文明を学びに行く。この米欧の旅で西洋の医療状況の進歩をつぶさに肌に感じてきた長与は、西洋的医療を日本に輸入移植する使命感を抱いた。その後の目覚ましい事績をみれば、長与はまさに「日本医療の近代化のパイオニア」であり、「医療法制・衛生行政の父」と呼ばれるにふさわしい存在だったと言えよう。

1　代々続く医家に生まれ、緒方洪庵やポンペらに学ぶ

長与は天保九年（一八三八）に肥前大村城下片帳町の医師長与中庵の子として生まれた。少年期は集義館という藩校で漢学「五輪の道」を学んだ。長与家は五代前から漢方医であったが、蘭学にも目を付け早くから取り入れた。父が早く亡くなったため祖父の俊達の薫陶を受けて育ち、一六歳の時、本格的に蘭学を学ぶため緒方洪庵の適塾に入門、全国から集まった俊秀らと学び、福沢諭吉が江戸へ去った後を継いで塾頭にまでなった。

しかし、適塾では臨床医療を学べないことから洪庵の薦めで長崎にいる蘭医ポンペの「直伝の教授」を受けることになる。その後一時、大村に帰って藩医となるが、さらに勉学するべく長崎に出来た幕府直営の精得館《せいとくかん》（後の長崎医学校病院）に入り、マンスフェルトの下で学頭になる。そしてマンスフェルトの建言に従って医学校として整備することになり、長崎県判事だった井上馨に直訴して、その英断により教師のゲールツを新たに雇い必要な器材も整えて面目を一新させた。

2　ドイツとオランダで「公衆衛生学」を学ぶ

井上馨の誘いで文部省へ、そして岩倉使節団に参加する

その後、井上馨が中央政府の要職につくと、長与はその推薦で文部省に呼ばれ医学制度の改革を担当

長与専斎
（国立国会図書館蔵）

するようになる。そして、岩倉使節団の派遣話を耳にした長与は、是非随行して現地で西洋医学の実情を学びたいと井上などに請願、伊藤博文や田中不二麿に紹介され留学することになる。

長与はベルリンに着くと、旧知の青木周蔵や品川弥二郎らと交流、留学生の池田謙齋《いけだけんさい》、佐藤進一、萩原三圭《はぎわらさんけい》、長井長義《ながいながよし》らとも知己になり、医学教則や医師制度の取調を始めた。しかし、ベルリンは新興国の首府としてまさに「更新拡張」の最中であり、諸事混雑し情報の蒐集は困難であった。そこで小国ながら万事整備が行き届いているオランダの方が学ぶには好都合だとの薦めがあり、オランダに赴く。そしてオランダ政府の当局に、調査の希望を伝えると、オランダは日本に馴染みが深いだけにきわめて好意的に対応してくれて調査も順調に進んだ。そして所期の目的の目処も付いたので、一年半に及んだ調査旅行を終えることになる。

国民一般の健康保護「公衆衛生」に目覚める

その間、長与は、サニタリー、ヘルス、ゲズンドハイツブレーゲンなどの語をしばしば耳にし、その意味を追究する。そしてそれが「国民一般の健康保護」を重視する考えであり、そのための法制や行政組織がとても整備されていることを知るのだ。そのあたりのことを長与は自伝『松香私志』で次のように書いている。

「ここに国民一般に健康保護を担当する特殊の行政組織があることを発見せり。これ実に本源を医学に資し目的とする。それは医学だけでなく理化学、気象、統計らの諸料を包容してこれを政務的に運用し、人生の危害を国家の福祉を完うする所以の仕組みにして、流行病、伝染病の予防は勿論、貧民の救済、土地の清潔、上下水の引用排除、市街家屋の建築方式より、薬品、染料、飲食物の用捨取締にいたるまで、およそ人間生活の利害に繫がるものは細大となく収攬して一団の行政部をなし（中略）国家行政の重要機関となれるものなりき。」

そして、「十分に詮索を遂げ、本邦にもたらして文明輸入の土産とすべし」としている。長与はその使命を明確に認識し目的を達したのである。そしてゲズンドハイツブレーゲンをどう訳するか種々思案の末、荘子の語からとって「衛生」の語を充てたのである。

3　医療近代化の基本方針の制定、猛威を奮うコレラ対策に尽力

文部省の医務局長となり、「医制七六条」の制定

帰国後、長与は文部省医務局長となり、総合的な医療、衛生制度のとりまとめに取りかかる。そして、基本方針として「医制七六条」を作成した。その主な内容は下記の通りである。

（一）衛生行政の機構

文部省医務局に医鑑・副医鑑を置き、この統括のもと全国を七区に分けて衛生局を設ける。そして地方官と協議して衛生事務を管理させ、衛生局地方官の監督のもとに医務取り締まりを置く。

(二) 医学教育

各大学区に医学校を一つ設け病院を付属させる。その修業年数を予科三年、本科五年とし、また本科の科目を示した。

(三) 病院

公私立病院を開設する時は、文部省の許可を得なければならない。院長は、医術開業免許状がなければならない。その他。

(四) 医師・産婆・鍼灸業者

医師開業免許の制度を設ける。その他。

(五) 薬事

東京司薬場を設ける。便宜の地方にその支所を置き、薬品検査と薬の売買の管理をさせる。薬店の開設には地方官の許可を受けなければならない。薬店主は免許が必要である。その他。

当時の日本の医療界は、開業医といっても漢方医が大半を占めており、西洋の事物といえば頭からこれを忌み嫌い、新制についてはともすれば反抗の気配があった。また薬の世界もおおかた草根木皮の仲買小売商の類で、洋薬といえば手当たり次第に外国人から買い取り雑貨店を開いて売る始末で、どれだけの効能があるか良否の鑑定もおぼつかない状況だった。そこで長与は、方針は方針として立てるものの、実施については慎重に漸進主義で事を進めた。「急がず、焦らず、その成功は将来に期すればよい」との考えであった。

コレラ流行の猛威と待ったなしの対策

ところが、明治一〇年（一八七七）、中国のアモイで恐るべきコレラ（死病）が流行しているとの情報が入った。しかし、どう対応していいか各港でも明確な答えがなかった。そのまま時を過ごしている間に、まず長崎に、そして横浜や神戸に病毒が伝染して亡くなる人が続出してきた。冬になるといったん沈静化したが、翌年、翌々年には全国的に大流行し、年に一〇万人が亡くなるという重大な事態になった。三日でコロリと死んでしまうので「コロリ」とも称され、人々は大いに怖れ全国的に大災厄を引き起こしたのである。

当局は、海港検疫、予防の諸規則の発布、中央各地の衛生会づくりなど、対応に大わらわだったが、とても猛威を防ぐことはできなかった。病原菌は排泄物にありということが分かったので「衛生」の重要性への認識は劇的に広がった。長与はこれを機に、かねてからの施策を次々と実施に移し、懸命に防疫と衛生の普及整備に尽力した。

まず糞尿処理や下水処理の問題がクローズアップされ、人口の周密地だった神田地区に最初の下水道工事が始まった。遺体の埋葬、火葬問題も急激に浮上してきた。水道改良論を提唱され、さまざまな改良策が全国的に行われるようになった。

4　医学校・薬学校の創設、海水浴場の開設

医療教育の近代化を進める

さて、長与は医制七六条に謳っているように医療教育や薬業の近代化についても大活躍をする。長崎での医学校の経験をもとに、それらを全国に本格的に展開していく必要があった。各地の医学校はむろん薬局方制定、薬学校の創立も徐々に進んでいく。

それまで、わが国の医師は、父子や師弟がこれを継承して一家の私業となり、特段試験をすることはなかった。医制によって医師の開業については試験を課し、その合格者に免許を与えることが急務だった。ところが全国三万余にも及ぶ漢方医は各々の家々で伝えられてきた学問を第一とし西洋のものは忌み嫌う傾向があった。こうした事態に対し長与は非常に悩んだが、決然として試験を実施することにした。内容は、物理、化学、解剖、生理、病理、内科、外科および薬剤学にわたるものであった。だが、漢方医の反対は非常に激しかったので、従来開業の医師については、とくに試験をすることはせず、そのまま免許状を与えることにした。この処置で従来の医家も安心し、不安が沈静化したといわれる。

薬舗、薬品検査、製薬免許など

薬については問題山積だった。明治初年には洋薬の取り締まりもなかったから、偽物や粗悪品を輸入して販売する者もあり、とくに需要の多いキニーネやヨードなどの場合、その怖れが少なくなかった。

そこで衛生局では、輸入薬品の検査のために司薬場を設けて検査を受けさせることにした。薬舗、薬品検査、製薬免許、鉱泉試験など、各項目とも重要だった。司薬場では、十分な薬剤の知識に基づき、薬品検査が行われなくてはならなかった。製薬免許を発行して薬剤の安全と、安定供給を図り、薬品市場の健全化を促した。また、鉱泉調査により妥当な効能を表示して医家や医者の指針とするといった改良も進められた。

長与は、この頃薬学の権威だった長井長義から大いなる助力を得ている。長井は徳島の医家に生まれた人で、藩命で長崎に留学した時、長与とめぐりあい、明治四年（一八七一）にはドイツに留学してベルリンで学んだ。長与はそこで再会し以後昵懇の仲になった。帰国後は、東京大学教授に招聘され日本の医療の近代化に尽力した人物である。その長井から薬学の知識を教えられ、ヨーロッパの医薬分業について輸入する話もあった。しかし、当時は医師の反対が激しく挫折した。実際に日本で医薬分業が実施されるまで一〇〇年かかり、昭和五〇年代にようやく実施された。

海水浴場の開設

時代は遡るが、欧州視察の旅から帰国してすぐ、長与は伊勢神宮に報告を兼ねて参拝する。参拝後、二見ヶ浦と周辺の海岸に立ち寄った時、夫婦岩と海を眺め、この浜はヨーロッパで当時盛んに行われるようになっていた衛生学的観点からする健康維持に非常に適したところであると述べた。それを聞いた伊勢の人々は、それが契機で二見ヶ浦に冷水、温水の海水浴場を開場することにした。

これが日本最初の海水浴場で、それは鎌倉、大磯、館山などの海岸に伝播し、各地に海水浴場が開設されることになる。冷浴は「滋養不給に原因した神経衰弱」「皮膚弛緩に原因する諸病」に、温浴は「脆弱虚弱短気に苦しむ者」によしとすると説いている。なお、その二見ヶ浦の夫婦岩脇付近は波が荒すぎたので、後に現在の賓日館《ひんじつかん》前に移設された。いまでも玄関前には長与の顕彰碑が建立されている。

5　後進の人材支援、そして「医の倫理」を説く

後藤新平と北里柴三郎

さて、明治一四年に遡るが、長与は愛知県の病院長で医学校校長でもあった後藤新平（当時は二四歳）の存在を知った。医療一般について注目すべき意見書を出したのが目に止まり、引見してみてその見識と体験実績に感嘆した。そこで長与は明治一五年に後藤を内務省衛生局に勧誘し、局長の下で各種の企画事業を立案させることにした。後藤は果敢に仕事をこなし、やがて「長与の懐刀」といわれるようになる。こうして、後藤は長与の後を継いで衛生局の局長になり、活躍の舞台を中央に移していくことになるのだ。

また、北里柴三郎との縁も興味深い。長崎で長与に大きな影響を与えたマンスフェルトはその後熊本医学校に移るのだが、そこで学生の北里柴三郎に出会う。北里は当初医者になることを志望していたが、マンスフェルトの指導下で細菌学に目覚める。マンスフェルトは北里の才能を見込んで、より高度な医学を学ぶべきだとしてまずは東京大学へ、さらには本場のドイツへ留学することを薦めた。北里はその助言に発奮し忠実にその道に挑戦することになる。その目指す東京医学校（後の東京大学医学部）の校長（兼任）が当時長与であった。北里は東京医学校に進んで学業に精励し、名門ベルリン大学への留学につ

いても長与の格別の配慮があって実現することができた。その結果、北里は世界的に著名なコッホ教授の下で三年間、研究に従事することが出来、そこで破傷風菌の純粋培養と血清療法の発見に成功する。そして一躍世界的な名声を得ることになり、欧米の一流大学から好条件で誘いを受けることになった。しかし、北里は母国のために働くのだという使命感から断然帰国する。ところが東京大学の派閥の壁もあって国内で職がないという状況が起きた。この時も長与は、適塾仲間で親しかった福沢諭吉を説いて強力な支援を得、北里のために伝染病研究所の設立に成功するのである。

医の世にあるは人の為のみ、おのれが為にあらず

長与は明治二四年、衛生局長を後藤新平に委ねて退任する。その後は貴族院議員、宮中顧問官、中央衛生会会長などを歴任し、また石黒忠悳《いしぐろただのり》、三宅秀、佐野常民らと大日本私立衛生会を興して会頭を務めるなど衛生行政の大立者として活躍した。そして明治三五年（一九〇二）、六五歳で長逝した。

長与の生涯を振り返ってみれば、医療に関する基本的な考えは、若き日に緒方洪庵から諭されたフーフェランドの言葉やポンペからの教えに依っていることが分かる。フーフェランドはベルリン大学の教授だった人（一七六四〜一八三六）で、洪庵はその著作『扶氏経験遺訓』に心服し、その要約を『扶氏医戒之略』として塾生に教えた。その一部を紹介すれば次の通りである。

「医の世に生活するは人の為のみ、おのれが為にあらずということを其の業の本旨とす。安逸を思わず、名利を顧みず、ただおのれを捨てて人を救わんことを希ふべし。人の生命を保全し、人の疾病を復治

し、人の患苦を寛解するの外多事あるものにあらず」と。

また、ポンペはこう諭したという。

「医師にとって、ただ病人あるだけである。患者がどういう階級に属し、どれほどの富をもち、あるいはもたないかということはなんの関係もない」

ポンペは、徳川時代の身分制社会の中で、差別意識を誇示する姿勢に率先して対決し、「自由診療」を行った。それはつまるところ洪庵の医学観「医は愛なり」という哲学に共通するものといってもよい。長与が逝って一世紀余を経たいま、私たちはどのような世界に生きているのだろうか。その間の科学の技術の発達は驚くべきもので、医療も医薬も驚異的な進歩を遂げた。それ自体は歓迎すべきことだが、問題は倫理でありモラルである。哲学者、宗教家たちはむろん学者も医家も、そして私たち市民も、もっと真剣に「生と死」という課題を追及し、よく生きることとは何か、医療や医薬はどうあるべきか、を学ぶべきだと思う。その意味で長与専斎の生涯と取り組みは、私たちにとって貴重な教訓を与えてくれるものと考えるのである。

参考文献

外山幹夫『医療福祉の祖　長与専斎』思文閣出版、二〇〇二年。

第18章　畠山義成――『米欧回覧実記』の影の記者・文部行政の先駆者

村井智恵

久米邦武は『特命全権大使　米欧回覧実記』の前書きに、使節の見聞は公にすべきものとして畠山義成《はたけやまよしなり》と久米の二人が取材を任されたこと、二人が協力して記録に努めたことを述べている。薩摩藩英国留学生の一人として渡英した畠山は、転出先のアメリカから三等書記官として岩倉使節団に加わり、その後、久米と共に岩倉大使に同行して訪問先での通訳、取材、記録役を担った。『米欧回覧実記』の魅力が久米の漢学的素養と文才によるところは疑うべくもないが、畠山の語学力と海外での経験、知識に拠るところも大きい。帰国後の事績については、早逝したためにほとんど知られていないが、文部省学監モルレーとの関係も含めて高等教育の分野で活躍した半生を紹介したい。

1　イギリス留学、渡米とハリス・コンミューン

畠山は、市成（敷根）島津家の三男として生まれ、長寿院畠山敦盛を祖とする一所持格畠山家を嗣いだ。祖父の島津石見久浮は、薩摩藩の財政を立て直したと言われる調所広郷《ずしょひろさと》と同時期に家老を務め、長兄である島津式部（土岐四郎）は、戊辰戦争で東山道先鋒薩兵総督を務めたことをもって明治三四年に正五位

畠山義成

を叙位している。名門かつ風向きの良い家であったことが窺える。

元治二年三月（一八六五年五月。元治二年は慶応元年）、畠山は将来の家老候補として「薩摩スチューデント」とも呼ばれる密航留学生の一人としてイギリスに留学した。一度は辞退したものの、藩主の父であった島津久光から説得されて留学を受け入れたと言われる。密出国であるため、帰国後正式に復名するまでは杉浦弘蔵という変名を名乗った。

渡英後はユニバーシティ・カレッジ・ロンドンに入学し、約二年を過ごしたが、維新を迎えて藩も留学生どころではなくなり、同行した留学生の多くは帰国を余儀なくされた。

その頃、日本駐在経験もあるイギリス人外交官ローレンス・オリファントは、ニューヨーク州西部でBrotherhood of the New Lifeというキリスト教系コミューンを主宰するトーマス・レイク・ハリスに心酔していた。オリファントは日本人留学生と近しく、前年には吉田清成、鮫島尚信を伴ってアメリカにハリスを訪ねていたこともあって、進退に窮した畠山らにハリスのコミューンでの自給自足の集団生活を提案し、渡航のための金銭的援助を申し出た。畠山、吉田、鮫島、森有礼、松村淳蔵《まつむらじゅんぞう》、そしてまだ少年であった長澤鼎《ながさわかなえ》の六名がこれに従い、オリファント母子らに前後して慶応三年夏（一八六七年八月）に渡米、ハリスのコミューンに参加した。

ハリスのコミューンでは当初、日本人のための学校を作り、軍事教練なども行う見込みだったが、霊言を主体とする宗教集団としての特異な体制などから予定通りには進まず、畠山らは主に大工や農夫として日々を送った。労働後には疲れて眠ってしまうために勉学もままならず、もともとハリスの教義には疑問を抱いていた畠山は、慶応四年（一八六八年六月）、討論をきっかけにグループからの離脱を決めた。その後すぐに、吉田や松村が畠山を追って離脱、畠山らとは決裂した森と鮫島は帰国を決め、若かった長澤だけがハリスのもとに残った。長澤はその後カリフォルニアに移り、ハリスと共にワインづくりで成功を収めたことが知られている。

2　ラトガース大学とその周辺

ラトガース大学で念願の復学を果たす

ハリスのコミューンを離れた畠山は、当時マサチューセッツ州モンソンで留学生活を送っていた薩摩藩米国留学生（慶応二年出港。仁礼景範、江夏蘇助、吉原重俊、湯地定基、種子島敬助、木藤市助の六名を指すが、畠山の渡米時には木藤はすでに早逝していた）を訪ね、オランダ改革派教会の外国伝道局総主事、ジョン・フェリスを紹介される。また、同教会宣教師として日本に渡っていたフルベッキを介して留学した日本人グループ（横井小楠の甥である横井左平太、大平兄弟、越前福井藩の日下部太郎、勝海舟長男の小鹿、その随行であった海舟の弟子の仙台藩士富田鐵之助、庄内藩士高木三郎）も紹介された。教会は有志を募って畠山、吉田、松村の三人の生活と学費を援助し、慶応四年（一八六八年九月）、三人は横井兄弟らのいたニュージャージー州ニューブランズウィックでラトガース大学に入学、念願の復学を果たした。

ラトガース大学に入学した畠山は、教会から援助された学費その他を返すべく、またそれ以降の資金を確保するために奔走するが、明治六年（一八六八年一〇月頃）、フェリスから照会を受けたフルベッキが日本で小松帯刀《こまつたてわき》を訪ね、薩摩藩ないし日本の新政府と連絡が通じ、無事畠山らの留学は公式に認められた。日本から送られた留学費用は、宛先が日下部らになっていたため畠山、吉田、松村には渡らない手違いなどもあったが、日本の記録上も明治二年三月（一八六九年五月）には晴れて政府公認の留学生となっている。

さまざまな在米留学生、その世話役も担う

幕末最末期から明治初年にかけては私費による留学も許可され、将来を託された各藩からの貢進生に加え、旧藩主や公家、幕臣の子息、欧米へ貿易を広げる商人など、各種の日本人留学生がアメリカを訪れ始めた。費用が英仏よりも安いこと、また一八六九年に大陸横断鉄道が出来てからは旅程が短縮されたこともあって、アメリカへの留学者は年々増え続けた。岩倉使節団到着時には、プリンストン、ブルックリンなどを含め、ニューブランズウィック周辺にはかなり大勢の日本人留学生がいたことが知られている。畠山はこれら留学生とラトガース大学、同グラマースクール、および周辺の学校との連絡、下宿や個人教授の斡旋などを引き受けていたようだ。

留学生の一人で、後に東京大学総長となる会津藩の山川健次郎は、自伝その他で畠山がアメリカで親切に世話してくれたことを語っており、木戸孝允が発行したと言われる『新聞雑誌』明治四年六月号は、畠山、湯地と柳本直太郎の三人を留学生総代と報じている。アメリカ政府は日本人留学生のアナポリス

海軍士官学校入学を認め、松村淳蔵、横井佐平太が入学した一八六九年からたびたび日本人留学生が入学したが、それに先立って畠山が政府の返答を催促している国許への書簡が犬塚孝明翻刻の「杉浦弘蔵メモ」にある。日本人学生のアナポリス入学承認はフーリングハイゼン（Frelinghuysen）上院議員が先導したものだが、フーリングハイゼンはラトガースＯＢの同大学理事であり、畠山はこれについても日米政府間の連絡を補佐したと考えられる。

そんな畠山に、明治四年（一八七一）春頃、ヨーロッパの教育制度を視察しながらの帰国という命令が下った。ラトガース・グラマースクールのライリー校長は日本人学生や政府とのパイプ役だった畠山の離米を惜しみ、役目が終わったらアメリカへ戻してほしい旨の手紙を日本の教育担当省庁（文部省はまだない）に宛てて書いている。学期開始後の一〇月になって再びイギリスに渡ったが、畠山はその年度もラトガース大学に籍を置いており、彼自身にもアメリカに戻る意思があったことを窺わせる。イギリスからフランスに着いた一八七一年末、岩倉使節団訪米の補佐として再度アメリカに戻る命令を受け取った。

3　岩倉使節団に加わる

ワシントンで久米と「米国憲法の研究」を始める

岩倉使節団への合流を命じられた畠山は、同じ命令を受けたモンソン留学生の吉原重俊（モンソンアカデミー卒業後イエール大学へ進学したが、造幣に関する任務を受けてフランクフルトに在住）と共にアメリカへ戻った。

木戸孝允の日記には、畠山（当時は杉浦）は、日本公使館員で後にボストン大学に留学した元長州藩士・名和緩と共にピッツバーグまで一行を迎えに来たと書かれている。

当初は通訳やコーディネーター役として合流したと思われる畠山は、条約改正交渉からの大久保利通・伊藤博文の帰国に伴い、首都ワシントン周辺での長逗留を余儀なくされた。久米とは早い時期に通訳と記録者という関係から親しくなったと思われるが、二人はアメリカでの時間を何か有意義なことに使おうと思いたち、米国憲法の翻訳を手がけることにした。これを聞いた木戸孝允が仲間に加わった。久米によれば、朝からやって来て昼食を食べにホテルに戻り、午後からまたやって来るような熱心さで、木戸は二人と共にアメリカの憲法を考えたという。現地の留学生や学者を介した木戸の憲法研究はこの後ヨーロッパでも続いたが、この米国憲法勉強会に端を発したと思われる。久米、畠山はこの勉強会を通じて新政府の高官である木戸と近しくなった。

留学生議会発足、使節代表としてスピーチ

また、大久保や伊藤が帰国する前だが、森有礼や田中不二麿も出席した留学生代表による「議会」が開催され、その断片的な記録が「杉浦弘蔵ノート」に残っている。新島襄も日記や書簡にその様子を記しているが、留学生の監督を政府の役人に任せず、在米留学生が「議会」で制定する規則によって自治しようとしていることが分かる。この時の「議会」はメンバーの煩瑣な日程から自然消滅してしまったようだが、おそらく、日本人が初めて行った民主議会だったのではないだろうか。帰国後の木戸が手がけた地方官議会や、木戸が久米に約束したという大審院設立なども合わせてたいへん興味深い。

五カ月余にわたったワシントンでの滞在中に畠山は書記官としての立場も昇格したと見え、大久保と伊藤がアメリカに戻った後のフィッシュ米国国務長官との会議には通訳として出席、アメリカ最後の滞在地であったボストンでは使節を代表してスピーチをするまでに出世している。久米と畠山は使節の公式通訳、取材担当となり、その後、横浜に戻るまで二人三脚で取材を続けた。久米は訪問先での取材は畠山が慇懃をつくしたと言い、畠山を正直で真摯な学者と表現している。生涯学者であった久米にとって信頼できるパートナーであったことを物語っているだろう。

4　帰国、学監モルレーとの縁、開成学校・博物館・図書館など

モルレー夫妻や木戸との親交、帰国後は開成学校へ

教育顧問として明治六年（一八七三）六月に来日し、後に文部省学監となるデヴィッド・モルレー（David Murray）はラトガース大学の科学、数学教授であり、教え子であった畠山の帰国を心待ちにしていた。妻のマーサは留学生たちが通ったニューブランズウィック改革派第二教会の日曜学校で教師をしており、夫婦は日本人留学生と親しかった。日本からのマーサ夫人の書簡には毎回のようにリトル・スギウラ（背が低い畠山のこと）が登場し、アサヒ（岩倉具定）をはじめ、帰国した留学生たちがたびたび話題になっている。勝小鹿もマーサの親戚宅に下宿していたと思われるが、モルレーが教育顧問として採用された側面には、モルレー夫妻やその周辺のアメリカ人と日本人留学生との親しい交流が窺われる。モルレーが教育顧問として採用された側面には、使節の教育担当責任者であった木戸孝允と畠山の信頼関係、モルレー夫妻と在米日本人留学生との関係が

大きく影響していると考えられる。

短期間ながら文部卿であった木戸孝允の影響もあってか、一八七三年九月に帰国した畠山はモルレーの思惑通り文部省に仕事を得、一二月には開成学校校長に就任した。開成学校は幕府時代の開成所の後身で、名称とシステムの変遷を経て、フルベッキが校長役（教頭）を離れてからは開店休業状態にあったが、文部省学監モルレーと畠山校長体制で画期的に転換する。それまでの日本的な学問所から離れ、コース別にカリキュラムを組んだ高等教育制度が開始されたのである。明治八年（一八七五）度にはコース内容や日程を定めたカタログ、『Calendar of Kaisei Gakko／開成学校一覧』を出版して欧米の大学、図書館などに送り届けている。これはアメリカでもあらゆる新聞で取り上げられ、日本に欧米的な高等教育制度が敷かれたことを西洋に知らせしめた。

博物館、図書館、植物園など多方面で活躍

畠山はさらに、相次いで発足した博物館、図書館（書籍館）、小石川植物園の館長も兼任し、政府による公共教育の開始に際しても責任者を務めた。それまでにも同様の施設は存在したが、モルレー／畠山体制の下、新政府の文部省主導で漕ぎ出したところに特徴があるだろう。とくに博物館は、内務省、農商務省、宮内省などの管轄を経ることからも分かるように、正倉院のような宝物、美術工芸品、骨董の保管と公開という機能と、二〇世紀半ばまで世界中で盛んに行われた万博に代表される産業、貿易促進の機能と、教材の閲覧、共用という機能が共存と対立を繰り返した。モルレー／畠山にとっての博物館は宝物、美術品の保管や殖産興業ではなく、主に手島精一らが教育博物館として引き継いだ学習教材の

機能を想定していたのではないかと思われる。同じように薩摩藩の門地出身で共にロンドンに留学し、現在の国立博物館の創設に大きく貢献した町田久成との兼ね合いなども興味が尽きない。

さらに、畠山は宮内省にも出仕して明治天皇に海外の様子を教え、佐賀の乱の際には島津久光の薩摩への帰国に同行している。明治七年（一八七四）にはアメリカ、フランス、メキシコから観測隊が来日して金星の日面通過観測が行われ、アメリカからはジョージ・デヴィッドソンを隊長とする観測隊が来日した。デヴィッドソンとは天文学会の仲間であるモルレーは、柳楢悦《やなぎならよし》（柳宗悦の父、柳宗理の祖父）を隊長とする海軍観測隊や写真家の上野彦馬《うえのひこま》らと共に長崎での観測に参加したが、畠山も研修参加の文部省派遣員らと共に数日間ながら参加している。多忙からか実際に出席した記録はないようだが、森や福沢諭吉らが作った明六会にも発足時から会員になっている。さらに一八七四年六月、延遼館《えんりょうかん》（浜御殿。現在の浜離宮）に西洋人教授をはじめとする文部省関係者を招待して、当時の日本には珍しかった夫人帯同のパーティーを公式に開催したりもしている。

5　フィラデルフィア万国博覧会

過労から結核に、療養もままならず帰国

多くの仕事を兼任した畠山は、アメリカ人の友人たちが案じた通り、過労から結核が進んだ。とくに健康を案じたモルレー夫婦は、一八七五年四月から、現在の東京大学敷地内にあった邸に半ば強制的に畠山を同居させる。その年の夏には三人で日光旅行にも行き、畠山は一時は持ち直したように見えた。

翌年に開催されるフィラデルフィア万博には日本の教育について展示・講演する予定もあり、万博での調整役も兼ねたモルレー夫人と共に、一八七五年一〇月に一時帰国することになった。自分の留守中に畠山が再び忙殺されることを案じるモルレーは、出発前から再三畠山の渡米を求めたが果たせず、万博開幕後の明治九年（一八七六）五月、ようやく田中不二麿文部大輔と共に畠山は再びアメリカへ戻った。ラトガースの卒業式前夜祭の式典では名誉修士号を贈られたが、病状の進んだ畠山は万博には参加せず、フィラデルフィア郊外ブリンマーでの療養にほとんどを費やした。ほどなく畠山は万博終了を待たずに帰国を余儀なくされ、当時プリンストン大学を卒業したばかりの折田彦市《おりたひこいち》（京都大学の前身、旧制三高初代校長）に付き添われ、万博の現地代表を務めていた西郷従道やモルレーらに見送られて、ニューヨークからパナマ経由の航路で帰国の途に着いた。

折田はその日記に毎日の畠山の病状を記して看病に努めたが、一八七六年一〇月二〇日、日本到着を数日後に控えた太平洋上で、畠山は短すぎる人生を終えた。留学、岩倉使節団から帰国してわずか三年余であった。

新時代を懸命に生き、病に倒れた惜しむべき青年

畠山に一月ほど遅れて日本に戻った学監モルレーは、一八七六年一二月に綴った“Hatakeyama Yoshinari of Japan”という追悼の意味を込めた文章で、畠山を紹介している。モルレーはその中で、日本の新たな教育システムを築くにあたり、日本の伝統、仕組みについての畠山の知識がきわめて重要であったと述べ、「現在の日本が望み欲するものだけでなく、日本の過去を知っていた。外国の科学や技

術の成り立ちと利点を知っているのと同様に、日本人特有の才能と可能性を知っていた」畠山であればこそなし得たと称え、「今日、多くの若者が国を愛し、熱心に日本の発展に努めている。多くが外国で教育を受けて帰国し、国に重要な仕事を果たしているが、畠山義成に立ち代わり、その仕事をなすものをわたしは知らない」と結んでいる。

新しい時代を懸命に探った明治初年の若者たちは、歴史に登場することは少なく、多くが忘れられたまま、果たした仕事と記録の中に埋もれている。その一人である畠山義成について、主にパートナーであった久米邦武と学監モルレーの記述を通じて紹介した。知られざる文明開化の貢献者を、少しでも伝えられれば幸いである。

参考文献

犬塚孝明「翻刻　杉浦弘蔵ノート」鹿児島県立短期大学『研究年報』一五巻、一九八七年三月。

犬塚孝明「翻刻　杉浦弘蔵メモ」鹿児島県立短期大学『研究年報』一八巻、一九九〇年三月。

木戸孝允『木戸孝允日記1〜3』東京大学出版会、一九八五年。

久米邦武『久米博士九十年回顧録』早稲田大学出版部、一九三四年。

“David Murray Papers,” Library of Congress（microfilm）

第19章　岩倉使節団は明治国家に何をもたらしたか
――その光と影（パネル・ディスカッション）

モデレーター　五百旗頭薫
パネリスト　芳賀　徹
M・ウィリアム・スティール
マーティン・コルカット
泉　三郎
小野博正

五百旗頭薫　それにしても芳賀先生の「岩倉使節団は徳川文明の凱旋門である」は見事な講演でした。また、そのあとに続く「使節団の群像」の数々の報告もそれぞれに素晴らしいものでした。残念だったのは会場が二つに分かれて、全部は聞けなかったことでした。しかし、岩倉使節団というのは巨大プロジェクトでありまして後世へのインパクトもまた巨大であります。今日のお話をすべて聞いても、その全体像を捉えることは出来ないでありましょう。しかし、かなりの重要部分を聴くことが出来たことは事実であり、このセッションでは使節団のさらなる別の面を発見できるものと期待したいと思います。

さて、本パネルのテーマは「岩倉使節団は、明治国家に何をもたらしたか――その光と影」であります。では、「岩倉使節団」にはどういう光があったか、どういう影があったか、ということから議論を始めたいと思います。それぞれに「何が光で、何が影であったか」、短く絞り込んでご披露いただくところから始めたいと思います。それでは泉さんからどうでしょうか。

1　岩倉使節団の「光と影」は七変化

泉三郎　だいたい、米欧亜回覧の会のメンバーは岩倉使節団に光を見る傾向が強いといっていいです。特別顧問の芳賀先生はその代表でありますから「光輝く岩倉使節団」なんておっしゃる。仰ぎ見れば、光輝いている使節団だ、と私も思います。やはり馴染んでくるとどうしてもひいき目に見るところがあります。しかし今日は「影」も見ようということです。多面的に重層的に、光もあるだろう影もあるだろうと、そういう面をあえて取り上げようというのが小野博正さんの狙いです。しかし、その影を見つけるのはなかなか難題であり骨が折れるのです。

そこで、私はある狂歌を例にとりたいと思います。皆さんもご存知かもしれません。

「条約は結び損ない金取られ世間に対して何といわくら」

これは、二つの意味を含んでいます。一つはアメリカであまりに歓迎されたために、使節団がいい気になってしまって、与しやすしと思ってしまったのか、条約改正の本交渉を始めてしまいます。それで二人の副使、大久保と伊藤がとんぼ返りで東京まで天皇の委任状を取りに帰る羽目になります。本来、

下交渉や予備交渉をするだけで早々にイギリスへいくはずだったのに、アメリカを甘く見たのです。アメリカ側にも思惑はあったわけですけれども、要するに軽々に条約改正交渉を始めてしまったことが大失敗だったのです。このために旅は大幅に延びるし、お金はかかるし、留守政府には凄く文句を言われるし、大失態です。これが「条約は結び損ない」という意味です。

もう一つは「金を取られる」、これもご承知の方が多いと思うけれども、ある種の詐欺事件というか、「現金を持ち歩くのは時代遅れだ、銀行に預けた方がいい」と誘われてお金を預けてしまう。さすがに会計担当の理事官田中光顕は公金五〇万円を預けるはずもなかったのですけれど、個人的には少なくない人が金を預けました。それから在英留学生の金を預かっていた尾崎三良《おざきさぶろう》という人物も相当額を預けていて、その銀行が破産してしまった。これを「金取られ」といっているのです。

この狂歌は、イギリスにいた反薩長の留学生が作った狂歌らしい。一方は大名旅行、一方は貧乏学生、その落差が激しいから、いわばその怨念?もこもっている。それであまりに上手くできているものだから大いに受けて語り継がれ、これが後々まで岩倉使節団の評価に繋がったという説があります。この狂歌はまさに影の部分を端的に表しているといえます。

それから、留守政府の人たちの心情を察して僕が作った狂歌もあります。

「猫の手を　借りたいほどの留守政府　かたやのんびり大名旅行」。

留守政府から言わせれば、廃藩置県後で物凄く忙しい、山ほど仕事がある。とくに大蔵省はたいへんだった。その中心人物は、大隈重信、井上馨、渋沢栄一らで、とくに渋沢が中心となった改正掛の連中は凄かった。二年半ぐらいの間に二〇〇件もの改正をどんどんやった。猛烈な仕事ぶり、藩を廃して県を置くのですからこれはたいへんだ、その具体化、実施ですからまさに猫の手も借りたいくらいです。

もっとも、使節団の面々だって、毎日朝から晩まで、見聞視察で大忙しで、本人たちは一生懸命、使命感を帯びて真剣に学んでいる。しかし当事者でないとその事情は分からない。とくに留守政府で頑張っている連中には、のんびり遊んでいるように見えちゃうわけだ。ですから歴史家で評論家である三宅雪嶺までが、「あれは観光旅行に外ならず」などと言っている。実際、観光旅行の部分もかなりあった。アメリカではナイアガラの滝やサラトガ温泉にまで行っているし、ヨーロッパではパリには六〇日もいるし、ヴェニスでゴンドラに揺られたり、スイスではルツェルンで登山鉄道にも乗っている。だからそう見られてもおかしくないところがあった。

しかし私は、逆バージョンの狂歌も必要だと思って、こんなものを作ってみました。

「ここ一番　金と時間は使うべし　無用の用と古語いわくらん」。

古い言葉にも「無用の用」という言葉があるじゃないか。旅が延びたおかげでじっくり西洋文明の諸相を見ることができた。『米欧回覧実記』を見れば分かる通り、彼らは西洋文明を丸ごと見ています。政治経済から、軍事外交、教育医療、貴族の館から貧民窟まで、大都市から田舎の村まで、とにかくよく見ている。「ここ一番、金と時間は使うべし」です。無用と思うような見聞知識が後で効いてくる。そこを評価してほしいと思うわけです。それに条約改正だって、あそこで果敢にやったから色々勉強ができた。失敗から大いに学んでいる。少なくともチャレンジしている、めげないで頑張っている、そういう面もあるわけです。

それでもう一つ総評的な狂歌を作りました。

「百聞は一見に如かずといわくらん　光陰充つる大いなる旅」

これは駄作で恐縮ですが、「いわくら」「こういん」「おおくぼ」「はくぶん」をちゃんと織り込んであるところがミソ、光も陰を見たぞ、おろそかな旅じゃない、大いなる旅だぞと言いたいのです。岩倉使節団の「光と影」……その狂歌編というわけです。

五百旗頭　素晴らしい狂歌をつくる才能も見せていただきありがとうございます。留守政府がそれだけ色々なところで意地を出したのは、使節団が最新の知識を持って帰ってきてしまう。その前に自分たちのできる仕事をやる、功績を上げておこうという思惑だったのだと思います。大隈重信の回想に、「鬼の居ぬ間に洗濯」とあります。岩倉使節団の連中がいない間にやるべきことはやっておこうということですが、残念ながら狂歌を作る才能がありませんので、狂歌にはなっておりません。それではスティール先生お願いします。

M・ウィリアム・スティール　今日の午前中のセッションの中では私は、主に影について語ったんです。久米はこの旅で西洋文明を見た時は、その素晴らしさに驚き、そこに希望を持ったけれども、長生きをして四〇年後の、第一次世界大戦の時の西洋文明を見てがっかりするのです。これは単なる兵器、軍事の文明ではないかと懸念した。正義と万国公法の発展を期待したのに、むしろ弱肉強食の時代に逆戻りしてしまった、そう感じました。

久米はいくつかの論文で、四〇年の歴史を反省しました、はたしてこれは良いのかどうかという疑問が出てきました。でも、晩年の久米の研究の中には明るい面もありました。とくに交通史、新しい交通手段である自動車や飛行機、そして電車とか列車とか、その発展については相当詳しく研究しています。その研究の中にアジアと新しい交通手段の論文がありました。彼はもちろん近代軍事技術の発展について深く懸念しましたが、同じ技術で新しい交通手段が発達し、それを通して新しい平和への可能性が生むであろうとも考えた。そのような平和技術について、日本国内だけでなくアジアとの結び付きも期待しました。久米は晩年の論文の中に中国の横断鉄道の計画について詳しく述べました。その当時（つまり二〇世紀初期）の中国はまだ混乱しているけれども横断鉄道があれば国家の統一性ができると書きました。また、東京からパリあるいはロンドンまでの横断鉄道にも期待した。飛行機も軍用機よりも平和機の可能性を期待した。

歴史学者が見る将来はとても複雑です。交通手段の発展によって、国際戦争と国際平和の両方の可能性を含んでいますから。そういう意味で、久米は常に「光と陰」を同時に注目すべきだと語っていると私は思います。

五百旗頭　ありがとうございます。ジョン・スチュアート・ミルがデモクラシーの最大の条件として、交通通信の発達を挙げていたことを思い出しました。これは、とても楽観的に見えるかもしれませんけれども、真理なのだろうと思います。我々が細かく政治史を実証研究すると、鉄道政策の研究をすることは、補助金の研究であったり国有化であったりということで、結局は利益政治の議論になりやすいのですが、もっと巨視的に見て、日本やアメリカの政治の場合どういうファクターであったかを考えなければいけないと思います。それでは、コルカットさんお願いします。

マーティン・コルカット　岩倉使節団が、どこで成功したか失敗したかについて考えると、僕はやはり条約改正問題に取り組むのが早すぎたことが失敗だと思います。アメリカに着いたばかりで事情もよく分からないのに、始めてしまった。

でも長い目でみると、そんなに大きな失敗でもなかったと思います。そのために旅が延びて、色々な所を見学できました。サンフランシスコに二週間もいましたから、ずいぶん色々な所を見学しました。それからワシントン、フィラデルフィア、ニューヨーク、ボストンなど、あちこちで工場を見たし、学校もたくさん見ました。議会も特許庁も、新聞社もバイブルの印刷会社も、小学校も大学校も見ました。

それからイギリスへ行ったらもう夏休みになってヴィクトリア女王も留守でしたから、それを利用してほとんど全国を回って色々見ました。それからヨーロッパを一〇カ国回っているし、西洋文明の色々の面を見ました。それがたいへんな勉強になった。ですから、岩倉使節団がなければ明治日本はあんなに早く進歩しなかったと思います。

それから旅のコースですが、この使節団がアメリカから行ったこと、これが大事だったと思います。これは駐日公使のデロングの功績といっていい。「ヨーロッパじゃなくて、まずアメリカの方へ行くべきだ」とデロングはさかんに日本政府に働きかけました。そして、自ら夫人も一緒にワシントンまでの案内役を買って出ました。もし西回りでヨーロッパから旅してマルセーユに上陸していればそんなに歓迎してくれなかったでしょう。

そしてデロングはサンフランシスコのお金持ちや有力者に働きかけて歓迎委員会を作りました。だからあんなに大歓迎してくれて、新聞や電信でも盛んに取り上げて、「Royal embassy visit first our America」と伝えてくれた。それが最新技術である電信に乗って、伊藤の「サンライズ・スピーチ」もニューヨークはむろんロンドンにもパリにも伝えられました。そこでは「プログレッシブ・ジャパン」という大きな記事が出ています。これは長い間閉ざされていた日本が開国して一五年ばかりの間に無血革命を起こして新しい日本になり、こんな大きな使節団を派遣してきたことがたいへんなニュースだったのです。だから岩倉使節団そのものが世界に向けての日本の大宣伝になりました。その点は忘れてはならないと思います。

もちろん、大歓迎されたために良い気持ちになって条約改正交渉を始めてしまったのは、マイナスの面でありましたけれども、別の大きなプラスの面があったことを、私は言いたいです。

五百旗頭　ありがとうございます。使節団と米欧社会が最初に接触する瞬間について非常にいい記事のご紹介をしていただきました。それでは芳賀先生お願いします。

芳賀徹　大体に光と影ということは現代の歴史家たちがよく使う言葉ですが、非常に不遜な、威張り散らした言い方に違いないと思う。我々はある大きな歴史の事件を「光と影」などと簡単には判断できない。明治維新、そして明治日本は、徳川から続いた光だったのか、影だったのか、それも簡単には言えない。ある種の学者、歴史家はこういうのでしょう。「徳川の平和をぶっ壊して、みすぼらしくて真っ黒けの日本を創っていったのが明治でしょう。その最初に立ったのが岩倉使節団じゃないか。これは光か影か」と。

五百旗頭薫氏（左）と芳賀徹氏

太平洋戦争についてだって、簡単には言えやしない。「これは影である、光はない」なんて簡単に言えるのは、毛沢東の文化大革命くらいかな。自国の人を七〇万人も死なせるんです。フランス革命はまだ光があった。アメリカの独立革命もそう。それからたとえば、日本が朝鮮半島に進出していったこと、私はもう二〇年位前から日韓で研究会をやっていて、毎年二回か三回ぐらいソウルに行っていたがその時に、韓国側の参加者から「日帝支配」の歴史をずいぶん酷く言われた。しかし、日本側から言わせれば、まず釜山から京城まで鉄道を敷いた、その前に電線を引いた。これはやっぱり韓国を文明化に導いた、進歩の方向へ導いた事業であったのではないかと。

ところが韓国側の大学の女性の先生がすかさずいう、「いや、あれは日本の韓国侵略の第一歩である」と。そう言えば、そうです。だから光と影とは混じり合っていて、光だけの事件なんてありますか。ロシアのレーニン・スターリンの革命だって、あれも少しは光もある。だから、そう簡単には言い切れない。言ってみたくはなる、しかし言い切れない、それが歴史の面白さである。その曖昧なフェノメーヌ、薄焼きの光と影の混淆、両面があるからこそ歴史はいつも私たちを魅了する。

それから大久保はイギリスに渡っていた時に、このイギリスはもう我々より五〇年は進んでいる、いや四〇年位かなあ、というので、「もう俺は年老いて、とても新しい日本を指導する資格はない」と言って、うなだれていたそうです。ところが周りの書記官たちが「いやいや閣下、あのイギリスが産業振興のために政府として活動を始めたのは、わずか三〇年位前のことです。さらにあのロンドンの万国博覧会、あれは一八五一年です。あれからするとわずか二〇年です」。そうやって大久保は若い世代に励まされて元気を取り戻す、頑張る気力を奮い立たせる。この時差、タイムラグという着眼が面白い。それは智恵です。それくらいの時差なら追いつくこともできる。

しかし、格差というとなかなか追いつけないです。下は平民、上は貴族で。大久保も木戸も貴族の館に泊めてもらって豪華な暮らしも見ている。しかし、一方ではイーストエンドの魔窟、貧民窟もちゃんと見ている。繁栄の頂点にあるようなロンドンにもこんなに悲惨な場所があるのかと驚いている。影の部分もちゃんと補って見ている。だから社会的格差の観察も非常に行き届いている。久米邦武は、その場面も実に詳しく書いている。この格差と時差の認識だけでも、岩倉たちがすでに近代化の光と影の両面を知っていたことの証明だし、そしてその同じ問題は百数十年後の今もなお世界中に残されていることが分かります。

それで、岩倉使節団の光と影はいまなお難しいテーマです。歴史的な意味でも、『米欧回覧実記』についても、この評価はあと五〇年くらいかかるでしょう。

五百旗頭　素晴らしい第二講演をありがとうございました。この光と影というテーマ設定はよっぽど不遜なんだと自覚いたしました。そこで、発案者の小野様の方からお願いします。

小野博正　うっかり影の部分を前面に出して強調すると、芳賀先生に叱られそうで、いささか恐れております。そこで、まずは光の面を。

岩倉使節団はアジアで一番に西洋文明を根付かせ、それで日本を現在あるような位置まで持ってきた、その原点にあるという意味では、やはり岩倉使節団は光そのものでもあるかもしれません。あの頃の日中（清）両使節団を比較しますと、岩倉使節団の出発の四年前、明治元年（一八六八）にお隣の清朝が同じような使節団を出しているんです。その使節団はバーリンゲイム使節団といって、何とアメリカの駐清公使を五年間務めたバーリンゲイムという人を清国の全権大使に起用して出かけている。人数構成でいうと三〇人ぐらいで、留学生も何人かおりました。中国人の大臣は二人が加わり、二人、英国人とフランス人の顧問がついて行きました。

岩倉使節団は留学生を含めると一〇七名で断然人数も多く、正使・副使は首相・大臣クラスの明治維新政府のまさに中枢の五名です。もちろん外国人は加わっておりません。清国使節団も、米欧を二年余りかけて、ほぼ岩倉使節団と同じ各国を回覧しております。岩倉使節団の優れていた点は、全員が日本人の団員で構成し、詳細な記録『米欧回覧実記』を残したことです。司馬遼太郎が「明治新政府には青写真はなかった。それを求めた旅がこの岩倉使節団で、この国のかたちを求めた旅」と書いていますが、明快な目的をもって企画され、国の柱ともいうべき人材を起用して、西洋文明を丸ごと摂取しようとした姿勢そのものが優れていたと思います。バーリンゲイムは旅の最後のロシアで客死したこともあって中途半端な旅に終わり、清国使節団はおそらく報告書も残さず、その後ご存知の通り崩壊に向かうこともあって、実効を得なかったようです。回覧の旅にかける気概の差を感じます。

気概と言えば、岩倉使節団の費用は、最初一〇カ月半で行ってくる予定でしたので、当初予算は五〇万円でした。ところが結局二年近くなりましたから最終的には一〇〇万円ほどになったかと思われますが、実際の会計報告は見つかっておりません。ちなみに当時は、一ドル＝一円＝一両が公式為替レートでした。この一〇〇万円というのは、明治四、五年の国家歳出五七七三万円（歳入五〇四四万円）から見れば、たいへんなものだったと思いますし、やはり成果を上げるためには、日本人が行って日本人が見てきて、そして日本人が国を創るんだという、その気概の大小が清朝との差に見られるんじゃないかと思います。長くなるので影の方は後ほど述べます。

2　派遣組と残留組、第一世代と第三世代、イギリスかドイツか

五百旗頭　ありがとうございます。たぶん今まで出していただいた論点だけで、皆様の中で色々言いたいこと、議論があると思います。フロアの方からコメントやご質問があればと思います。いかがでしょうか。

質問1　小林です。非常に大きなマイナスの影響をその後の日本やアメリカとの関係に及ぼしたというのであれば、影といえましょう。たとえば条約交渉をあそこで早まってやってしまったがために、本来であればあと一〇年一五年後にできるはずであった条約交渉が三〇年かかってしまったとか、そういった大きなマイナスがあれば、それは影と言っていいんだろうと思います。だが、今お話に出ていたような小さな影を見て光の部分と対峙するというのは、無理があるのではないかという感じが私はしております。むしろこの岩倉使節団については、使節として行った人、留学生として行った人も含めて、その後の日本に与えた影響というのは、もっと評価してもいいんじゃないかという感じがしております。

これが一点です。

もう一つ大事なことは、ちょうど使節団が帰る前に、西郷・板垣らで征韓論というのがずいぶん出ています。この使節団の人たちが帰ってきてこれを止めて事なきを得たのです。欧米をぐるっと回って、西洋中心に世界の情勢を見てきた、その実力というのもよく知っているがゆえに、攻められた側になった側の説得力、これが迫力を持った。これも功績の一つとして挙げるべきだと思います。あそこで征韓論が勝っていたら、たいへんなことになっていたと思います。止まって良かったということですけれども、その辺ももう少し強調していただいていいのかなという気がしています。

五百旗頭　ありがとうございます。私も世界情勢を見て回って征韓論を止めたのが最も大きな功績の一つだと思います。さて、影というからには、もっと骨太な影を出してみなさいというご質問ですが、小野さん、確か論点を温存されていたかと思いますので。

小野　今朝も少し申し上げたのですが（第2章）、当時、イギリスのヴィクトリア女王とグラッドストーン首相が反目していました。リベラルなグラッドストーン内閣が登場して、ヴィクトリア女王の王制を制限し、議会制を定着させようとしていた。それから植民地拡大で領土をどんどん増やしていた女王に対し、国内経済と貿易を主体とした政策転換を図ろうとしていたのを見てきました。使節団の首脳としては、これから王政復古ならずとも、天皇を中心にした政治体制を考えていたところに、君権を制約しようというのははなはだ都合が悪い。もし天皇の力を議会が制限するようになれば日本は治まらないかもしれないと考えた。その状況を見たことが、国づくりに影響していると私は見ています。

それからもう一つは、パリ・コミューンを見ています。パリ・コミューンが普仏戦争以上にフランスにダメージを与えた実態を知った。共和も民主もなぜか怖いものと知った。他国との戦争より内訌の怖さ、内戦への恐怖を植え付けられて帰ってきた。大久保が帰国後に起こった萩の乱とか佐賀の乱とか西南戦争といった内訌を徹底的につぶし、反乱を防ぐという方向に指導したのは、パリ・コミューンの影響が大きいと思います。

こうしたことを目の当たりに見てきたことが、その後の国づくりに関係した、たとえば明治一四年の政変にしても、大隈重信の採用しようとした英国式の立憲君主制に否定的な対応をする、結果的にはドイツの国権主義により多く学んで、のちの大日本帝国憲法の天皇大権（主権）に繋がっていく。そういう流れだと思います。

それから、江藤新平のこともあります。江藤は文部大丞として「国民皆教育」との基本方針を決めると一五日間で文部省を辞め、文部卿を大木喬任《おおきたかとう》に渡して、今度は司法卿になってしまう。司法卿として、八人の岩倉使節団司法省後発隊を派遣する。この中には、井上毅など、のちに司法の確立に貢献する有力な人材が揃っていました。それから左院議長の後藤象二郎の下で江藤は副議長となり実務を掌握して、岩倉使節団に左院後発隊として五人送り込んでいる。ところが、その後、佐賀の乱が起きるとその首領に担がれる。そしてご承知の通り敗北して反逆者として殺されてしまう。江藤の評価は一般には非常に低いのですが、岩倉使節団に参加した者としなかった者、それがそのまま光と影になっている、という気がしております。

五百旗頭　条約改正についてお尋ねがあったので、私がお応えしますと、やはり影の部分はあったと思うんです。一度ワシントンDCで交渉を始めておいて、結局止めたわけですから、そのあと改正交渉が行き詰まるたびに、日本はいつも卓袱台返しをする。その始まりは岩倉使節団だと言及されることはあると思います。

では、どれぐらいの影かということなんです。それには二つありまして、一つ目の影は全権委任状の何たるかも知らなかった、そういうものが必要だと言われて慌てて取りに帰った、というものです。でも、これは少し違うのです。全権委任状が何であるかはよく知っていました。「条約改正について話し合って、覚書を作る」ことは可能でしたが、「新しい条約を作って調印する」というところまでは委任していませんでした。これは使節団が米欧に色々言われて不利な条約を結んでしまうというリスクを避けるための知恵だったのです。しかし、調印するところまでやるということになり、そのための全権委任を取りに戻った。

二つ目は、アメリカ側にも誤解があったことです。使節団に対応したのは、フィッシュ国務長官でしたが、日本と結んだ条約についても誤解していました。日米修好通商条約の第一三条には、「一八七二年から両国が合意すれば改正ができる」と書いてあり、改正ができるのです。しなければそのまま続くと読むのが自然です。ところがフィッシュは「一八七二年になったらこの条約は失くなってしまう」と勘違いをしていたようです。だから「一刻も早く新しい条約を結びたい」と前のめりに言ってきたんです。それで、使節団は「これはチャンスかも」と思って、やはり前のめりになったのです。しかし、これはやはり大きなミスでした。

芳賀　岩倉たちはもともと条約改正のために米欧を回ったのではなくて、条約改正は可能な時期になったけれども、わが日本はまだ改正するには実力が不十分で準備が完了していない。だから、条約改正を先に延ばすことを、条約を締結している諸国に伝える、というのが本来の使命です。ところがアメリカの要人に会ってみると、異様に歓迎してくれる。だから、嬉しくなるでしょう。そして条約改正の話に乗ってしまう。だから失敗には見える。

しかし、そのお陰で木戸孝允たちはアメリカの憲法をじっくりと研究することができたのです。教育制度についてもたっぷり、幼稚園、小学校、中学校、そして兵学校から大学や黒人教育の問題まで、詳しく見ていく時間を設けられた。

条約改正を一歩早まった、そのお陰だといえば、影はますます光になる。そういうことも考えなければいけない。「岩倉は最初から失敗した」といっていまだに嘲笑する人がいますが、ああいう人こそ無知蒙昧の人であろうと思います。

質問2　私は教育問題で田中不二麿を紹介させてもらったのですが（第14章）、やはりこの岩倉使節団の最大の影は、第二次世界大戦に繋がったことだと思います。日本の破局に導いてしまった軍の暴走、その原因が明治憲法にある、統帥権にある、教育勅語にある、ということではないでしょうか。天皇主権という国家主義の体制でいったことで、敗戦という国民を悲惨などん底に陥れた、どうして戦争国家になってしまったのかを考えると、やはり岩倉使節団に突き当たる、そこに最大の影があったと思えるのです。

五百旗頭　これは大きな質問です。お答えになる方、どなたかおられますか。

小野　大日本帝国憲法がどうして天皇大権にならざるを得なかったのかというところに、一つ影になる要素があると思います。王政復古で幕府を倒しましたから、どうしても天皇を中心にしないと国民国家としての一つのまとまりがつくれないというジレンマがあった。そこで、最終的には、新興国家でいろんな意味で日本と似た事情にあるドイツに非常に親和性を抱きます。ドイツ皇帝を天皇に置き換え、大久保や木戸たちがビスマルク的な補佐役を務め、あるいは岩倉も含めてそういう役割を演じると日本もうまくやっていけるのではなかろうかと思うのです。

というのは、大久保も帰ってきて、手紙や何かに「ビスマルク大先生」といい、「プチビスマルクにならなきゃいかん」と評価し、「ドイツ、モルトケ、ビスマルクは今回の体験の唯一の美果である」という言い方もしています。木戸も同じように、「とるべきはプロシアが第一」といい、「人民の会得は未だ」、人民がまだ無知に近いから天皇と有司専制の独裁的に行くということも言っています。そしてディスポチック、つまり独裁もやむを得ないということです。

山縣有朋も使節団より一年前に米欧回覧をして帰ってきていましたが、イギリスは立憲君主制の危機である、だからあれは真似られない、パリ・コミューンは普仏戦争よりもっと怖い存在だった、と内訌を非常に恐れました。

それから最終的にはシュタイン先生のところにも勉強に行っている。シュタイン博士はウィーンに住んでいましたがドイツ人です。彼は「フランス革命が大衆の困窮をもたらした」とか、「行政の市民への積極的な介入が福祉を増進させる」と言っている。それから「ルソーやミルの思想は、階級対立を煽る危険な時代遅れの思想である」という。こうした教えを聞いたことが、自由民権運動を怖れ阻止する方向に進んだのじゃないか、と私は思っています。

それからもう一人、憲法を作る時に相談したのがドイツ人、グナイストです。この人は「国会開設は時期尚早だ」とはっきり言った。それで「政府に自由を与える開発独裁こそが最高だ」とも言った、この人たちの影響で憲法を作ったところに何か問題はなかったか、という感じがしています。

五百旗頭　ありがとうございます。それでは、芳賀先生、お願いします。

芳賀　でも、明治憲法は実に素敵なものを作ったんじゃない。天皇なしで明治憲法はできないし、明治憲法だけが日本の基なんだから。イギリスはイギリスなりに君主を置いて立憲君主制、あれもいい。それからフランスだって、『米欧回覧実記』に出てくるのですが、プロシアとの戦争に負けて、二年か三年で、これだけ復興を進めてきた。これは学ぶべきだ。向こうに行って現地で見れば、敗北したのにティエール大統領も実によく頑張っている。それでフランスという国は国民がみんな楽しそうに暮らしている一番いい国だと。フランスだけは、娼婦が街に立っていても何も悪く書いていない。ところがドイツのベルリンでは、娼婦でもない女たちや男たちがベロベロに酔って歩き回っている。「なんだよあのざまは。学生たちも兵隊も昼間から公園に出て、酔っ払って騒いでは、立小便しているんだ、なんだよ、こんなのが首都か」、と『米欧回覧実記』の中に書いています。

それからビスマルクの講演を聞くと、「ビスマルクという男はかなり怪しい男だから、眉に唾つけて聞かなければならない」と、非常に冷静な、良い面も悪い面も淡々とした態度で記しています。この日本の旧武士たちこそ知恵のある人である、面白いじゃないかと私は思いました。それで私は、あの頃においては明治政府にとってまだ何通りも、政治形態の選択肢、オータナティヴがあった。明治一〇年ぐらいです。手本をどこにするか、いまだ固まっていなかった。アメリカの民主主義もイギリスの立憲君主制も、それからビスマルクもティエールも学ぶべきところがあると。それに、帰国後の大久保のように殖産興業第一の路線と、それに対抗する木戸の憲法・教育第一路線の、二つがあって競い合った。そこに自由な見方が、オータナティヴがまだまだあったと言える。

だから岩倉使節団の時に限れば、あれはむしろ光です。

泉　岩倉使節団の評価ですが、戦争国家になったとか、帝国主義や侵略国家になったとか、その原因が岩倉使節団にあるという、そういう論理や考え方の人は、結構多いのです。米欧亜回覧の会でもさんざんそれに類した議論をやってきている。僕は、こういうふうに考えたらいいんじゃないかと思うので、少しそれを言わせてもらいます。

岩倉使節団は、結局黒船襲来、すなわちペリーショックという衝撃にどう対応するかだったと思うのです。西洋文明が物凄く先に進んでいた。これじゃとても敵わない。それに向こうはパワー・ポリティクスの世界、その時代である。このままだと植民地、あるいは半植民地にされるか分からない。あの時日本は、独立をまずしっかり確保しようと、それが至上目的になった。それにはやむなく結ばれた不平等条約をあのままにしておいてはダメだから、それを改正しなければいけないと思う。しかし改正するためには法律を整備しなければいけない、国も富まなければいけない、そして何よりも軍事力をある程度持たなければいけない、と思った。だから結局、基本政策は「富国強兵」になったのです。これはもう幕末にすでに先覚者はそういう考えだった。佐久間象山や横井小楠も同じようなことを言っている。だから日本が独立を確保するためには、まず「富国強兵」をしなければならない。そこで強兵が先か富国が先か、があると思うのです。使節団はあの旅でアームストロングの工場もクルップの工場も見ている。そして普仏戦争のことも現実感覚で学んでいる。そうするとこれは近代兵器だ、それには鉄があり機械がなくちゃダメだ、産業の近代化が必要になる。そういうところを見て来ているから、独立を守るためには、富国政策つまり殖産興業から始めていくしかない。そしてやはり強兵も進めなければいけない、これが明治初年の考え方だと思います。

それともう一つは、憲法です。法律をつくらないと並みに扱ってはくれない、平等に付き合ってくれない、だから法律を整備をすることが肝要で、その基本法は憲法だと理解する。だから木戸孝允と大久保利通が帰国して真っ先に提言したのは「日本は憲法をつくらなければならない」だった。ただ、その時に、木戸も大久保も「日本だけの」とか、「日本独自の」という表現をしている。それはつまり、世界に色々の国があり憲法がある。しかし、どこかの国の憲法をそのまま真似るわけにはいかない。たとえば、アメリカの共和主義を見ては「これはとても真似できない」と思う。風土も歴史も違う。共和国といっても一二カ国訪問した中で三国、すなわちアメリカとフランスとスイスしかなかった。あとの国にはみな王様がいた。それも名目的な王様から絶対王政の皇帝までいろいろある。オランダとかデンマーク、あるいはドイツとかロシアとか、王様も色々ありましてね。

じゃあその中で日本はどの辺だろうとみていくと、やはりドイツあたりが似ているんです。イタリアも少し似ていた。でも、少し遅れている。つまり中進国、歴史もサイズも似ているのはドイツだ。イギリスも島国でモデルにするにはいいけど産業革命も政治制度もはるかに進んでいる。だからとりあえずドイツ辺りをモデルにするにはいいかなという感触でしょう。当面はドイツ型を真似て有司専制でいって、次の段階でイギリスをお手本にするというふうに考えたと思うのです。

木戸孝允と大久保が亡くなった後、その遺志を継いで伊藤が憲法づくりに挺身するわけで一年半も勉強に行きます。それでウィーン大学のシュタイン先生に教えを受けてなんとか目処をつける。シュタインのところで一番学んだのは、やはり日本の国情にあった憲法をつくることで、結局「欽定憲法」に落ち着く。これには錦の御旗の威光が凄かったことが念頭にあるのだけど、それだけじゃない。もっと思想的に深いものが天皇制にはある。あれはつまるところ自然教だと思う。日本はやはり自然教で、天皇はその自然教の祭司だと思う。つまり神道が軸になっていて、そこへ仏教、それから儒教が加味されるけれども、日本の思想の根幹にあるのは自然教、すなわち自然の摂理を大事にする思想です。だからこそ天皇を機軸にすることによって、日本独自のものができる、それがやはり明治憲法の基本にあるのではないかと思うのです。

それで、その時に併せて「教育勅語」をつくりました。これは山縣がつくった『軍人勅諭』の流れです。「将軍の国」から「天皇の国」になる。日本の統一軍をつくろうとした時に天皇に直属させないとまとまりがつかなかった。それと同じことが憲法をつくった時にも起きて、日本人の精神的支柱、道徳的拠り所をどこにするかと考えた。そこで浮かんだのがやはり天皇であったわけでしょう。その天皇には二重性があった。顕教と密教という言い方もありますが、ロシアのような政教一致の絶対君主じゃないのです。法律や議会の制約を受ける君主です。そこがとても微妙なところであり、ある意味で曖昧で巧妙な、芸術的とも言われる憲法だった。

さて、明治憲法の欠陥といえば、神聖天皇の問題があるし教育勅語の問題もある。けれども一番直接的に問題だったのは統帥権でしょう。しかし、それが少なくともある期間はずっとうまく運用されていた。明治第一世代はからくりを知っていてうまく操縦していた。それが途中からだんだんおかしくなっていくのです。おかしくなる一つのきっかけは、日清戦争で勝ったことです。勝ったために随分償金はもらえるし台湾はもらえるし遼東半島までもらえる。帝国主義の旨味というか戦争の果実を知ってしまった。それが既得権益になってしまうと、それを守らなければいけなくなり。それが日露戦争に拡大しどんどんエスカレートしていく。そしてまたその戦争で勝った。辛くも勝ったのだけど勝ったには違いない。そうすると軍がだんだん強くなっていく。国民も軍を信頼し、戦争に協力する空気になる。それに満州を手放せなくなる。どんどん欲が出て離せなくなっちゃう。

あの頃はもう岩倉使節団の主要メンバーは誰もいない、木戸もいない、大久保もいない、岩倉もいない。伊藤しか残っていない。それで伊藤は国際協調主義かつ平和主義だった。あの大陸派の山縣でさえ日露戦争には抑制が効いていた。第二世代の桂太郎や児玉源太郎、あるいは山本権兵衛とか、彼ら半ば第一世代とダブルところがあるから一・五世代と私は解釈している。戊辰戦争の経験がある上に、海外をちゃんと見ている。だから世界の中の日本がどういう位置にあるかを知っていた。

しかし、それが次の世代、第三世代になるとだんだんおかしくなる。認識が甘くなるんです。自惚れ、傲慢、奢りです。「日本は一等国」だなんておだてられていい気になる。一般大衆は重い重税を払わされ戦場で命をさらしているのに、そういう状態でも国としてどんどん良くなる錯覚に陥って、マスコミもすっかり浮かれてしまったのじゃないですか。

つまり、歴史の評価はこういうふうに段階的に分けて考えなければいけないと思う。それを、第三世代や第四世代が間違えてやったことを明治初代のおじいさんたちのせいにしてはいかんのです。ましてや岩倉使節団まで遡って、戦争国家と結び付けて大敗戦の元凶みたいに言うのはとんでもない話だ、というのが僕の意見です。

3　西洋文明の光と影、表と裏

五百旗頭　ありがとうございます。ここでまた会場からのご意見をお聞きします。

質問3　タイは君主制の国家ですけれども対外戦争はやっていません。その日本とタイとの違いはどこにあるのでしょう。日本はどうしてタイのようにやれなかったのかということです。

質問4　統帥権の独立の問題です。たしかにその問題が最後まで災いして太平洋戦争に入っていくわけだけれども、明治時代の指導者はその辺のコントロールがよくできていたのじゃないかと思います。日露戦争の時に児玉源太郎は、「この辺がヤマだ」ということを勝つたびに政府の重鎮たちに報告しています。あの頃は、児玉の方がむしろ「もうやめ止め、もうだめだ」としきりに言う。つまり、「敵を知り己を知る」ことで、政府首脳も止め時を承知していて条約締結の仕方をする、シビリアンコントロールが効いている。

それが第一次世界大戦の頃からおかしくなっていく。その頃はもう第三世代の軍人なんだと思います。これがまったく分かっていない。馬鹿みたいなことをやらかしていることになる。だから、これを岩倉使節団の問題と結び付けるのはたいへん無理があるというふうに思います。

五百旗頭　ありがとうございます。このパネルの締め括りとして、テーマに沿って一言ずつ、レスポンスも含めて所感をまとめていただきたいのです。最初に私の方から一言申し上げます。

泉先生が仰った第一世代と第二世代の問題は、まさに歴史認識問題としてホットなイシューだと思うのです。第二世代を評価する方もおります。第一世代の山縣なんかはすぐ憲法を停止してしまおうと考えます。第二世代は、憲法を自分たちがつくったとは思っていないのでちゃんと大事に運用する。しかも、まだ分権的に機関ごとにバラバラという状態にはなっていない。一応全体的には統合しておりますので、一番憲法をうまく運用したのは桂の世代なのではないかなという考え方も可能です。その一例が児玉源太郎です。さきほど会場から指摘されたように、総力戦の時代になるに従ってちゃんと軍を運用するためには参謀本部はもう解体した方がいいのではないか、児玉はそのように非常に思い切った考え方をしています。だから第一世代と第二世代で、どこをどう評価するかというのは、重要な論点であると申し上げておきます。

では、小野さんからどうぞ。

小野　私は、ベルツの日記から少し見てみたいと思います。ベルツは、「ヨーロッパ文化五〇〇年を一足飛びで我が物にしようとしている日本」と言っています。これは、光の方を見ていると思います。それから「教養ある日本人が自国の文化、歴史、伝統を軽蔑し、維新以前の日本を全否定しようとしている」とも言っています。これは影の方の評価でしょう。岩倉使節団の光と影にも繋がってくる見方ではないでしょうか。

それから江戸時代の評価についても光と影がある。たとえば、久米はあれだけ儒学や国学の中で育ちながら、江戸時代は良かったとか、近代化は江戸時代にすでに始まっていたとは一言も言っていない。幕末の佐賀は近代化の尖端にあったのに、という思いが私にはあるのです。というのは、二〇一五年に

「明治の産業革命遺産」が世界遺産になりましたが、佐賀で指定されたものは全部幕府時代のものでした。明治時代のものは一つもありません。全国の二十数カ所が選ばれましたが。その「明治の産業革命遺産」でも実際に明治に該当するのは数カ所のみで、あとはすべて江戸後期や幕末の産業遺産でした。やはり、徳川江戸は影とされ、明治の光に消されている感じがします。

五百旗頭　芳賀先生の徳川日本に光を当てよとのお説に繋がります。では泉さん、どうぞ。

泉　実は岩倉使節団が出発してから三〇年後の明治三五年三月に、「岩倉使節団同行記念会」がありました。その時の写真が残っていますが、二七人が集まりました（スライドを見ながら）。一番真ん中に三人の女性が座っている、津田梅子、山川捨松、永井繁子です。それから前列右側の端に福地源一郎がいます。

福地は一等書記官随行でしたが、幕末にも二回ヨーロッパへ行っており、明治三年にも伊藤とアメリカへ行っている。英語とフランス語ができる俊才でした。この福地は帰国後、ジャーナリズムに転じて『東京日日新聞』の主筆それから社長になります。そして一時は衆議院議員にも当選し東京府知事にもなり、福沢諭吉と並び称されて「福・福時代」と言われたぐらい人気だった人物です。

その福地は、「才人才気に倒れる」で、だんだん人気が落ちてくるんですが、その彼が三〇年後に同行記念会に出席してスピーチをしているわけです。福地は『幕府衰亡論』などの著作がある歴史家でもあり、また諧謔家でもありましたから、なかなか面白いことを言っています。ここで引用してみましょう。

「御一新（明治維新のこと）からして三、四年というものは、途方もない様々な説が行われた時であった。何でも日本を大化（大化の改新）の頃に復そう。大宝（大宝律令）の頃に復そう、天智・天武のあの時代に復そうという大宝律令家が沢山いた。また他方には突飛な西洋家がいた。今までのことは何事もいかぬ、これは全部打ち壊して仕舞わねばならぬ。元来日本は、時世の変遷を経て、王朝から武家、武家から徳川へと変わってきたが、この日本社会の組織、風俗、何もかも根底から打ち壊し全く新たにこさえなくてはならぬと、こういう日本改造論者もなかなかあった」。実際にこの時は、「キリスト教になってしまえ」とか「英語になっちゃえ」と言っていた急進派がいたわけですから、福地のいうことに法螺はない。

「で、願わくは文化・天保（江戸末期）のあたりに復したいという穏健派もあり、たいへん錯綜した世の中である」とあり、「さて、旅のもたらした土産はどうだったか」と福地は言っています。「それは何か」というと、第一に「西洋の学芸」、ここで学芸というのは、学問、工芸、科学技術も含めていて、そういう感じだと思いますが、「学芸というものの種を持ってきて植えたことが一番大きな土産である。加えるに、憲法の制定、国会の開設、貴族院と衆議院ができたというのも皆この使節の土産である」と。

とにかく急進的な改革がされるところで彼らが帰ってきてブレーキをかけた、だから突飛な論が止んで秩序的に進んでいくことになった。「してみれば、日本の秩序的文明、秩序的開化というものは明治四年の岩倉大使一行の土産である」と言っています。これは光の面ですが、一つの当時の解釈だろうと思うのです。

五百旗頭　ありがとうございます。それではスティール先生、お願いします。

スティール　使節団出発の明治四年という時代は、戊辰戦争をはじめ、武士の反乱、農民一揆や外圧などもあり、相当に国内的にリスクの高い時代だった。その時に政府の指導者が二年間も日本を留守にして、何とかうまくやったことは、驚くべき歴史事例です。王政復古か、御一新か、明治維新以後の日本の行方が後ろ向きか、前向きかという当時の賛否議論があった。そのあたりが、私の最近の研究課題です。

ちょうど岩倉使節団が知識を世界に求めて地球一周をしている頃、西洋からの舶来品や思想に厳しく抵抗感を持つ人物がありました。たとえば、万亭応賀《まんていおうが》という人は福沢諭吉の『学問のすゝめ』のパロディー版『学問のスズメ』を出して、「天下ハ人ノ上ニ人ヲ造らズ、人ノ下ニ人ヲ造らズト」。さらに佐田《さた》介石《かいせき》という保守的人物は「ランプ亡国論」を書いて、ランプなど海外からの舶来品をいらないといってその運動を先導した。

そのように日本は、影と光の間にあって近代市民国家への道を進んだ。You can't have one without the other という諺があります。久米邦武も『米欧回覧実記』で文明は常に裏と表があると言っていますが、歴史は常に両義性を持っているのではないでしょうか。

五百旗頭　ありがとうございます。

コルカット　私はもう一つ別の面から、岩倉使節団の光と影を述べます。岩倉使節団はとても良い時期にアメリカを訪ねたことです。とても景気が良かったし平和でもありました。それは幸運でしたし光の面でした。四年もかかって六〇万人も戦死者を出した南北戦争が終わって八年、色々の産業が勃興し、大陸横断鉄道も開通して一年半という時期でした。ボストンで「平和祝賀大音楽祭」が開かれたのも、そういう時代背景があったからです。

とくにサンフランシスコは、景気が良くて大金持ちがたくさんいました。「四大鉄道王」と言われたチャールス・クロッカー、マーク・ホプキンス、コリス・ハンチントン、リーランド・スタンフォード、金融家のオグデン・ミルズ、金融家で多角的な事業家だったウィリアム・ロールストンらでした。とくにロールストンはその政財界のリーダーでもあり、西部出身で鉱山事業に関わっていたデロングとも懇意でした。

そこでよく聞かれることですが、アメリカ人はなぜ、そんなに日本人を歓迎したのでしょうか。それはまず、歴史ある東洋の国、神秘的な王様のいる国、大使節団への興味と好意であることはむろんですが、やはりビジネスのこともあったわけです。ですから、ロールストンは郊外にあった大邸宅に使節団を二回も招待しました。そのことは、『米欧回覧実記』に書いてありますが、その宴をソロバンづくのパーティーだといった人もあるくらいです。

ロールストンはカリフォルニア銀行の創立者でもありましたから、日本の国債を引き受ける交渉もあったし、造幣局の仕事のこともありました。いろいろな機械も売り込みたかったでしょう。サンフランシスコだけでなく、フィラデルフィアでもボストンでも同じことでした。でも、実際はあまりビジネスに繋がらなかった。現実にはビジネスはほとんどイギリスに取られていて、歓迎したわりに商売にはならなかったと言えます。これはアメリカ側からみた影かもしれません。

五百旗頭　ありがとうございます。最後に芳賀先生、まとめをよろしくお願いします。

芳賀　影の部分はないかということですが、我々は要するに、ないものねだりをやりたがるんです。もうかなり前になるけど、私の友達に国文学系の前田愛さんという人がいて、彼は柔軟な頭の持ち主で理解はゆたかな人だったのですが、でもやっぱりダメなんだな。純文学派というのは。『実記』のようなものを読んでもピンとこない、歴史を知らないから。ところが歴史系はまた文学を知らないからダメなんです。我々のように両脚人間でないと分からないんです。前田さんは、非常に視野の広い、理解能力の高い人だったのですが、それでもこういうことをいう。

岩倉使節団はフランスへ行ってもボードレールも知らない、マネもモネも何も知らない、イギリスへ行ってもシェークスピアの名前も出てこない。出てくるのはウォルター・スコット、あんなものくらい。それからせっかくオランダへ行ってマウリッツハウスも訪れているのにフェルメールの名も出ない。ポッターの巨大な牛の絵だけしか見てない。それから岩倉たちがパリにいる間にちょうど成島柳北《なるしまりゅうほく》もいたのだけど、見るものが全然違う。前田愛さんに言わせると、「柳北はオペラや芝居をみて非常に素晴らしかったといい、花屋の娘が可愛かったということを日記にちゃんと書いている。誠に文化的で豊かな教養人でした」と。それに比べると、岩倉使節団がパリで見たのは、監獄と裁判所と兵営ばっかりだったと言うんだ。それで岩倉使節団はダメだと評価する。逆でしょ。岩倉使節団が前夜も今夜もオペラ、明日はどこで何を食べよう、花屋の娘もタバコ屋の娘もいいなあ、なんて気楽なことを言っていたら、彼らに課せられた使命を一切放棄したことになる。そういうことを一切無視して文学者は勝手なことを言い出す。だからまったく困る。前田さんでさえそうだった。

それから、岩倉使節団は文明というものを根本から見ている。上の層についても下の層についても実に重層的に勉強している。あの時期に徹底して見ている、と私は思うのです。ところが、文学者にはそういう視点がない。ゲーテも知らない、モリエールもラシーヌも知らない。ベートヴェンもショパンももちろん聴いたことがない。シェークスピアもドストエフスキーも出てこない、という。当ったり前じゃないか。それは徳川幕府が育てた、徳川日本がつくった知的エリートから言えば、まだまだそんなのは問題にならない。それを問題にするのは彼らの次の世代、明治の教育制度が出来て、明治二〇年前後に卒業した文学者たちや画家たちの仕事です。

この岩倉使節団があってこそ、日本の教育面における西洋化も進んでいった。その新しいキャリアにのって登場するのが、岡倉天心や正岡子規や夏目漱石です。秋山真之《あきやまさねゆき》や黒田清輝や上田敏《うえだびん》、森鷗外という徹底した西洋通の大秀才たち、彼らは明治が育てた明治人です。そういうことを無視しては片手落ちも甚だしい、近代主義者はないものねだりばかりしていました。それが非常に歴史を歪める、このシンポジウムでも我々はそれを繰り返していると言いたい。

五百旗頭　手短にというのが、ないものねだりなのですが、使節団の西洋文明とリアリズムです。どちらも光をもたらしたと思います。と同時に、西洋文明とリアリズムの間に私は深い深淵を感じることがあります。西洋文明を評価する人も西洋文明を道具として見ると、その利発さが時々怖くなることがあります。西洋文明に魂を売り渡した本当の進歩主義はどれぐらいいたのか、その進歩主義者と本気で闘う保守主義者がどれぐらいいたのか。そういう進歩主義や保守主義がないところで、複数政党政治がどうやって成り立つのか。政党政治のないところで、どうやって国家の軌道修正をやるのか。これは今でも我々が考えなければいけない宿題だろうと思います。

最後に一言だけ、大事なことは過去の蓄積と対話ということです。今朝の芳賀先生のお話にもありましたけれども（第1章）、西洋文明を摂取するものには過去の漢籍の膨大な知識というものが基礎にあったのだろうと思います。草書体の仮名にも捨てがたいところはありますけれども、やはり堅牢に書かれた漢語は、過去の蓄積を呼び出すためのインデックスとして役に立ったのだろうと思います。今日、我々も過去の知識や経験から学ばなければいけません。このパネルで与えられた一つひとつの言葉が、私は良いインデックスになるだろうと信じております。五人の先生方は素晴らしいパフォーマンスを示してくださり、熱い深い議論になりました。それが可能になったのは、朝早くからこれだけたくさんの方がいらして、熱気の籠った発表や議論をしてくださったからです。それに煽られてこういう素晴らしいシンポジウムがもてたのだと思います。ありがとうございました。

第Ⅱ部　歴史のなかに未来が見える

第20章 日本近代一五〇年をどう見るか——「起承転結」の試み

保阪正康

日本近代一五〇年をどうみるか、ということで一つの試みを提示したい。ポイントは二つある。一つは慶応三年の王政復古で天皇の権力が表面に出てくる維新から今日までの一五〇年をどう見るか、どういう時代区分にするかということ。二つはこの間のナショナリズムについてどう考えるかということである。

1 八〇年の「軍事」と七〇年の「非軍事」

戦争と平和、四〇年周期説への疑問

はじめに、時代区分をどう考えるかということについて述べたい。大きく言えば、八〇年の軍事と七〇年の非軍事という対比ができるかと思う。ここで注意していただきたいのは、この区分が戦争と平和という軸ではないこと、軍事と非軍事だということである。近年、平和憲法とか平和学会という言葉がしばしば使われているが、平和憲法と言った瞬間に目的地に辿り着いているという錯覚に陥る。ところ

が今日の憲法は、そのままでは平和憲法ではない、非軍事憲法である。この非軍事憲法を平和憲法にするには、時間とエネルギーとそれなりの見識が必要である。そういうことを全部放棄して「平和憲法」という、安易な時代認識、語彙の選択を行うこと、そこに戦後のある意味のニヒリズムがあるのではないかと私は考える。

ある人は四〇年周期説を唱えている。明治元年（一八六八）からだいたい四〇年というと日露戦争、日露戦争から四〇年で太平洋戦争の終結である。それから四〇年で昭和六〇年（一九八五）のプラザ合意に至る。しかしここでより本質的な問題が表出する。それは、その年にレーガンとゴルバチョフが会議を始めたことである。一九八五年というのはアメリカが軍拡路線の中にソ連を引きずり込んでいき、ソ連を財政的に破綻させるという戦略をとった。それから四〇年というと二〇二五年になるわけだけれど、何か予兆的なことがあるのかと考えてみる。世界的視野からすると、四〇年周期説はあまり説得力がないと私は思う。

日本人の体質、日本社会のリズムは一四年サイクルか

私は、日本人の体質とか日本社会のリズムを見た時に、より短期間に目標を設定して、そこへ直進的に進む傾向があるように感じる。たとえば満州事変の昭和六年（一九三一）九月から一四年経つと昭和二〇年（一九四五）八月である。満州事変の時に東京が荒廃になると誰も予想をしなかったと思う。しかし一四年経つとアメリカと戦争をし、広島・長崎に原子爆弾が落とされるなどと考えられないような状態になる。それまでわずか一四年しか経っていない。私たちの国というのは一四年で何でもやってのける

とさえ言えるくらいである。戦後においても昭和三五年（一九六〇）一一月に池田内閣は高度経済成長の所得倍増計画を発表して、以後は私たちは直進した。しかし高度成長で右肩上がりできたものが、四九年の石油危機からダウンしていく。そういう意味では高度成長も一四年で終わった。

この一四年でやってのける背景に何があるのか。つまり、目標を設定した時、その目標以外のものは捨てていく、次々に矛盾があるのを承知で、その矛盾を無視して進んでいく。それによってその矛盾が累積化し、その結果一四年経った時にツケが回ってくる。私たちの国は軍事であれ、非軍事であれ、直進的に進むことが体質としてある。そういう社会的なリズムが日本にはあるように思う。だから私たちの国は一五〇年の間に、わずかな期間で近代の土台をつくって、そこに内在している矛盾や齟齬を顧みないまま戦争へ向かい、軍事的にも経済的にも「一流国」になるという歴史を辿ることになる。

2　「起承転結」という時代区分で考える

まったく違う発想「起承転結」区分の提唱

先ほど「八〇年の軍事と七〇年の非軍事」、あるいは「四〇年サイクル」という分け方もあると言ったけれども、私はこの際、まったく違う発想が必要ではないかと思っている。それは「起承転結」という考え方である。「起承転結」というのは、ご存知のように「起」という導入部があり、それが「承」として展開していく、そして「転」というクライマックスがあり、「結」という終焉部を迎えることで、歴史にもそういう流れがあるのではないか、一五〇年をそういう見方で解析してみようということである。

そのクライマックスは昭和一〇年代から高度成長が終焉を迎える昭和四九年ぐらいまでで、つまり昭和一一～一二年の盧溝橋事件から始まり、日中戦争、太平洋戦争、敗戦後、高度成長そしてその終焉という約三〇年をクライマックスと考える。そう考えれば「結」というのは、昭和四九年から現在までとなり、クライマックスの余韻、余長の時期となるのではないかと思う。

では「起承」はどうなるか。慶応三年の王政復古から日露戦争が始まる前まで、そこが「起」で近代史の導入部ではないかと思う。それから日露戦争を戦って第一次世界大戦、満州事変、そして昭和一〇年（一九三五）の美濃部天皇機関説排斥と国体明徴運動のところが「承」の時期ということになる。

私はこの一五〇年を通観して、私たちの国民性とか日本社会の仕組みそのものが、昭和一〇年から四九年（一九七四）の高度成長の終末期までの三〇年間に、全部かたちとして出たのではないかと思っている。そこで、あえて昭和二〇年で切るのではなくて、昭和二〇年を境としながらもその前後をクライマックスとして一体とみることによって、より鮮明に問題点が見えてくる。「起承転結」の「転」というのが今度は「起」になって、次の時代の「起承転結」をまたつくっていくのだと思う。

3　欧米の軍事学と日本の軍事学

軍事学の有無、哲学も教養もない軍人たち

色々な見方がある中で、私は軍事というものを中心に考えてきた。私たちは、結局近代一五〇年を軍事抜きに語れないのではないかと思う。明治から八〇年、戦争を一貫として進めたがゆえに軍事力はあ

ったというのは軽率な考えである。たとえば慶応三年（一八六七）に日本が世界に出て行った時にヨーロッパの軍事学はすでに日本の何十倍も先を進んでいた。そして軍事が産業化していくことで、軍事力が有効性を持つという形をつくっている。なぜクリミア戦争で強大なロシアが英仏に敗れたのか、それは産業化する能力でロシアが劣っていたからである。産業化するとはどういうことかというと、戦争を限定した地域で限定した軍人で戦うのではなく、兵員をいかに強力に武装させ軍をいかに早急に輸送するか、そして兵站をいかに支えるかということ、それは産業そのものとの関係性において理解すべきという意味である。

日本が日清戦争を始める頃には欧米の軍事力は、もちろん軍事理論も含めて日本の何倍もの力を持っていた。一方私たちの国は、清国と軍事衝突して勝つけれども、アジアの戦争の中身はヨーロッパの戦争に比べて古い時代の戦争をしているわけである。それをどうして錯覚したのか、世界にも通じる冠たる国だと思い込んでしまった。そこにやはり問題があったのだと思う。「起」のところの問題点は、軍事大国としての方向を目指した日本が、軍事そのものの基本的な理論、システム、そういった戦術戦略を、多少プロイセンから学んではいるとはいえ、より基本になる軍事学の根底にあるものをとうとう作り得なかったことで、それが「承」や「転」にそのまま出てきてしまったのではないか。

私は昭和史を調べていくなかで軍事を知らないといけないということで、我流で勉強した。その国の国民性、過去の戦争の体験、国力等、戦争に対する考え方や死生観、そういった色々なものが寄り集まって国ごとに異なる戦争観、戦争哲学が出来てくる。日本はそうした哲学を持っていたのであろうか。天皇の軍隊であることは確かに『軍人勅諭』に謳っているけれども、結果的にそのツケは「結」の部分に出ているように思う。

これは軽率な言い方になるかもしれないが、「転」の時を見れば、日本の軍人は何を考えていたかが分かる。それは戦争を「勝つまでやる」のだが、勝つまでやる権利は彼らに与えられていたのだろうか。同時代の人たちとて「歴史の中の責任」を軍人にあそこまで与えていたのか。ということは「起」の段階で、私たちの国はそれを築けなかったことだと思う。軍事学というものの根底を、軍事哲学、軍事理論という形で持ち得なかったということではないか。

こういうことを言うと、旧軍人は激昂する。「君は何てことを言うか。陸軍教育はどうやっていたと思うのか」と。「夜も寝ないで、試験、試験、試験の連続だ」と。しかし、「あなたは哲学の本を読んだことがあるのですか。政治思想について何を知っているのですか」と言うと、「そんなことは哲学者と政治家に任せればいい」と言う。私たちの国は軍事と統帥権がある以上、軍人はそういう哲学や思想を知っていると思っていたら、そういうことについては何も知らなかった。だから「勝つまでやる」わけだ。昭和の太平洋戦争に見られる軍事の主導の問題点は、全部「起」の段階で内在しているのではないだろうか。「承」の段階では「すべて結果よければみなよし」という気持ちで展開しただけだった。軍事八〇年の形を軍事だけではなく、本来、広範囲に総合的な力として持つべきだったと思う。

日本の軍事学の素養と現実

では私たちの国は、軍事学そのものの素養がなかったのだろうか。徳川時代の二七〇年はどうだったか。各藩は有能な兵法の勉強をしていた。金沢の古い人たちは鼻を垂らした子供や奇矯な振る舞いをする子供を、「殿様みたい」と言う。「なぜ」と聞くと、幕府時代の一〇〇万石の殿様は意図的に奇矯な振る舞いをした、という。そうすることで、幕府に「あそこは大丈夫だ」と思わせる。では本当に奇矯か、実際はそんなお粗末なものではない。加賀藩に入ると、その入口には全部お百姓さんが家業をしているかのように装って、武士の下できちんと諜報の仕事をして、幕府や他の藩からの干渉を守っている。つまり兵法というのは、戦う兵法もあるけれども守る兵法もある。最近の言葉で言えばインテリジェンス、情報戦略をきちんと確立している。金沢城に行けば分かるが、三十三間長屋は巧妙な軍事施設であって、きちんと考えて造られている。

加賀藩以外でも、銃器の類を密かに隠し持っているとか、それぞれの藩が有能な士を集めて兵法の勉強をやっている。幕末にはそれが表面化してくる。私たちの国には蓄積されたその種の遺産はかなりあった。それが近代一五〇年の中で、すべてとは言わないけれども近代という名のもとに多くのものを失ってしまった。そこに私たちの国の近代と歴史が切り離された悲劇があるのだと思う。

たとえば、大正時代の軍事教育について見ると、『偕行』という雑誌には「我々は戦争以外のことを何も知らなさすぎる。駐在武官であっても、各国の軍人とクラシックの話もできない、オペラの話もできない、文学の話もできない。軍事以外には何の話もできない、こんなことでいいんだろうか、我々はもっとそういう勉強をしよう」と書いてある。つまり彼らは分かっていた。こういう文化的素養の欠落した軍人教育の中でバランスのとれた軍人ができるはずがない、ということを分かっているにもかかわらず、現実に日清戦争、日露戦争、第一次世界大戦という波の中に入って戦ったのではないだろうか。やむなく即効的な即物的なやり方でやってきたのだと思う。

国力が軍事を産業化する余力がない、余裕がなかった。アメリカとの太平洋戦争はその典型である。アメリカは軍事を産業化する、システム化する力には長けているけれども、日本にはそれはない、日本は最後まで産業化・組織化することができなかった。

4　近代一五〇年の反省と教訓

非軍事と自己陶酔的ニヒリズム

一五〇年の歴史を顧みてみると、最初の八〇年の軍事に関しても反省すべきことが多々ある。この多々あることが次の七〇年でどのように反省されたかということをやはり検証しなければならない。戦後の七〇年は、軍事は嫌だ、軍事を話すこと自体が軍国主義者だという、そういう社会風潮そのものがまさに弊害を生んだと思う。一五〇年には多くの教訓が眠っているのに、距離を置くことにより教訓を生かすことなく風化させている。私は先ほど、平和憲法などと軽率に言うことに対して、ニヒリズムが生まれるのではないかと言ったけれども、こういった自己陶酔的なニヒリズムこそが七〇年の非軍事の最大の欠陥だと思う。

私たちは、あの戦争を嫌だという感情だけで論ずるけれども、どこがどういうふうに間違っていたのかに関しては、どうしようもないほど関心を持ってこなかった。それが一五〇年の一つの形だと思う。起承転結の「転」のところで「戦争に負けた、占領を受けた、六年八カ月占領されていた、だから経済で戦後復興しよう」と、戦争の教訓は確かに部分的には生かされている。日本は日中戦争の頃、政府予算の多くは民間軍事費を積み重ねた戦時予算で、大蔵省の官僚は戦時予算しか組めないわけである。戦争が終わり占領期において、大蔵省は平時の予算をきちんと組む方法を知らなかった。これにアメリカはびっくりして、ドッジなどを呼んできて、予算を組むことの「いろはのい」を教えたと言われている。

起承転結の「転」を原点として私たちが見るというのは、戦争だけを見ていたら「転」にならない。戦争の中に含んでいる「転」は、同時代のなかでマイナスの教訓を含んでいること、それを検証する必要があるということだ。私が理解する近代一五〇年は、「起承転結」という一つのストーリーと時間軸で見ることによって、その中に私たちの抱え込んでいる強さも弱さも全部内在していると思う。

天皇制とナショナリズム

ナショナリズムの問題についていえば、重要な点は天皇との関係だと思う。天皇とどういう関係を築いて共存していくかというのは、その時代その時代によって国民が答案を書いているようなものだと考える。昭和一〇年代の答案は、最低の答案である。今日の私たちも、天皇とどういう形の共存関係があるかという答案を書かなければいけない。

それから私たちの国のナショナリズムというのは「愛国心」とか「民族主義」とか「国家主義」と訳されるけれども、そういうような形式的な意味だけのナショナリズムではなくて、実態として国策を決定する官僚、政治家たちの国策を決定する基準として、この概念を捉えるべきだと考える。それを私たちに江戸時代からずっと伝わっている倫理や生活規範とどういうふうに折り合いをつけたのだろうか。結局はその折り合いはつけてこなかった。私たちの日々の生活規範は、私たちの価値観として本来強く根付いているにもかかわらず、国家の上部構造のナショナリズムが一方的に、私たち下部構造のナショナリズムを解体させたのである。

そこにはバランスのいいものとバランスの悪いものがある。一五〇年の中で残さなければならないものもあれば、捨てなくてはいけないものもある。その精査は行われずに、上からのナショナリズムで抑圧されることが続いてきたのだ。それゆえに一五〇年には積み残された問題が数多くある。この時代空間の中に眠っている教訓の一つひとつを私たちはきちんと整理して、次の世代に伝えていくことが大事ではないかと思う。

ナショナリズムの問題にはあまり触れられなかったが、意のあるところを汲んでいただいて、こういう考えもあるということでひとまずご理解をいただきたい。

第21章　岩倉使節団から一五〇年――いま日本に何が必要か

五百旗頭真

私は、初日、二日目のシンポジウムにも参加したので、最初にその総括的な話をし、それを踏まえながら本日のテーマに移っていきたい。簡略に次の三つに絞って話をしようと思う。

一つ目は、岩倉使節団とは何であったか、つまり第一日目のテーマ。

二つ目は、その後の日本、一五〇年の日本はどう歩んだか、つまり第二日目のテーマ。

三つ目は、現在の世界情勢と今後の日本について、という本日のテーマである。

1　岩倉使節団は東西文明にブリッジを架ける大事業だった

岩倉使節団の西洋文明を広く深く読み取った

まず、第一の「岩倉使節団とは何であったか」である。『特命全権大使　米欧回覧実記』（以下、『実記』）は、随行記者ともいうべき久米邦武が団員のレポートなども取り込んで編著したものであるが、最初の芳賀先生の講演（第1章）が、これをいわばテクストクリティークをされて、その結論として、「徳川文明の凱旋門としての岩倉使節団」というふうにまとめられた。『実記』は、西洋文明を政治経済から宗教教育、各種産業から新聞娯楽まで見つめ、その原理原則まで洞察した素晴らしい記録である。それがなぜ出来たのか、当時の日本人になぜ書けたのか、芳賀先生はこの点にフォーカスして謎解きをしてくださった。

それは要するに、久米に漢籍の豊かな教養があったからであり、だからこそ西洋文明社会を見てもきちんと理解し表現することができた、久米は漢語文明のエッセンスを散りばめながら説明している、とのご指摘である。それは久米ばかりではない、使節団のメンバーが大なり小なり漢学的素養を持っており、教養豊かな徳川武士であったからこそ、米欧社会を広く深く読み取り理解しこなして表現を与えることができた。

岩倉使節団の壮大な旅は、東洋の一国が西洋近代文明とブリッジするという人類史的な事業だと言える。その見聞を広く国民に知らせる義務があるとの認識から、この精細な大記録が編纂された。使節団の面々が真剣に見、聞き、考えた末、単に見るだけで済まさないで二二〇〇頁に及ぶ大報告書を結実させた、それは他国人には出来なかった凄いことなのである。それには日本人に平安から徳川にかけての文化的蓄積があり、とくに徳川時代の新井白石の『西洋紀聞』や前野良沢らの『解体新書』以来の西洋文明に関する先駆的知識の積み重ねがあったからこそ執筆が可能だった。外部文明、優れた文明を学ぶには、その真の意味というものが分からなければ馬耳東風に通り過ぎてしまう。文明の基礎にある自然風土や歴史、人種や宗教も知らないと理解できない、それを総合的に、多面的に、観察し考究し、表現しているところが凄い、それは徳川文明社会の高い教養の土台ゆえに可能になったのだ、使節団のメンバーは全部徳川文明の中で育ってきた人士ばかりであった。それを集約的に「岩倉使節団は徳川文明の凱旋門」だと表現された。実に感銘深いお話であった。

西洋文明の光だけでなく影も見た

次にスティール先生のお話（第4章）であるが、久米邦武に焦点を絞って、『実記』から最晩年の著作『久米博士九十年回顧録』まで、その間に発表された数多くの論文をも渉猟され、西洋文明について久米が生涯を通じてどう感じ、どう考えたか、そのことについての報告であった。

そこで重要なことは、久米の観察や考察は「米欧社会の上っ面を見て感心している」次元のものではなく、「その歴史とかそこに内在する考え方」というものまで摑み取ろうとしていること、くわえて西洋近代文明の、つまり産業とか工業とかの「進歩」が示す危うさ、文明開化は素晴らしいように見えて実は危険な裏側があることもきちんと見ていることを指摘された。

そこには、西洋文明の影の部分、ロンドンのスモッグ、マンチェスターの煙害、アームストロングの兵器工場、銃とか大砲の中毒がある。それからドイツのクルップの大工場で凄まじいパワーで武器製造を行っているのを実見して、そこに戦争への傾斜の危さを感じとっている。初めての欧米諸国にもかかわらず、光だけでなく影の部分もしっかり見てきた、と開示された。

とくに久米邦武は、長命だったゆえに第一次世界大戦を経験している。その際の印象として「やはり西洋の物質文明は行き詰まりに近い」とコメントしていることを紹介された。久米はローマを訪れた時、大帝国だった二〇〇〇年前の古蹟群を見ながら大中国「唐」との比較や交流のことに思いを馳せているが、そういう長い歴史的スパンでものを考えることができる深い教養をもったサムライが日本に存在したことに驚かれた、という。この内容は芳賀先生のお話と通底し、それを補完するものとして、感銘深く拝聴した。

2　日本史における成功と失敗

岩倉使節団が間違いだったか

さて、二日目のパネルディスカッションは、明治維新以来一五〇年の歴史を通観しようという壮大な企画であり、多方面からの発表と議論があった。たとえば、戦前日本について、「朝鮮、中国への侵略、あのような西洋的軍国主義にのめり込んでいく、そのような近代化を仕向けた大本は、岩倉使節団にあったのじゃないか。さらに言えば太平洋戦争という帰結に責任があるのではないか」という趣旨の意見である。

それに対して「それは違うだろう」との反論がなされた。明治の近代化というのは、もともと西洋列強が迫り来る中でいかに独立を確保するかが最優先課題であり、そのため封建的なコンスティチューションやシステムを破壊して強力な中央集権国家につくり変えるという大事業に挑戦したわけであって、それをやり遂げた半世紀間はむしろ大いに評価すべきだという意見である。

問題はその後であって、少なくとも明治期の日本においては肯定的な前進を見たと解釈すべきではないか。間違えるのは、その後の第二世代、第三世代であって、厳しい現実を見失っておかしな対応をしていく。その責を第一世代の岩倉使節団に帰すのは間違いであろうと、私もその意見に賛成である。

それから、非西洋社会を岩倉使節団の時代に戻って見渡してみると、それと似たものとしてタイ国があるじゃないか、「タイはどうだったのか」という指摘があった。チュラロンコン大王と後に呼ばれることになる王様は、若き日に父親が亡くなって王位を継ぐべき状況の中で、彼はそれを辞退して「おじさんにお願いしたい」と言い、自分は旅に出た。世界はどうなっているのか、イギリスとフランス、ビルマとベトナム、タイの両側から植民地化が迫って来ている中、その実情をしっかり認識したうえで王位に就きたいという、岩倉使節団とほぼ同じ頃に自ら強い意思を持って、欧米までは行かなかったけれども、欧米の指導者に手紙などを書いて意見を求めたりしながら、世界の中でのタイ国をしっかりと考えた。そしてアジアにおいて、結局岩倉使節団を派遣した日本と、チュラロンコン大王の旅を持ったタイと、この二カ国だけが独立を維持し得たことになる。それは単なる偶然ではないように思う。

日本は歴史上三回の対外侵略を行った

また二日目の議論の中で、こんな話もあった。わが国の歴史を振り返ると、対外侵略戦争を三度やったことになる。一回目は白村江の戦い、六六三年に二万七〇〇〇もの大軍を朝鮮半島に繰り出した。大和国の実力者中大兄皇子（天智天皇）の大決断である。親しくしていた百済が唐と新羅の連合軍に六六〇年に滅ぼされた。その残党が百済再興運動をして、日本に人質として預けていた皇太子を返してほしい、日本の軍事支援が欲しいと言ってきた。親しい国を助けるのは義理に適ったことだから大義はある。そこで出師したのだが重大な欠陥があった。『日本書紀』によれば、戦場の「気象も知らず」、潮流がどうなのかも知らない、情報と作戦不在のまま戦いに挑んだ。大軍でいけば敵は蜘蛛の子を散らすように逃げるだろう、と安易なつっかかり方をして二日で全滅する。唐・新羅の連合軍に完敗した。

その次が、一六世紀末の豊臣秀吉の出兵である。この際も、少しは理由があった。それは戦国時代五〇年の中で日本が軍事的に非常に進んだ面もあった。さまざまな戦法をそこで試したし、とくに銃をたくさん製造して銃を使っての戦法について当時の日本は世界的にほぼ先端に立っていた。そういう自信があり、行けば勝つ公算があるとみた。

しかし、秀吉はその頃すでに高齢で妄想を抱くようになっていた。朝鮮だけでなく明帝国まで制圧するのだと、とんでもないことまで口にするほど認識が甘くなっている。本来の秀吉はそれまでの国内での戦で分かるように、やたら武器をもって決着しようとするのではなくて、むしろ謀略によって戦わずして屈せしむることを多用した。だからこそ国内統一も非常に早くできた。だが人たらしの天才である秀吉が、対外戦争となったらやり方が違った。銃を中心とした軍事力だけで勝てると妄信した。そして相手国の人情や国民感情を度外視し、無理無体に攻めこもうとした。民はどこだって政治には不満を持っているから、いいことをしてくれるなら歓迎する気持ちがないわけではないだろう。しかし、そのような相手国の期待感や民情を踏みにじって酷いことをやった。それじゃ戦では勝っても行き詰まるのは当然である。劣勢に転じたところで秀吉の死もあって撤退した。愚かな戦であり、敗戦だった。

三度目が一九三〇年代の日本軍の進撃である。色々理由はあった。世界はまさに弱肉強食のパワー・ポリティクスの時代である、やわなことを言っていると西洋列強に踏みにじられる危険があった。他方、アジアでは日本だけが近代化された軍隊を持っていた。だからアジア諸国と戦えば必ず勝つという状況があった。それをいいことに、陸軍は満州事変以降、戦に継ぐ戦を重ねることになった。しかし、中国は巨大な国であり戦は泥沼化し、英米仏露の大国は日本の横暴を許そうとはしなかった。その結果はご承知の通りである。

3　日本歴史の「起承転結」、敗戦から学ぶDNA

白村江の愚行後、一転して唐文明に学んだ

そこで日本はどうしたか。保阪先生のお話（第20章）で歴史における「起承転結論」がクローズアップされたが、それについてコメントを求められた近藤誠一さんが「日本史の〝起〟は六六三年の白村江の戦い、〝承〟は黒船の到来あるいは明治維新、そして〝転〟が現在ではないか」というふうに、スケールの大きな議論を展開された。

実は白村江の戦の愚行は、それで終わらない。その敗戦後に日本は素晴らしい時期を持つ。なぜかというと、唐文明がどんなに強大かこの敗戦で分かった。そこで、一転して仰ぎ見て学ぶという姿勢に転じた。翌年から猛然と唐文明を学習し、半世紀後の七一一年に律令風の都・平城京を奈良盆地に造りあげる。その後も天平の時代（七五二年）に鑑真和尚を連れてくるとか、外部文明に良きものがあったら、どんどん取り込む。東シナ海の藻屑になる危険を冒してでも遣唐使を派遣した。唐の文明をなんとか持ち帰りたいと焦がれる。これが日本人の素晴らしい資質、ロマンだと思う。これを八世紀に展開して、私の見るところ、日本文明は世界文明水準、当時ローマ帝国崩壊後、唐文明が世界で最も強大な文明だったと思うのだけど、ほぼそれに準ずるようなレベルに日本自身が達したと思う。

徳川の平和と西洋の産業革命

それから秀吉の外征失敗の後になると、家康が断然「内治優先」に転じる。大坂夏の陣をもって「戦の世」をお終いにし、平和の世をつくると大決断をした。家光の時代までにさまざまな国内安定のための仕掛けを講じたことは周知の通りである。中国、朝鮮、オランダ以外には国を閉ざしたこと、要所に天領を置き、譜代大名や外様大名を巧みに配置し、パクス・トクガワーナという二六〇年に及ぶ平和な時代を築いた。そして農業社会としては世界でも高い水準の徳川文明という成熟した社会をつくり上げた。それは足利義満以来の明貿易、戦国期の南蛮交易などによる外来文化を日本の風土と伝統の中に収める期間でもあった。武から文へ、刀は筆になり、サムライは行政官になり、文官が支配する、民間が文化を充実させる時代をつくり上げた。

ところが、徳川期の鎖国による平和を享受している間に、イギリスで産業革命が起こった。一八世紀後半から一九世紀前半にかけて、産業革命がうねりを上げるように進んだ。その結果、西洋との間に大きな格差が生じてしまった。その現実を目の当たりに見せられたのが黒船の来航だった。以来、サムライたちは開国と攘夷、尊王と佐幕で争ったけれど、西洋による植民地化を避けるため、わずか一五年で幕府を終わらせ明治の中央集権政府を立ち上げる。

遅れをとった青年、明治日本の果敢な挑戦

そこでいよいよ岩倉使節団の登場である。使節団のメンバーは、欧米文明の凄さに圧倒される。それを見せつけられて驚愕する。産業革命は凄い勢いで進み、一見するととても手が届かない感じだった。

煙がもくもくと空を焦がしている。逆立ちしても及ばないという思いもよぎった。だが、岩倉使節のサムライたちは真剣であり意気盛んだった。よくよく見ればたった四〇年の差じゃないか、と気づく。産業革命が走り始めてから四〇年ぐらいだと見抜く、イギリスは少し早かったけれども。フランス、ドイツあたりから見ると、たった四〇年だと。それならあるいは半世紀くらいで追いつけるのではないか、と、決していじけない、そこが凄い。

徳川日本の文明水準はかなり高く、加えて学習能力があった。それなりに高いがゆえに、産業革命による新要素、それを摂取さえすれば何とかなる、と考える。非西欧社会にあって日本が真っ先に近代西洋文明を摂取し近代化に成功したのは、すでに外部文明の学習実績があったことが大きいと思う。白江村の敗戦の後、しっかりと唐文明を学んでこなした。信長の時代に鉄砲やキリスト教がやってきた時、それを受け入れてあっという間に摂取した。そういう感受性、知力、技術力が日本には醸成されていて、そのDNAが働いたからこそではないか、と私は思う。

岩倉使節団の見聞はその意味で象徴的な事象だった。外部文明を強い意思を持って主体的に観察・学習して、日本の進むべき方向性を明らかにするという役割をしっかり果たした。その留守中に征韓論が起こって騒然としている中、明治六年に帰って来てそれを打ち破って、大久保を中心とする近代化路線を据えた。教育制度を充実させ、殖産興業に力を入れる、憲法を制定し議会を開設する。こういった諸策を行い諸制度を整える、内治優先主義をとる大改革の方向づけをすることに成功した。

4　日露戦争後と第一次世界大戦後が大きな岐路だった

日露戦争後が第一の大事な岐路だった

そして明治日本は大久保路線を軸に上からの近代化を断行し、三〇年で日清戦争、四〇年で日露戦争に勝つ、日本には侮りがたいパワーがあった。アジア人はむろん欧米人も衝撃を受けた。近代西洋に対して非西洋が勝つのは、世界史の革命だった。

問題は、日露戦争後、とりわけ第一次世界大戦後だった。「一等国になった」といい気分になり、驕り高ぶる気配になる。満州ほか南洋諸島にも権益を得たので、軍は強気になるし、国民も欲が出てしまう。しかし、現実は誇りと挫折感に引き裂かれた状況だった。この大戦で欧米の軍事技術は飛躍的に進歩し、総力戦の時代になった、日本は立ち後れを認識せざるを得なかった。一方では大正デモクラシーに見られるように民主主義の高まりを容易にこなすことができず、また戦後の反動不況に苦しんだ。

この時期に、岩倉使節団の資産とエネルギーは切れたという感がある。あの頃に、新たな知識や知恵を必要としたのではないか、と思う。問題は、その分岐点にあった時、主要人物が新たに使節団を組んで、世界中を一度じっくり回覧してトータルな判断を示すべきだった。これには吹田尚一先生が素晴らしい報告をされたように（第6章）、金子堅太郎の広報外交にヒントがある。また、小林道彦先生から、伊藤博文や児玉源太郎らが国の形や仕組みをつくり変える必要があると密談を重ねたという指摘があった。あそこでつくり変えが出来ていれば、亡国の戦争に入り込むことはなかったと思う。

しかし、一度確立された制度を変えることは、信じがたいほど難しい。これは世界中どこでも同じである。アメリカの政治学でも、一度確立された制度は損失点を超えて継続する、それをさせないように改革していかないと社会は持たないと論じられる。日本の場合に、明治憲法は欽定憲法で陛下から下賜されたものを変えることは畏れ多いという感覚があったが、戦後の憲法もまた固守する。マッカーサーに下賜されたとは言わないけれども、一度制定されたものは変えるのは許されないという議論に、日本社会は傾きやすい。

実際には川は流れている。上流で作ったものが中流、下流ではそのまま通用しない。流れは変わっていく。柔軟に改良しつつ対処していくべきものなのに、一度できたものを神格化して、一つでも手を触れてはならないと考えることが、昭和二〇年（一九四五）の滅亡の一因だと思っている。

第一次世界大戦後が第二の重要な岐路だった

日本は第一次世界大戦に横合いから参戦して勝ち組に連なった。

第一次世界大戦は総力戦で、凄まじい惨禍によりヨーロッパでは現場の殺戮の残酷さに驚愕した。それまでたくさん戦争をしてきたけれど、全国民を動員して、これほど若い世代をやたら死なせたことはなかった。そのため、欧州人は、茫然として「いったい我々は何をしたのか」と猛省した。戦はかりそめにもしてはならない、「戦争手段の合理性」を疑うようになり戦争違法化という議論がアメリカ、ヨーロッパで強まって一九二八年の不戦条約等ができる。つまり、それまで人類史と共にあったパワー・ポリティクス、強い者が支配する帝国主義、植民地支配、そういうものはもはや合理的とは言えない、紛争は武力によらず平和的に解決すべきだ。民族自決を認めなければいけない、というウィルソンのような考え方が出てくる。その時流の中で、軍縮が大きな課題になり日本も軍縮しなければいけないというう雰囲気になった。

しかし、第一次世界大戦では日本はその悲惨を現場で体験したわけではなかった。むしろ得をする戦争をした。軍需景気が起きて日本経済はとても潤った。産業、貿易、海運でとても儲かった。ヨーロッパが戦争にかまけて生産が下がるから、日本はその需要をそっくりもらった、日英同盟を楯にドイツ領を攻めろというので、少し戦っただけで山東半島はもらうし、ミクロネシアの太平洋の島々を日本は、委任統治という形で支配権を認められるというように、コストに対して非常に大きい利益を得た。ヨーロッパのような深刻な被害はなく、西洋では「もはや戦争手段は使うものではない、平和を大事にしなければいかん」という考えに傾いたのに、日本ではその思想が広がらなかった。むしろ、軍は第一次世界大戦中の軍事技術を追いかけ、総力戦の状況に対処するため、ヨーロッパに多くの視察チームを派遣し、その学習を一九三〇年代の軍事と政治に生かすことになる。

そのことで思い起こすのは、孫文の演説である。日本が侵略国家としてのめり込んでいく少し前、一九二四年に孫文がやってきて神戸で「大アジア主義」の演説をした。日本の前途に警鐘を鳴らして、日本は「東洋王道主義に留まることができず、西洋覇道主義を学んで、それにのめり込むのではないか」と切言し、その危険を日本自身が深く考えるべきであるという印象深い演説をした。一九三一年から日本は彼の危惧した通り、中国に対する覇道的な軍事侵略を重ねることになった。

5　戦後日本、廃墟からの復興、占領軍の方針

「軍事国家」に訣別して「経済優先国家」へ

その結果、日本は軍部主導で第二次世界大戦に突入してしまい敗戦を招いた。東京をはじめ京都以外の主要都市は凄まじい廃墟になった。この時に興味深いのは、『昭和天皇実録』を見ると、昭和天皇は終戦から一年後に首相や元首相たちを集めて「戦争を振り返りたい」という集まりを持たれ、その冒頭の挨拶にこうおっしゃられた。「白村江の戦いに敗れたが、その後日本はたいへんな改革の時代を持った。今、全てが廃墟となり打ちひしがれているが、必ずしも絶望する必要はないのじゃないか」と。

昭和天皇はたいへんな歴史家であり、白村江のモデルを、昭和二〇年の敗戦の後、それを自覚的に活かそうとされた。そこで再生日本はヨーロッパに対して一周遅れで、戦争の危険、誤りを認識して平和路線での再生へと向かうことになる。

そこへ戦勝国の代表としてやってきたのが占領期の使節団だった。これは強烈なインパクトを持った。マッカーサーのGHQで足りないところは、ドッジ・ミッションやダレス・ミッションがやってきて次々に大改革を断行した。日本の主体性がかなり怪しくなった。天皇制が廃止されるかもしれない状況だった、現実にこの瞬間、その危険性は高かったと思う。第一次世界大戦では三つの王制の国、ロシア、ドイツ、オーストリアの帝政が敗戦とともに失われて共和制に変わったという事実もあった。ある君主を戴いて戦争を行うと敗戦に終わった場合、その君主制は廃止されるというのが二〇世紀の歴史の掟で

あった。親日派であった駐日大使のグルー自身、ワシントンの幹部会議でそれを言っている。「裕仁が在任することはとても歴史の掟からして望み難いが、しかし日本の場合には天皇制は残さなければならない、そうでなければあの国の結び付き、紐帯を保つのが困難である」と。文化伝統を生かして発展を遂げるには天皇制を残した方がいいのだという議論をワシントンで一生懸命に行った。

国務省幹部の多くは「天皇制なんか止めろ。あれと戦ってアメリカの青年は命を捨ててきたんだ」という立場だった。それに対して親日派は、「それは違う、天皇制は終戦のため、平和を回復するためにも有用だ」と言い、「天皇制のマントの下に自由主義的改革を包み込むのが一番利口なやり方なんだ」(ヒュー・ボートン)と主張した。幹部たちは「何を言っているのだ」と何度も文書修正を命じたが、彼らに確たる知識はなかった。結局、議論は膠着状態に入り、「それじゃ、今決定せずに先送りしよう。実際に天皇制がどう機能するか見よう」ということになった。そこへ「聖断による終戦」が現実化し、天皇の存続に向かって大きな一歩になったわけである。あれほど命知らずに戦っていた日本人が、天皇の一言で全部武器を置いた、民主化についてもマッカーサーは天皇のお墨付きをもらうことでやりやすくなる、と考えるようになった。

吉田茂路線とこれからの日本

さて、戦後を方向づけたのは吉田茂路線である。昭和天皇は日本史がモデルだったのに対し、吉田首相は英国史をモデルに、「戦争は負けても、外交で勝った歴史」からインスピレーションを得た。それは言うなれば、勝者、相手の力を引き寄せながら巴投げするような路線であって、まな板の上の鯉でバタバタ抵抗せずに、むしろ潔く協力することが日本のためだと達観した。憲法をはじめ平和と民主主義を受容することについても、新憲法は国民の厚い歓迎を受けることになった。吉田の敷いた路線というのは、日米安保という外からの庇を利用しながら、経済再建に日本の全リソースを投入することだった。

吉田は、米ソ二強大国は膠着状態になると見て、「意外に戦争は起こらない」とブレーンたちを集めた会議で言った。実際に米ソの戦争なんて簡単にはできないぞ、あれは「やるぞ、やるぞ」という心理戦だ、「そんなものに引っかかるな」、我々はやることをやったらいいんだ、と。軍事に力を入れるのではなくて、今の時点は経済再建に全力を上げるべきで、健全な社会、健全な経済政治社会を創り上げることが急務だと主張した。

また吉田は、「一国による安全保障というのはもう考えにくくなった。国際安全保障の時代だ。日米安保をやるのは当然の流れなのだ」と。それと共にブレトン・ウッズ体制、「自由貿易で資源と市場を共有する」といったシステム、これを重視して日米安保の下での経済主義を選択した。その結果、六〇年代を中心に一〇％を超える経済成長を一七年間も続けた。石油危機という大きな衝撃もあったけれども、それも技術革新や勤勉努力によって乗り越えた。そして八〇年代に日本は経済国家としてのピークを迎える。あれほど廃墟の国であったものが、世界第二位の経済大国になったわけで、国民は豊かな社会を手にすることができた。

問題はその後だった。バブルがはじけて以降すでに四半世紀、日本は迷走漂流しているようにみえる。ここでまた、やはり岩倉使節団が必要だっただろうと思う。大きな時代に曲がり角にきていた、それに対処して思い切った政策転換ができなかった。ただ惰性でずっと歩んできてしまった。そんな感想をもつ。

では、これからどうしたらいいか。日本の未来像、グローバル時代の日本の役割は何かということである。私の考えは箇条的に述べると次の通りである。

- 世界に通用するような人材づくりに力を入れる。
- 国際関係面では、北朝鮮や中国の軍拡に対し自助能力を強化しつつも、外交的に世界の世話役になる。
- 国内的には民間の力を生かす。ＮＰＯ、ＮＧＯの活動を活発化する。
- 寄付をしやすくし、財団を充実する。公を官民で支える。
- グローバルには文化交流を重視する。ＯＤＡを活かして、人を招き、人材を派遣する。

第22章　日本の価値観——三層・二元構造について

山折哲雄

「日本の価値観」について、ここでは三つの方面から考えてみたいと思う。

一つ目は、日本列島の置かれている環境、風土的な問題性。

二つ目が、日本の政治社会において形成された統治システムについての問題性。

三つ目が、日本列島的風土に育まれた日本人の美意識についての問題性である。

いずれも多元的構造を持っていることに着目し、なぜ、そういう多元的構造をそれぞれの分野が持つようになったかについては、明治以前における中国文明の圧力に対するリアクションとしての問題が一つある。それから、もう一つは、やはり明治以降の西洋文明の圧力に対する一種の文化自己防衛という問題があっただろうと思う。

1　環境・風土から見た三層構造

縄文、弥生、近代の三層構造

それでは最初に環境・風土的な問題性ということから入っていきたい。

三〇年ほど前になるが、電通からあるプロジェクトを立ち上げたので、それを見てコメントしてほしいという要請があった。そのプロジェクトとは、日本列島を三〇〇〇mの上空からセスナ機で空撮をしたが、その映像を一時間に編集したものを見て、意見をいってほしいというものであった。その映像をみて私は驚いた。沖縄から宗谷海峡まで、日本列島を囲む領域は広々とした大海原だった。ところが、列島に入ってからは、眼下に展開するのは、ほとんど森と山だけ。私にとって、教科書でよく語られている日本列島は稲作農耕社会だ、というイメージだったが、それが一瞬のうちに打ち消された思いがした。日本という国は、海洋国家であり、森林国家であり、山岳社会である、改めてそう思ったのだ。

しかし同時に、これは高さのトリックによるものだ、もし飛行機が一〇〇〇mまで下降してきた時、どういう光景が眼下に展開するかと考えた。そうすると言うまでもなく、それは大平原、大平野の展望が広がるだろう。さらに飛行機が三〇〇m、一〇〇mに降下すると、そこに東京、大阪などの大都市、近代都市群が現れ、工場群が展開するだろう……。

そう思って、はっと気がついた。日本列島は三層構造で出来上がっている。こういう景観、あるいは環境的特色というのは、一〇〇〇年以上の歴史をもつ世界の国家においては、ほとんど見ることができないものではないか。私はそれほど世界を旅しているわけではないけれど、たとえば、イスラエル、モスクワ、西安、デリーなどで、これに似たような風土、景観を見つけることはほとんどない。そしてそれ以上に重要なこととして、このように、日本列島が三層構造で出来上がっているのは、おそらく日本人の意識が三層構造で出来上がっていることを意味するのではないか、と思ったのである。

具体的にいうと、一番の意識の深層に横たわっているのは、言ってみれば、縄文的価値観。海、森、山、その三つのシンボルタームを取り上げれば、我々の常識的な感覚としては、自然に縄文的世界に導かれる。とすると、それに対して、大平原、大平野、そして田園風景というのは、言うまでもなく弥生的価値観を体現しているであろう。そして最後の近代的な工場群、都市群を見れば、そこにヨーロッパ風の近代的な価値観、人間観が積み重なっている。深層、中層、表層という、意識の三層構造で出来ている。

そのうえで、しからばそのそれぞれの意識の三層構造が、どのような関係の中で歴史的展開を遂げたのか。一〇〇〇年、二〇〇〇年の歴史の中で、どういう関係を取り結ぶようになったのかという問題が出てくるはずだ。私は、この縄文的価値観、人間観、あるいは弥生的世界観、自然観、それから近代的な人間観とか価値観というものが、相互に否定し合わない、相互に排除しない、そういういわば協力併存の重層関係を取り結んできたのではないのか、そう思うようになったのである。

三層は相反排除でなく共存の意識

いわゆる近代的な進歩史観からすれば、新しきものは古き価値観を克服する、否定する、あるいは、場合によっては、根こそぎにする。文明的な価値観が土着的な古い価値観を根こそぎにする事例が世界の歴史上では非常に多いわけだが、この日本列島においては、この三層構造の意識によって育まれた列島人は、そういう相反排除の考え方をとらなかった。

その理由の一つは、他にも色々理由はあるかもしれないが、太古の昔から日本が災害列島だった、ということ。その災害という悲劇的な状況のそれぞれの時期に、戦乱があり、飢餓、半飢餓の状態に襲われていたことを考えた時、そういうさまざまな政治、経済、軍事上の危機に対して、この列島人は、先ほど申し上げた三層の意識を自在に取り出して組み合わせ、集中させたり、分離したりして、災害の危機に対応し、災害に耐える文化を作り上げてきた。たまたま、戦乱に巻き込まれたような時も、その戦乱を収束するための価値観というものが、三層をなす縄文的価値観、弥生的人間観、そして近代的な考え方を、選択的に取り出して対策を講じることができた。これが、激甚災害に見舞われやすいこの日本列島において、近代化に成功することができた、きわめて重要な要因ではないのか、と思うようになった。第一のこれが風土環境的要因であり、日本人、あるいは日本の価値観がベーシックなレベルで深く結び付いていた根本的な原因ではないかということである。

2　政治経済から見た権威の二元体制

長期にわたる平和時代を二度経験

第二点は、政治経済あるいは社会のあり方についての問題である。これも詳しくは述べることはできないが、二つあると私は考えている。一つは、日本列島の一〇〇〇年、あるいは一二〇〇年の歴史を振り返ってみる時、長期にわたる平和の時期を二度体験していることが分かる。一つは、平安遷都から、保元・平治の戦乱の時代までの三五〇年、一般に平安時代と言われる時代。地方に反乱、戦争の危機がなかったわけではないけれども、三五〇年という長期にわたって、京都における藤原貴族政権、その屋台骨が崩れることはなかった。これが平安時代の芸術文化、その他さまざまの新しい文明的な領域における発展を保証することができた、そういう平和な時代が続いた。

それから二つ目は、江戸開幕から明治維新に至る二五〇年、これはほとんど完璧な平和の時代だった。島原の乱という短期の反乱はあったけれど、たちまち鎮圧されてしまう。平安時代の三五〇年、江戸時代の二五〇年、長期にわたる平和が二度も続いた事例を世界史に求めると、これがほとんど見当たらない。ヨーロッパの歴史は、フランス革命以前、一〇〇〇年の間、戦争続きだったことは、しばしば言われることだ。そして中国の歴史、しかり。インドの歴史、またしかりである。

なぜ、そういう奇跡のごとき平和の時代が長く続いたのか。この問題については、これまで、あまり日本の歴史家の中で議論されてこなかったように思う。戦後になって、いち早く日本にやって来たイギリスの歴史家アーノルド・トインビー、この人は戦前にも日本に来ており、歴史学者として非常に深い関心を日本に持ち続けていた。戦後になって京都に来た時、貝塚茂樹京都大学教授と対談をし、その時トインビーは「なぜ、明治維新は、無血革命に近い変革に成功したのか」——こういう問いを発した。もちろん、明治維新の際、人の血が流れなかったわけではない。戊辰戦争から西南の役にかけて犠牲者を出している。けれども、その血を流した量はフランス革命やロシア革命に比べるとほとんど「無血」に近い状況だったと言える。しかしこの問いに対して、我々は果してきちんと答えてきたのだろうか。その研究成果があまり見られない、ほとんど無かったと言ってもよいのではないだろうか。

ところが、その後、一九九三年にハーバード大学教授のハンチントンが「文明の衝突」という論文を『フォーリンアフェアーズ』に発表して世界に衝撃を与えた。二一世紀は文明の衝突の時代がやって来るという主旨のこの論文は、評価をされるよりはむしろ厳しい批判にさらされることになった。その論文についてのネガティブな議論が展開される中で、二〇〇一年の九・一一に同時多発テロが発生するや、その後になって中東をめぐる紛争、アフガニスタン、イラク、シリアなどにおける紛争が続発した。それらの状況を見ていると、まさにハンチントンのいう「文明の衝突」が現実化していった経過がよくわかるだろう。ハンチントンは、その後この論文をベースにした大書を出版し、それを契機に東京に招かれて講演会が開催された。その講演の冒頭、「明治維新はなぜ無血革命だったのか」という問いが発せられた。五〇年前トインビーが発したのと同じ問いが、今度は、アメリカからやってきた国際政治学者によって発せられたのである。

宗教的権威と政治的権威の二元体制

これは、何としてもきちんと答えなければならない問いだったと思う。そしてそれを考えるためには、日本の歴史の中で、長期にわたる平和の時代がなぜ二度も可能だったのかという問題に答えることが重要なテーマになるだろうと私は思っていた。もちろん、これを考えるためには、政治経済や外交軍事等々の問題、さまざまな要因を念頭に置かなければいけない、あるいは日本列島が周囲を海に囲まれているという地政学的状況も考えなくてはならないだろう。さらにもう一つ付け加えれば、たとえばヨーロッパにおけるスイス、永世中立国のスイスは四方を山岳に囲まれながら、なぜそのような侵略の危機をはらむ緊張の中で、平和を維持することができたのか、といった点とも比較研究をしてもいい問題も出てくる。私は、それぞれの場合、いろんな要因を原因追求のために考えておかないといけないと思っていたが、とても私一人の手に負えるようなテーマではなかった。

そこでここでは、私の乏しい知識と狭い経験の範囲で申しあげる外はないのであるが、その要因には二つあると考えるようになった。一つは、長い日本の歴史の中で、政治的な権力と宗教的な権威、つまりカリスマ的権威と言ってもいいかもしれないが、その二つの軸が協調並存の関係にあるときは国家の安定と社会の平和的状態が保たれてきたということだ。それを象徴するのが天皇権威と時の政治権力の関係だったといっていいだろう。両者が互いに相手の領域を侵さないとき、国家と社会の平和な状態が続き、その均衡が破れるとき、動乱や戦争状態が発生したのである。天皇を軸とする二元体制がこうして出来上ったといっていいだろう。この政治的権力と宗教権威が二元体制を採って、互いに互いの領分を侵さないシステムが安定的に維持されている時、長い平和が続いていたのだ。そしてこの二元体制が侵され、脅かされる時、戦乱の時代がやってくる。たとえば一三世紀から南北朝を経て戦国時代に至るあの中世の戦乱時代である。この時代は、政治的権力というものと、宗教的権威との二元体制が大きく揺らいだ時代である。ヨーロッパにおける戦争の時代を振り返ってみると、教会権力と政治権力が真っ向から戦っている。同じようなことが、インドの歴史においても、中国の歴史においても見られる。このようにみるとき、日本の長い歴史の中で作り上げられた長期にわたる平和の時代のパターンが、いつの時代、どのように形成されたかを探ることが、きわめて重要な課題になるはずだ。

戦後、平和研究は、かなりの大学、研究所、民間団体で行われてきたが、その多くは、世界の紛争地域における戦乱状態を西欧モデルで解釈したり、理解したりしている、その方向に流れていっている気がする。その前に、少し待てよと、日本の歴史の中にその問題を考える重要な歴史的要因が畳み込まれているのではないか、と私は言いたい。

もう一つが、神仏習合。つまり日本の土着の宗教としての神道と外から入ってきた外来宗教としての仏教が並列・重層・共存の関係を築いてきたという要因である。この場合、外来宗教としての普遍宗教が、土着の民族宗教を根絶やしにするのが世界史における普通のケースであったが、日本列島ではそれが共存の関係を取り結ぶことができた。これが、たいへん重要な点であると私は思っている。神道は、周知のように多神教の一つである。世界に多神教はたくさんあるけれども、世界史的なレベルで考えると、それには二つの多神教の流れがあったことが分かる。一つは目に見える多神教。神々の姿、肉体、機能がはっきりしている。性別まではっきりしている。ギリシャ、ローマに現れてくる神々、ヒンドゥー教神話に登場する神々、中国の道教に出てくる神々、みんな目に見える多神教であるのに対して、日本の記紀神話に登場する神々はほとんど目に見えない、自然の奥に鎮座ましましている神々である。仏教はいうまでもなく目に見える仏像を中心に伝道を始めた宗教システムである。こうして目に見える多神教的な仏教と目に見えない日本列島の土着の神々の関係性というものが、共存していくうえで非常に有効に働いたのではないか、私はそういう仮説というか、推測を持っている。いずれにしても、先ほど申した政治と宗教の二元体制、それからこの神仏の平和共存のシステムというものが、平安時代と江戸時代にはうまく調和的に機能していた。それが日本のこれからの平和研究に欠かすことのできない視点となるのではないかと思っている。

3　美意識の観点から見た二重構造

第三点が、美意識の問題である。美と芸術の世界に対して、列島人がどういう感覚を育ててきたかということである。私は京都に住んでいるので、時々、京都駅北側にある京都タワーに昇る。これは、京都人には非常に評判の悪いタワーであったが、じつはこのタワーからみる京都全体の景観は、今言った問題を考えるうえでじつに便利な場所だと思ってきた。私はかねてからあのタワーの展望台に昇って、京都市内で展開されるお祭りを見るのが楽しみだった。葵祭、祇園祭、時代祭など、京都はたくさんのお祭りを年中興行しているが、その祭りの特色を一口でいうと、非常に華やかで、国際色豊かである。これを歴史的に眺めると、ユーラシア大陸から仏教その他の文物が日本に到来して、世界史的にみて最高度の芸術、工芸、美術品がその新たなるデザイン、ファッションとともに日本列島に流入していたことがよく分かる。

その第一期が、奈良天平時代の正倉院に集められた宗教芸術であり、第二期が平安時代の宗教芸術であり、空海が中国からもたらした密教芸術を主軸にしたものだ。さらに、一六世紀、キリシタン文明とともに日本にもたらされたものが南蛮宗教芸術だった。天平の正倉院芸術、密教芸術、そして南蛮芸術、そういう長い歴史の流れの中から、あの華やかな京都における祭りの原型というものが作り上げられた、タワーの上から見るとそれが実によくわかる。行列、巡行の有り様、緻密に練り上げられた組織運営の仕方、これらはある面で中国文明との関係性の中から生み出されたものだが、そのため国際性豊かな特色を持つようになったことが明らかである。

ところが、一五～一六世紀の段階で、この国は新しい美意識の登場を迎えることになる。なぜならそのようなインターナショナルな国際性豊かな芸術感覚にたいへん正面から異議申し立てをする芸術意識が生まれたからだ。これには、三つあると考えている。一つ目は世阿弥の能楽の世界、二つ目が千利休の茶の湯の世界、三つ目が雪舟などに代表される水墨画。そしてそれらの原型がつくられるうえで思想的に強力な衝撃力になったのが禅の影響であった。世阿弥も、千利休も、雪舟も、みんなに道元の作品を実によく読んでいて、その影響を受けていることを告白している。禅と道元のこの新しい師匠によって、その時、美意識の最前線で闘っていた人々のあいだからまったく新しい発想に基づく芸術意志が誕生したのである。それが、一言で言うと侘び寂びの世界。祇園祭に象徴される美意識は言ってみれば、平安時代に作られた『源氏物語』や「源氏物語絵巻」から抜け出てきたような、そういう人間たちが考えだしたものであるが、これに対して、もう一つの水墨的な、墨絵を流したような侘び寂びの美意識である。これは明らかにこれまでの伝統的な美意識に抗がう異質の美意識だったと言っていい。その光景を眺めるためには、夕刻、京都タワーに昇って、北山や西山のかなたを眺めればいい。そこに薄雲がたなびき、さらに落日の時刻を迎えると、いつの間にか死の影を帯びた侘び寂びの世界が眼前に展開する。よく言うのだが、日本人の美意識の根源を探るためには、京都の、京都タワーに昇って展望台から三山、五山を眺めていただきたい、と。

以上、これを要約すれば、日本の価値観を考えるうえで、一つは環境風土の面からみえる三層構造の問題、二つ目は政治宗教をめぐる王制と神仏習合の二元体制、三つ目が美意識の二重構造、これらの多元的な価値観というものが、中国文明、西欧文明に抗して、日本列島を周囲から防衛するとともに、のちの近代化と文明化を成功に導くうえで重要な動因になったのではないか、というのが私の考えである。

第23章　美味し国・ニッポン

近藤誠一

1　日本の歴史一五〇〇年の「起・承・転・結」

「起」は白村江の戦、「承」は中国文明の摂取期、幕末まで

保阪先生が議論の中で日本近代一五〇年の中でどのような「起承転結」があったかについて話された（第20章）。それに刺激されて、日本の歴史全体における「起承転結」に触れたが、それについて初めにもう少し話をさせてほしい。

「起」はどこか。それを私は西暦六六三年の白村江の戦いに置いてみた。日本が初めて外に出て行って唐と新羅の連合軍に完敗した、あの戦争である。それは唐の大文明に対し田舎者の大和民族が無謀にも戦いを挑んで大失敗した歴史的事件である。しかし、大和民族はその失敗から一転して唐文明の素晴らしさを学ぶことに転向する。遣唐使が派遣され色々なことを学ぶ。そしてそれまでの部族の集権国家から律令国家に移っていく。まさに野蛮から文明への大きな節目であり、きわめて重要な転換期であったと思う。これを「起」と考える。

それから明治維新までの長い期間は、大中国の文明を横目で見ながら学び続け、徐々に自らのシステ

ムを作ってきた。中国は、北宋・南宋・元・明・清と続くが、日本は一貫してこれらの王朝から漢字、律令、儒教、さまざまな技術、文化等あらゆるものを摂取し消化する。この期間は非常に長いけれど、ずっと中国文明から学び続けた「承」であろうと思う。

「転」は明治維新から西洋文明の摂取、「結」はまさに「今」ではないか

それから明治維新である。これまでとはまったく異質の文明であり、突然流れ込んできた西洋の文明に日本は右往左往しながらも受け入れていく。この明治維新を「転」と考える。この「転」が実は昭和二〇年（一九四五）八月一五日に終わったのではなく、今でも続いているのではなかろうか、というのが私の解釈である。西洋文明にどう対処するか、この異文明をどうこなすかは、戦前も戦後もあまり違いのないきわめて大きな課題であると私は感じている。

さて、今、現在をどうみるか、どうやらその西洋文明も行き詰まりかけている。それでどうするか、これから日本に何が出来るのか、まったく新しいことを考えて人類の着地点に向かっていかなくてはいけない。グローバリゼーションが止めどなく続く状況の中で、どういう「結」をつくるかが私たち世代の致命的な課題になってきたと考える。

リチャード・フロリダが『*Great Reset*』という本を書いている。その中で今はGreat Resetの時であり価値観が大きく変わっていると言っている。ちょうど我々はその渦の中にいるようなもので、自分が何処にいるか分からないが確実に大きな変化が起こっているということだと思う。

また、ヘーゲルの言葉に「ミネルヴァの梟は夕暮れに羽ばたく」がある。智の象徴であるフクロウが

一日が終わろうとする夕暮れ時に羽ばたくように、ある文明が終わろうとする時に哲学者や思想家が議論を始める、と。人間の文明がいつまで続くかは分からない。しかし、そのひとつが今終わりに近づいているのは確かなようであり、今はその過渡期にあるのではなかろうか。資本主義や民主主義など、西洋の合理主義文明の是非をめぐる喧しい議論を聞いていると、「転」から「結」に向かっているのが我々の生きている時代ではなかろうか、と私は感じる。

2　岩倉使節団の学び

日本的近代国家の成功と失敗

さて、ここで「岩倉使節団はどういう意味があったのか」を考えたい。「成功だったのか」という問いに対しては「成功だった」と言えるだろう。ではこれからもその延長線上でよいのか、と問われれば、その答えはノーである。この一五〇年間に失ったものがたくさんあり、また学んだものをちゃんと実現したとは言えない。近代化とか西洋化は本来手段であった。目的を達成するための「手段」であったはずなのに、それが「目的化」している。このシンポジウムの趣意書に泉さんが書いておられる通りである。

では、何を学び、何が行き詰まっているのか、それを解明する必要がある。学んだことは一言でいえば「西欧近代主義」であったと言えよう。それを分けると二つあったと思う。

一つは、近代主権国家、いわゆる国民国家である。その統治システムであり社会システムである。近代主権国家の成立については一六四八年の宗教戦争の終結によって生まれ、時間をかけて発展したといっていい。いわゆる「ウエストファリア体制」が徐々に整備され、政教分離による国家が独立した。そして市民革命を経て国民国家が一八世紀に成立し、その後無差別戦争観が蔓延する。主権国家同士が合意できない場合、戦争するしか手はなかった。それが「戦争の世紀」と言われる一九世紀を生み、帝国主義時代へと突き進んでいくことになった。

西洋で近代国家が生まれる頃、日本は遠く極東にあり、帆船の大航海時代にキリスト教や鉄砲が伝えられたが、家光の鎖国政策のためその影響は最小限に抑えられた。しかし、蒸気機関の発明によって交通革命が起こり、日本列島へもその大波が襲ってきた。日本は攘夷で反抗したものの、すぐにその無意味さを悟って西洋文明を受容する方向に舵をとった。そして国を開き、近代国家システムを学び受け入れ、その結果として明治憲法をつくり、各種法制度を整備し、産業革命を起こし、富国強兵策を推進した。日本人はこうして見事に転換し、文明開化はどんどん進んで抵抗はほとんどなかったといっていい。

そして、西洋流の軍備を整え戦争まで真似して日清・日露戦争を勝ち抜き、さらには第一次世界大戦に参戦して勝利した。まあ、そこまではよかった、大雑把にいって成功だったといっていいのではないか。問題はその後である。ご承知の通りの経緯を辿って、日中戦争の泥沼に足をとられ対英米大戦争に突き進み、国家を破滅させるという大失敗を招く結果になる。

近代化の光と影

岩倉使節団が学んだもう一つのものが、西欧合理主義（人間中心主義）だった。

西洋では理性の発見があり、合理主義の支配があった。人間には知性がある、自然を支配できる、という思い込みである。知は力であり、武力になり金力になり、野蛮を文明に導くミッションになった。普遍主義は帝国主義となり植民地主義を肯定することになった。これを図式化すると次のようになる。

民主主義　∨　自由市場経済　∨　法の支配　∨　人権尊重　∨　科学主義

これらの西欧合理主義が必然的に産業革命を経て高い経済成長による豊かな現代生活へと進むのだが、一方では植民地主義へと繋がり途上国の humiliation（屈辱）を生む結果となった。日本はその間、西欧理念の受容について懸命だった。欧化政策としての鹿鳴館など茶番劇もあったけれど、少なくとも大正中期までは西欧近代主義の学びはとりあえず成功したと言えるだろう。なぜなら、被植民地化を避けて独立を確保し、仮にも世界の五大国の地位まで獲得したからである。

ここまでを日本近代化の光の部分と考えよう。では影の部分は何か。

西洋化の過程で、日本は何を失ったのか。日本の良さ、伝統的な良さ、儒教的なモラルや礼儀作法、風俗習慣であり、その根幹にある「和のこころ」ではなかったか。

幕末や明治期に日本を訪れた外国人がすでにそのことを感じ取っていた。渡辺京二は著書『逝きし世の面影』の中で、その実例をたくさん紹介している。ハリスの通訳のヒュースケンは『日本日記』の中で、「この進歩はほんとうにお前のための文明なのか」「西洋の人々が彼らの重大な悪徳を持ち込もうとしている様に思われてならない」と語っている。また、バジル・チェンバレンは『日本事物誌』で「古き日本」は近代によって死んでしまった、と言っている。つまり、渡辺京二はそれをまとめて「制度、文物、景観などを結合した全体的関連としての有機的生命体である「古き日本」は、近代化によって滅亡してしまった」と結んでいる。

西洋的な価値観、思想である合理主義、自由主義、民主主義、進歩主義、科学主義、経済主義などが蔓延して、それまで日本が長い歴史の中で培ってきた価値観、思想、倫理、人情、家族関係、持続的生活スタイルなどを失ってきた。近代の繁栄をすでに享受した欧米人の目には一見貧しげにみえる素朴な生活の中に、安らかで笑い声の絶えない家族の団欒があり、花鳥風月の自然と親しむ生活があったのに、それが順次姿を消していくことになった。

とくに戦後は、米軍の占領下に置かれ、徹底的な改革が行われた。それには良い改革もたくさんあったが、一方で日本の歴史と伝統が育んできた貴い思想やライフスタイルを壊してしまう面も多々あったのである。節度のない自由、抑制の効かない欲望、平等という名の悪平等、理性偏重、感性軽視、競争至上主義、過度の格差、情愛の欠如など、ストレスや鬱病を生むような事態が各所で発生してしまった。

それは国際的にも同じで、国境を越えた自由競争は猛烈な貧富の格差を生み、契約社員、不安定な雇用を拡散させた。また、アングロサクソン的な価値の普遍化は宗教や民族問題とも絡んで各地で紛争を生み、痛ましくも残酷なテロと戦争の応酬となった。国境を越えたグローバル企業は国民国家の統治下から抜け出ており、環境破壊は異常気象となって世界中を覆う形になっている。これはまさに近代合理主義の生んだマイナス面であり、西洋近代文明の行き詰まりを証明していると思う。

いまや世界は、国家の権限・問題解決能力のさらなる低下という悪循環に陥り、将来の予測可能性を難しくし、不安は増すばかりの状況が現出している。これまで近代文明を先導してきたアメリカも経済成長の鈍化、雇用の低迷、格差拡大などの現象が顕著となり、トマ・ピケティが警告したように、かつてのアメリカンドリームは絵空事となり、リベラル・デモクラシーの大義に対する幻滅が起こり、反エリート・反移民などのポピュリズムが巻き起こってきている。それらはヨーロッパ大陸で起こっている反移民運動、イギリスのEU離脱とも関連し、若者の「イスラーム国」への逃避などとなって現れているように思える。

これはつまるところ、理性偏重主義の近代システムに多くの国民が耐えきれなくなっていることを意味する。もうこれ以上我慢ができないというところまできている。「近代主義」の創始者で教師である欧米で若い人たちがすでにその幻滅を感じているのである。

3　日本が歩むべき道は何か

日本人らしさを取り戻す

そんな状況で、日本はどうしたらいいか。これまでのように欧米にはもうお手本はない。日本はここで自らの「羅針盤」を作らねばならない。英米モデルにとらわれない日本固有の精神と伝来の学問を生かし、新たな「和魂洋才」で日本らしいモデルを構築しなければならない。いまはそのチャンスだと思う。

問題は、西洋的な人間中心主義・自由尊重・合理主義・普遍主義・進歩主義である。そこから来る「思い上がり」、それがガンではないか。理性偏重から脱して「感情」と「文化」を大事にする理念、制度を作ってゆくべきではないだろうか。日本が本来持っていた価値観、失われたと言われる「自然との関係」や「謙虚さ思いやり」、「バランス感覚や心の美しさ」を回復しなければならない。そして近代文明はつまるところ「手段」であると割り切ることが大切である。

かつて駐日大使だったライシャワーが山形に行った時、その自然に感動し、「山の向こうにもう一つの山がある」と言われたという。それは自然を愛し、美しい心を実現できる国がそこにはある、という意味だったのではないだろうか。

文化や自然観においても西洋と日本では異なる。日本では自然には逆らわず、曖昧さを受け入れ、目に見えないものへも価値を見出す。

ダグラス・マクグレイがこう言っている。

"Japan was postmodern before post-modernism was trendy"

ポストモダンは、芳賀先生のご説の通り（第1章）、徳川文明の長所を見直すことにヒントがあるかもしれない。そこにはこんな精神が生きていた。自然を大切にし、謙虚さ（自己抑制）を身につけ、敵意、憎しみの負の連鎖を防ぎ、自然と文明のバランスを保つ。この精神を回復しなければならない。それは容易なことではない。バランスをとることはとくに難しい。時代の流れは左右に揺らぐもので、絶えざる努力を辛抱強く継続することが必要だと思う。しかし、日本人にはそれが必ず出来る。それが出来る日本人はまだ残っている。世界の人の心の奥にも受け皿はある。日本の良さが分かりつつある人が世界に増えているだけに希望はもてる。

今すぐ一人ひとりが行動を

それには日本人の自然観や伝統文化をもっと世界に分かってもらうように努力しなければならな

い。それは誰がやるのか。政府に頼ってはいけない。一人ひとりが今からすぐに始めなければならない。フランスのリョテ将軍は樫の木が大好きで、ある日庭師を呼んで「樫の木の苗を植えよ」と言った。庭師は「大きくなるには一〇〇年かかりますよ」と答えた。すると将軍は「それではすぐ植えよ」と命じたという。長期に時間を要するものほど、すぐやらねばならないのである。

4　自然と伝統に抱かれた「美味し国」を取り戻そう

地方に残る美しい自然

私は文化庁に在任中、全国の都道府県を歩いてみたいと思った。都会育ちの私には地方に憧れがあったのかもしれない。それで決心して二年間にアトランダムに訪ね歩き四七カ所を踏破した。そこで発見したのは、どこの地方にも必ず美しい自然があったことである。そしてそこには人々の営みがあった。山、海、森、川、里山があり、野原があり、そこには人の手が加わった民家、水田、畑や果樹園、漁網などがあった。そして神社やお寺があり、自然と人のやりとりがストーリーになって伝わっていた。それらが積み重なって伝説や民話となり歴史物語が生まれていた。

そこで、私は「うまし国」という言葉を改めて想起した。『万葉集』にも謳われ、伊勢神宮の神託にも使われている言葉である。美しい、満ち足りた、という意味であり、古来日本は気候風土がよろしく、植物が良く育つ「美味し国」だったのだと思う。こうした「国土の美しさと豊かさ」が日本人をつくり、日本文化の核にあったに違いないと思った。日本人は恵みを与えてくれる自然を愛するとともに、いったん荒れ狂うと抗うことができない力に畏敬の念を抱いた。日本人は自然の驚異に対抗せず、ある種の諦念をもって順応した。

欧米人が理性を持つ人間は自然の上位にあり、自然は征服すべきものと捉えるのに対し、日本人は自分は自然の小さな一部にすぎないと考え、自然がもつ計りしれない幅と奥行きに挑むことはしなかった。これは自然災害の後の「仕方がない」という諦観に繋がる。困難にあってもじっと「堪えていれば必ず次の恵みがくる」と信じて手を取り合い助け合った。自然が課した制約を否定的にとらず、その中で工夫してむしろ自然の力を使うことを考えた。欧米的思想からすれば「宿命論」かもしれないが、これが三・一一の時も人々の秩序だった行動に表れ、世界の人々を感動させた。欧米の言語がもつ語彙では、この強さを「レジリエンス」と呼ぶしかなかったのだけれど、それは強靭さではなく、「しなやかさ」であり「したたかさ」だったと思うのである。

日本人と自然との関わりは縄文・弥生の時代から醸成され、自然と一体になることが生活の基本になった。まさに和辻哲郎がいうように「自然を征服しようとせず、また自然に敵対しようともしなかった」ということだと思う。

自然観とともに日本人に特徴的なのが、二元論を嫌い、曖昧を受容することである。近代の欧米の思想が黒か白か、善か悪かなど二項対立であるのに対し、日本人はすべて黒とも白とも割り切れるものではなく、真理は常にその中間（あるいは両方）にあると捉えてきた。日本には「盗人にも三分の理」とか「善人なおもて往生を遂ぐ、いわんや悪人をや」という言葉がある。単純に悪と決めつけることはしない。物事には表裏があり光と影がある、そのように多面的に見る習性を持っている。

それとは対照的に、今の世界をリードしているのは科学主義であり合理主義である。それが近代の普遍的価値とされている。しかし、科学が説明できるのは森羅万象のごく一部にすぎない。その科学のメカニズムでさえ、しょせん人が自然の中にある仕組みを見つけ、それを自分の都合のよいように使っているにすぎないのだ。人類は宇宙船を飛ばすことはできるが、まだ細胞一つ作れていない。そのことを肝に銘じる必要がある。

仁徳のこころを取り戻す

私は、日本全国を旅して山野と人々の暮らしの歴史を辿った時、はっと気づいたことがある。日本は長い間、他民族と接触し大きなインパクトを得ながらも一度も征服されることがなかった事実である。そして、渡辺京二は「古い日本文明は滅亡してしまった」と言ったけれど、いやいやそうではない、なお日本列島の各地には連綿とその「日本らしさ」は生き続けていると感じたのだ。そして私は、為政者の言葉としてかねてより尊崇していたあの歌が心に甦ってきた。

「高き屋に　のぼりて見れば　煙立つ　民のかまどは賑わいにけり」

仁徳天皇の歌である。この国の民の暮らしを思いやる「慈しみのこころ」が伝わってくる。このこころはまだまだ日本人の心性の中に生き続けていると思う。お名前からして「仁」と「徳」である。いま一番必要なことは、この「仁徳のこころ」をこそ我々一人ひとりが取り戻すことではないだろうか。そして、まだ遅くはない、「美味し国・ニッポン」を取り戻すことではないだろうか。

第24章　岩倉使節団の世界史的意義
——地球時代の日本の未来像を求めて（パネル・ディスカッション）

モデレーター　泉　三郎
パネリスト　芳賀　徹
保阪正康
近藤誠一
アレックス・カー
橘木俊詔
塚本　弘

1　明治創業世代はどんな考えを抱いていたか

泉三郎　このセッションは、三日間にわたったグランドシンポジウムの総括になっておりますので、仰ぎ見るような壮大なテーマになっております。とにかく岩倉使節団の群像に親しんでおりますと、だんだん気が大きくなって行き着くところが、かような大テーマになったのだとご理解をお願いします。

はじめに、このテーマの趣旨をご理解いただくためにも、明治の創業世代はどんな考えや夢を抱いていたかを簡単に振り返っておきたいと思います。

始まりは、明治天皇が宣布した「五箇条の御誓文」であります。

一、広く会議を興し、万機公論に決すべし
二、上下心を一にして盛んに経綸を行ふべし
三、官武一途庶民に至るまで各其志を遂げ、人心をして倦まざらしめん事を要す
四、旧来の陋習を破り、天地の公道に基づくべし
五、知識を世界に求め、大いに皇基を振起すべし

これは新政府の「基本理念宣言」というべきもので、三岡八郎《みつおかはちろう》（由利公正）が師事した横井小楠の思想を基に草案を書き、木戸孝允が手をいれたものとされていますが、明治維新期のサムライたち、当時のリーダーたちの気持ちをよく表していると思います。

さて、最も早い時期に西洋文明を見聞し、文明開化の旗手となったのは福沢諭吉でした。福沢は「文明を目的とすべし」と宣言します。そして「文明は衣食を豊かにし、人品を高くするをいうなり」といい、学問をすすめ、実業を奨励しました。そして晩年には「決して物質的な豊かさだけでなく精神の高尚を目指せ」といい、宗教の必要性も認めました。

さて、わが岩倉使節団の記録者、久米邦武は『米欧回覧実記』（以下、『実記』）の中でこう書いておりま

す。「政治ノ務ムルハ、国中ノ人民ミナ生業ニ勉励シ、自主ヲ遂ケ、交際ニ礼アリ、信アリテ、百需ノ利ヲ開キ、外ハ国威ヲ屈セス、内ハ国安ヲ保シ太平ノ域ニ進ムコソ、務ムヘキ本領ナリ」。実に簡潔に儒教的政治の目指すべきことを要約しています。

また、幕臣随一の傑物であり、見識胆力ともに群を抜く勝海舟は、二人の人物を高士として挙げています。その一人横井小楠は「士道」と「徳治」を唱え、「堯舜孔子の道を明らかにし、西洋器械の術を尽くさば、何ぞ富国にとどまらん、何ぞ強兵にとどまらん、大義を四海に布かんのみ」と言いました。実に壮大な夢でありヴィジョンであります。

勝の挙げたもう一人の高士、西郷隆盛は「文明とは道のあまねく行われるを賛称せる言にして、宮殿の壮麗、衣服の美麗、外観の浮華をいうにはあらず」といい、「敬天愛人」を唱えました。農本主義者西郷は西洋的「文明開化」に背を向けましたが、近代が行き詰まった今日より見れば、その基本にある思想「天地自然を和敬し、人類を愛すべし」はまさに地球時代にふさわしい思想のようにも感じられます。

ここに見られるような明治創業世代の「志と夢」を汲み上げながら、我々も「地球時代の新しい日本像」を描き出してみたいものであります。

2　明治人の挑戦、大正人の夢、昭和人の未来像

泉　最初に芳賀徹先生にお願いしますが、その前に少しご紹介をさせていただきます。芳賀先生は、学生の時、久米の『実記』を古本屋で見つけ、それにたちまち引きこまれて読破し、文学者として「日本人の世界旅行記の白眉だ」と、その素晴らしさを最初に紹介された先生です。私も実は、当時ひょんなことから『実記』に出合い、「日本人は明治の初期にこんな凄い大旅行をしたんだ」と驚愕し、生来旅好きの私はこの旅のルートをぜひ辿ってやろうと決意を抱いた次第です。そんなことから先生との出逢いがあり、以来四〇年近くご厚誼をいただいているわけであります。

そして、当会の活動について設立以来いろいろご教示を賜り、五周年記念シンポジウムの時も一〇周年記念シンポジウムの時も、特別顧問としてご指導をいただいたありがたい先生なのであります。では先生、どうぞよろしくお願いいたします。

芳賀徹　まず、岩倉使節団の世界史的意義についてひとこと。これは一九世紀後半、西洋列強が植民地を求めてウロウロする世界情勢の中で、日本がその存亡をかけてやった大冒険だと思う。しかも、明治維新という革命をやり遂げてわずか三年、その上廃藩置県という大手術の直後にもかかわらず、岩倉、木戸、大久保という新政府の大立て者が、各省選りすぐりのエリートを従えて敢然と旅に出る、これは敵情視察です。大挑戦です。その志、勇気、元気、凄いじゃないですか。まさに遣唐使以来の大使節団であり、日本の近代化を画する歴史的大事象であり、世界の歴史のなかに東洋の小さな国が勃興する起

点になったことにおいて、大いなる意義があったと思います。

それから、二つ目のテーマ、「日本の未来像」だけど、私は未来とか希望とか、そういう言葉は信用しておりません。軽々しく「未来」を口にする連中をみると腹が立つ。オリンピックの選手たちが「若者たちに未来の夢を」なんて言っていますが、「何を言っているんだ」と思う。それよりは過去への執着といいますか、過去へのノスタルジア、その方が我々を心底から動かす。未来より歴史です。未来なんて希望どおり満たされたことがありますか。希望というのは、誠に頼りのない、怪しい、夢幻のようなものである、と最近八〇歳を超えてからいよいよそう思うようになりました。

そんなことより、この岩倉使節団を学べと言いたい。この歴史の中にこそ、我々の現在の問題に対して色々な示唆を与えてくれる知恵がある、その豊富な鉱脈であると思う。たとえば、岩倉使節団はあちこち回覧するわけだけど、理想社会というか、ユートピア的な場所も見てるんだな。それを二つばかり紹介します。

一つは、使節団がアメリカに半年近くいて、イギリスに行く。ところがクイーン・ヴィクトリアが夏休みだというのでスコットランドに行ってしまっている、それでその間、イギリスを三カ月あまりぐるぐる回った。その時に見た一つ重要な場所にソルテア（Saltaire）というところがある。これが一種の人工の理想都市で、イングランドの中東部の工業都市ブラッドフォードの郊外にあり、建物なんか今でもちゃんと残っている。実は、私も行ったことがあります。一九八九年にシェフィールド大学で岩倉使節団に関する国際的な研究会がありました。その大学のヒーリーさんが中心になって、イギリスのイアン・ニッシュ、アメリカのマリウス・ジャンセン、オクラホマの木戸孝允の研究家シドニー・ブラウンらの教授たちが集まっていて、私も参加しました。

ソルテア村というのは、タイタス・ソルトという事業家が造ったユートピアンシティです。というのは、当時、ロバート・オウエンやルイ・ブラウンのいう空想的社会主義思想があって、それに共鳴したソルト氏が、職工や労働者のための理想的な場所を造ったのです。それはアルパカの紡織工場ですが、壁面に綺麗に花模様なんかを刻んだ労働者用のアパートが十数棟ズラーっと並んでおり、そこには大きな浴場も洗濯場も食堂も、学校も教会も劇場もある、そういう形で造りました。久米はそのことを『実記』の第二巻「イギリス編」の中で詳しく書いています。

それからもう一つの例を挙げます。岩倉使節団は抜け目なくこういうところもちゃんと見ている。それは、パリのビュットショーモンという公園です。ビュットというのは小高い丘です。ショーはハゲ頭、モンはマウントですから、ハゲ頭の丘に造られた公園、かなり大きな公園です。これはナポレオン三世が造った。この皇帝は毀誉褒貶の多い人ですが、結構面白い人で一種の社会主義思想を身につけていた。だからパリの市街の大改造、例のオスマンというパリの知事に託して大規模な、今でも信じられないような、大がかりな都市改造をやった。それの一部として、この公園も造ったのです。

私もパリに行った時、思いついて訪ねてみましたが、高さが五〇m位あるような岩壁の山で、木もあまり生えていない、真ん中に池があって噴水があるという公園です。ブーローニュのような立派なものじゃない、さっぱりした公園です。当時の社会主義者たちの主張は、労働者は産業革命を進める主体である、この人たちが塵埃にまみれて暮らして狭い家で安い給料で、ろくに太陽にもあたらずに働くのではだめだ。だから彼らの居住地区の中に公園を造れ、そしたら労働者たちは日曜日に夫婦子供が手を繋ぎ遊びに出て、お日さまを浴び、良い空気を吸うことができる、というわけ。

使節団の面々もそう説明されて、「なるほど、労働者というのは今の産業社会を支えている。その実際を担っている人たちは民衆である。彼らの保険、福祉、健康、それを考えるのは、文明の大事な仕事である」と納得し、そんなふうに記録しています。

こういうように、未来を考える場合も、歴史を辿り、『実記』を読めば、ちゃんとヒントが得られる。「未来は歴史の中にあり」ということです。

泉　ありがとうございます。「未来は歴史の中にあり」、まさにしかり、芳賀先生ならではの名言であり貴重なお話でありました。

次に、保阪正康さんにお願いしますので、少しご紹介をさせていただきます。保阪先生は、マスコミでもご承知の通り、つとに昭和史研究の第一人者でありますが、最近は大正・明治まで遡って日本近代史の研究者としても著名でいらっしゃいます。そして当会での講演をきっかけに本会の活動に賛同共鳴してくださり、以来ちゃんと会費を払って一〇年近く会員でいてくださるありがたい方です。今回のシンポジウムでも特別顧問として色々ご配慮をいただき、二日目の基調講演（第20章）もしていただきました。では先生、よろしくお願いします。

保阪正康　私は、少し別の話から入って、それから本題について考えたいと思います。

私はロシア人と付き合う機会がわりとあるのですが、彼らはアネクドート（小話）が好きで、食事の時に色々やる。それがなかなか面白い。その内容をよく聞いてみるとだいたい民族差別とか官民差別とか、その種のネタが多い。たとえば、私がこう尋ねる。

「あなたの国は社会主義的な国で、階級もなければ差別もない平等な国だと聞いているが、どうしてチェチェンの人々を話のネタにするの？」

「我々の国が平等？　そんなこと、誰から聞いたんだ」

「いや、聞いたんじゃない、習ったんだ、理想の国だとね」

「理想の国？　そんなものがあるもんか、この世の中に……」

と、言った具合なんです。

そして、「お前の国にはアネクドートはないのか」とくる。

「むろんあるさ、あるにはあるけど、日本人はだいたい真面目だからね」

「あれば、ぜひ聞きたいもんだ……どんな話か」と迫られる。

そこでシャクに触るから、何かないかと必死に考えた、パッとマルクスを思いついた。そこでこう言った。

「天国にいったマルクスが地上を見おろして、イギリスばかり見ているんだ」

「ふ〜ん、そしたら？」

「後ろから声をかける奴がいる。〝マルクス先生、見るところが違うんじゃないですか？〟」。そこでマルクスが〝お前は誰だ〟と振り返ってみたらレーニンとスターリンだったというわけ。「ところが、マルクスは何も応えず相変わらずイギリスを見ていた」というお話。

そしたら、これが受けた、とても受けた。そして弁解がましく「俺たちロシア人はみな人がいいんだ。七〇年も騙され続けてきたんだから」と言う。そこで一発返しましたよ、「それって、騙された方も悪いんじゃないの」と。そこで大笑いになった。

泉　なるほど、それは面白い、アネクドートの傑作です。世の中、勘違いや錯覚、誤解や妄想で満ちている。タテマエとホンネ、表と裏、ホントと嘘が渦巻いている。そこに気づくと笑いが生まれアネクドートが出来るんでしょうか。

しかし、他人事ではありません。日本人も笑えない。思えば、ナイーブな日本人は「ロシア革命が起きて理想社会ができた」と単純に短絡的にそう思った。大正時代の若い青少年はとくにそうだった。その反動で右ぶれして軍事国家が出来てしまう。それで、戦前は二〇年近く軍部に騙され続け、戦後だって七〇年近くずっと誰かに騙され続けてきたとも言えるのではないですか。

保阪　しかも時間が経ればどんどん事態は変化する。栄枯盛衰・生者必滅が当たり前だから、そう単純に直線的にはいかない。だから、理想社会とか、未来像とかいうものも、なかなか難しい。

泉　とはいえ、日本の未来像について、誰か夢を描いた人、それらしきことを言った人はいると思うのですが、大正・昭和を通じて挙げるとすれば誰でしょうか。

保阪　それで思いつくのは、まず「小日本主義」の石橋湛山でしょう。大日本帝国主義の領土拡大が盛んな頃、大正一〇年に『東洋経済新報』の社説で「一切を棄つる覚悟」を書いた。小欲を棄てて大欲につけといった。「朝鮮や台湾、支那、満州、またはシベリヤ、樺太の少しばかりの土地や財産に目をくれて、その保護や取り込みに汲々としておる」。そんなもの一切を棄てよと思い切ったことを言った。勇気ある大胆な発言です。さらに「大日本主義は幻想」を書いて経済的な損益勘定からすれば、軍事力による膨張主義はソロバンにあわないと計数を挙げて主張した。それより世界を舞台に「平和と貿易で繁栄することを目指せ」と言った。その方が近隣の領土に関わって争いばかりしているよりずっとよいとの考えです。

しかし、日清・日露の戦争で勝ち取った土地や権益を守らずしてどうするか、生命線を確保しなくては日本の国防は保証できない、と激論を吐く連中がいる。先人の血で贖った土地を棄てろとは何事だと怒る、そこで多勢に無勢で消されてしまう。まあ、残念ながら、『東洋経済新報』の社説を読む人は一部の知識人や英米的思想の少数派でしかなかったということでしょうか。

泉　戦後日本の発展ぶりを知る我々からすると、石橋湛山はまさに正論を吐いているように思うのですが、当時の大衆の目にはそうは映らなかったということでしょうか。

それに比べるとまるで対極にあるような人物に石原莞爾《いしわらかんじ》がいます。いわば大日本主義というか満州を「五族協和の王道楽土」にするといい、来たるべき日米の衝突を予見し、その世界最終大戦争の後に「理想的な平和世界」を夢想した異色の軍人をどうみるか、そのあたりはどうでしょうか。

保阪　その石原莞爾ですが、興味をひかれ私も色々調べたことがあります。分かったことは、石原莞爾はとてもスケールが大きい、深く多面的であるということです。富士山にたとえれば登り口が七つも八つもある感じで、それを全部踏破してみないと全体像が描けない。だからこの人物の全体像を摑むことは次世代に課せられた大きな宿題だと思います。

とにかく生粋の軍人であり、天才的な作戦家・戦略家である。東亜連盟の主唱者であり法華経の信者でもある、画家でもあり著述家でもあり思想家とも言える。軍人で八巻もの著作集がある人物はこの人しかいません。そして時代により、心移りをしている、変身している。ですから、どこの時点で、どの面で見るかで、この人物の評価は大きく変わってくる。

下克上の先駆であり満州事変の張本人であることからすればまさに「戦犯」である。しかし、郷里の鶴岡に帰って西山農場でコミュニティを主宰した頃の石原は求道者のようである。私は敗戦からの四年間、その時点の石原にこそ彼の本領があるのではないかとみています。

石原は、「世界最終戦争論なんて生意気なことを言ったが若い頃のことを恥じる」とも言っている。そして新憲法をみてこれは「いい憲法だ」と褒め上げ、「もうこれからは軍備のない時代だ。この憲法でアメリカに道義を説いて、見返してやれ」と言っている。石原の目指すのは「道義国家」なんです。農工一体のコロニーで簡素な生活を目指す、一五〇町歩の寄付を受けて同志五〇人で始めた。科学技術が原子爆弾の出現で極点に達したという認識から、この敗戦を近代文明の転機とすることを考えた。「歴史は分業の効率主義の分業経営から大転換して総合的経営へ再転する」、そして「最高文化に向かって大道を邁進するのだ」とも言っている。満州国で果たせなかった理想社会のモデルを西山農場で試作するつもりだっただのではないか。そんな夢を抱いたのが石原莞爾じゃないでしょうか。

泉　まさに「歴史の中に未来が見える」ですね。とてもいいお話をありがとうございました。なにか宮沢賢治の描いた世界とも通じるものを感じます。

では、次に近藤誠一先生にお願いしますので、少しご紹介をさせていただきます。近藤さんは、東京大学の教養学部ですから芳賀先生の教えを受けられたのではないでしょうか。それから外交官になられて駐米公使の時、ちょうど私もワシントンを訪ねて岩倉使節団の話をする機会があり、そこでお会いしたことを思い出します。その後、ＯＥＣＤやユネスコ、そしてデンマークの大使をされ、文化庁長官になられました。経済も分かれば文化も分かるという素晴らしい方であり、みなさんも記憶にあると思いますが、富士山が世界文化遺産になる時大活躍をされました。三保の松原を含む形で「富士山―信仰の対象と芸術の源泉」としたところに秘策があったようです。

なお、当会でも何回か講演をしていただいておりす。どうぞよろしくお願いします。

近藤誠一　私は初日は出られなかったのですが、昨日今日とフルに出席したいへん勉強になりました。もうレポート用紙がまるまる書き込みで一杯、消化するのがたいへんです。

私は役職柄、二〇年、外国で暮らしました。とくにヨーロッパが長かったものですから、日本の文化文明、社会のあり方、統治のあり方とヨーロッパのそれとをどうしても比較せざるを得なかった。そこで考えますのは、ヨーロッパでも、英米中心の、自由、民主主義、人権、法の支配といった普遍的価値が支配的だということ、とくにアメリカが冷戦に勝利した後、いよいよアングロサクソンの価値観が世界中に広がると思った。「歴史は終わった」とフランシス・フクヤマが言いましたが、私も当時はそのように思った。

ところがそれがその後あっという間にこの価値観が揺らぎ始め、いまや足元から壊れている感じです。とにかくイギリスのEU離脱とアメリカのトランプ現象は大きいと思う。それはこれまでの価値体系が崩れていくことを意味するからです。

そこで改めて思うのは、日本はここ一五〇年、その西洋文明に付き合わされてきたな、いいところもたくさんあって吸収したが、問題もたくさんあった。普遍主義や進歩主義とかを押し付けられ、それが余計なお節介に繋がった。植民地主義、資本主義、自由主義の支配もそうでしょう。この勢いはまだ続くでしょうから、これとどう付き合っていくかが日本の将来にとって大事なことだと思います。

さて、パネルディスカッションのテーマの「地球時代の日本の未来像を求めて」の副題に「自然・伝統・文明の交響」というのがあります。ここで自然が最初に出てきているところに大きな意味があると私は思います。これは先にご指摘のあった「富士山——信仰の対象と芸術の源泉」ではありませんが、日本人が自然を信仰の対象にし、自然を芸術の源泉にし、自然からバランス感覚を学び、自然に抱かれるように一体感を持つこと、そうした自然観が日本人にはあることの証左だと思います。

これを西洋と比較しますと、欧米の合理主義は頭でっかちの左脳偏重の感じがします。現実には右脳も大事だし左脳とのバランスで人間は生きている。情緒的な日本人は外から見るとはっきりしない奴だと思うかもしれないけれども、実はそこに生きる知恵があるのであって、そのバランス感覚こそが大事であり、それを日本人は自然から教わっていると思うんです。

問題は、この自然観と現実の政治・経済システムや制度とをどう調和させていくか、です。すぐには結び付かないいんですけれども、日本人自身がそういう気持ちを持ち続けることで、日本らしいというか、バランスのとれた、場合によっては世界のお手本になるような国になる、それも可能だと思うし、そういうふうにありたいと思います。

それからユートピアについても一言申し上げたい。理想郷を描き目指すことはむろん大事ですが、芳賀先生も仰っていたように人間社会で夢のようなことを期待してはいけない。結局人間というのは、不完全で、理性と感情の間でフラフラと迷い、ときには悪い考えも持つ、そのような人間性は変わらない。どんな優秀な理性が素晴らしい制度を作っても運用するのは人間ですから、善用するか悪用するかはその人に依存する。そこはきちんと押さえておかないといけないと思う。

そうすると、どういう社会がいいのかということになる。それは平凡だけど、ごく当たり前の社会なんだと思う。先ほどいくつか引用された幕末明治の外国人が見た日本、あれが日本の平和と幸福の原風景ではないでしょうか。それこそ地味だしアピール力はないけれど、我々が目指すものは、毎日人々が普通に働けて、家庭に笑い声が絶えないような、太陽と共に生きていくような、そんなところに幸せがあるのだと思う。

ゲーテの『ファウスト』の最後に出てくる社会がそうです。ファウストは何でもやり尽くした末に、最終的には民が苦労しながら畑を耕している、その労働の姿に感動して、「時よとまれ、お前は美しい」と言う。古今東西、人間に共通の姿がそこにあるといっていいのじゃないか、と思います。

泉　近藤さんは世界中を歩いておられ、さらに、国内も四七都道府県全部を訪れておられます。文化庁長官に就任された時に、任期中にぜひ全国を見て回ろうと決心され実行されたのです。そしてその都度その感想をエッセイにまとめ、それが五〇本に達したので一冊の本に上梓されたのです。題して『世界に伝える日本のこころ――みずほの国　ふるさと草子』です。その「まえがき」に、最初は全国を平面で見る、いわば横軸で見ることになると思っていた。ところが実際旅してみると、「予想もしなかったことが起きた。飛行機や列車の窓から見知らぬ地の景色を見ているうちに、自分がどんどん、この国の歴史と、その時代を生きたひとたちに思いを馳せていることに気づいた。日本を垂直に、いわば縦軸で見ていたのだ」と。
とすれば、その結果、「日本の未来像」についてどうお考えになり、感じておられるか、そこをぜひお聞きしたいと思ったのです。いかがでしょうか。

近藤　ええ、全国を旅してみて、色々感じ、考えもめぐらしました。

一つは、山折先生のお話（第22章）にあったように、縄文、弥生まで遡り、そして平安、鎌倉、室町、江戸へも訪れました。その時代時代を示す遺跡や建築や彫像や碑が残っているからです。そしてそこに暮らしがあり、生きた人々がいたことを想起させました。長い年月を経て積み上げられてきたその土地に伝わる神話や伝説、洗練された芸能や工芸、それらの中に繊細さ、豊かさがあり、その奥に深遠な宇宙観があることも感じました。それは「日本のこころ」が熟成されてきたことを教えてくれました。

そして近代がその上に載っている、明治維新以来、欧米の思想や技術を受け入れ、急ピッチで西洋化していく。都市も建築も交通も通信も、そして住まいも暮らしも変化していく。それが手に取るように見える。でも、人間の営みそのものは根本的には変わらない。そこで頼るべきは何か、科学でも宗教でもない、とすれば結局のところ、個々人のこころに内在する直感しかないのか。そんな感じがしました。

泉　頼るべきものは、科学か宗教か、あるいは、縄文から今日までの風土と歴史を肌で感じてみる時、最後は己の直感でしか真実は捉えられないということでしょうか。体験と思索からしたたり落ちるような貴重なお話でした。お陰で「自然と伝統と文明の国ニッポン」の輪郭がだんだん見えてきたように思います。

さて、その「美しい日本」のことを心から愛し、それゆえにそれを汚す日本人に猛烈な批判を浴びせてきたアレックス・カーさんにご登場いただきましょう。私は最初のご本『美しき日本の残像』以来、『犬と鬼』、『ニッポン景観論』まで熱心な愛読者なのですが、お目にかかるのは初めてであります。それでは、お願いします。

アレックス・カー　どうもありがとうございます。今ご紹介にありましたように、私はずっと日本の悪口を言ってきました。それもキツく、しつこく言ってきたので、嫌われてしまい、しばらくアジアの他の国に行っていたくらいです。しかし、バブルが終わって経済が伸びなくなってから、だんだん事情が変わってきました。日本社会のフェイズが成長から成熟へと転換し、地方の再生が叫ばれ古いものが見直されるようになりました。そこで、私のやってきた古民家再生や醜悪な風景の手直しの話に耳を傾けてくれるようになりました。すこし遅かったが良い方向です。

ここで私の言いたいことは、観光業のすすめです。日本には素晴らしい観光資源があるのに、それに気づかないで無神経に汚くし醜くしています。ホントに反対のことをやっています。まず目につくのは電柱と電線、そして過剰な看板でした。これはあちこちで直す動きが出てきました。でもまだまだ少しだけです、ほんとはもっと大々的にもっとスピーディにやってほしい。それから川、道、コンクリートで固められて水辺がなくなってしまう、道はアスファルトで息もできなくなってしまう。橋も美しくないのが多い、とくに目立つのは陸橋、道路にかかっている歩道橋です。汚らしいのが多い。街路樹がきれいに並んでいるのに、橋が汚くてガッカリすることがある。その意味で、いろいろゴミがついているから、日本列島の大掃除が必要と思います。

それから都市開発について言うと二つの流れがある。一つはパリ方式、これはワシントン、ニューヨーク、オーストラリアのキャンベラ、中国の北京へと伝染しました。北京はすごい、一〇車線、一二車線の大道路をバシーッと造る。そして大きなワンブロックを摩天楼で林のように建てる。三〇分歩いても屋台もないカフェもない。あんな所に人は住みたくない。人間は小さな路地や並木のある道や車の入ってこない広場がいいのです。

もう一つの方式がローマ、こちらは古いものも大事にする、必要なところだけ近代化する。住まいもそう、古い建物はそのまま、中だけリフォームする。田舎へ行ってもそう、だから街も村も伝統が生きていて景観が美しい。私の古民家再生もその方式でやっている。外観はなるべくそのまま、柱も梁もそのまま、生活を快適にするため、キッチン、トイレ、風呂などはモダンに改造する。都市もお店も住宅もそうすると美しい景観が維持できる、そういうことを私は薦めたいのです。

それから観光業ですが、みなさんあまり気がついてないと思うので言いますが、世界の総売り上げの統計を見ると、石油とガスが四〇二〇億ドル（日本円で四〇兆五〇〇〇億円）、それに比べて観光業は一兆三〇〇〇億ドル（日本円で一〇〇兆四〇〇〇億円）、凄いでしょう、二倍半です。これだけ流行しているパソコンの売り上げ台数でも三億台と言われていますから推定の売り上げ金額は二〇〇〇億ドル（日本円で二〇兆二〇〇〇億円）くらいです（日本旅行業会、二〇一二年の数字）。ですから、こんなに自然が美しくて、歴史的な文化遺産もたくさんあって、食事もおいしいし、素敵なファッションも機器もいろいろあって、買いたいものばかりの国なのですから、うまくやれば日本への観光客はどんどん増えると思います。ですから、車のたまにしか通らないところに立派な道路つくったり、洪水なんかないような浅い川に頑丈なコンクリートの壁をつくったり、無駄なことばっかりしないで、美しく快適な日本をつくるためにお金を使ってほしいのです。

泉　まったく同感です。明治維新政府があのギード・フルベッキを特別顧問に迎えたように、平成の世に見識ある首相がいれば、アレックス・カーさんを内閣顧問に招聘したでしょうに、まことに残念です。でも、遅まきながら日本政府も目を覚まして、その気になってきたとも言えるかもしれません。

次に橘木俊詔先生にお願いします。先生はご承知の通り経済学者でいらっしゃいますが、とても幅広く多くの著書を出しておられ、「格差」や「幸福」についてもご本がたくさんあります。今回のシンポジウムのテーマにふさわしい方だとお招きした先生であります。

橘木俊詔　さきほど「日本の未来像」についてユートピア的な話がありましたが、私は経済学者として現実的に考えてみます。その場合、資本主義にはいろいろ問題があるけれども、資本主義に代わるいい経済制度というのは今のところまだないというのが、非常に不幸な現状でございまして、ですから少しでも資本主義の悪い所を改良していくしか方策がないと私は思っております。

それにはどういう方法があるかといえば、次の三つの方策がありますが、その前に第四の案というのもありえます。資本主義を否定して、マルクス主義による経済運営もありえますが、今日では影が薄くなっています。

まずは第一の案は、政府が労働者の福祉を重視して積極的に政策を講じるというやり方です。たとえば、ドイツではビスマルクが福祉制度を充実して労働者に安心感を与えた。いわゆる「飴と鞭」の政策で、所得や福祉をある程度は働く人たちに保障し、その代わりに頑張ってもらうという方策です。

第二の案は、労働者が経営に参加するという方策がございます。ユーゴスラビアには労働者による自主管理型企業というのがありましたが、経営者が経営を独占して労働者には「お前働け」と言うだけというのではなく、労働者にも経営に参加させ一緒に経営するというやり方です。ドイツではこの方式が資本参加という形に発展し、労働組合は自社株を持って代表が経営会議にも出るという形です。

第三の案は、ケインズ型の福祉国家を徹底させることです。民間企業だけに任せていては駄目だから、政府が積極型に投資もし福祉も充実させる、たとえば年金とか医療とか介護とか失業保険とか、そういうのも徹底的に充実して労働者の不利益を最小にするような政策です。その方策で成功している国がございます。皆さんもご存知のように、北欧の諸国、ノルウェー、フィンランド、デンマークなどです。そういう意味では北欧型を目指すのが一つでございます。

そして私が言いたいもう一つのことは、北欧型は福祉が充実しているだけではなく、経済も非常に強いということです。今、アメリカもイギリスも日本もドイツも、そんなに経済は強くないですが、二一世紀の資本主義国中で一番強い経済を誇っているのが北欧でございます。成長率も高い、福祉も充実している。私の言葉で言えば、経済効率性と平等性の両方を満たしているのが北欧ということになります。

じゃあ北欧型を目指せばいいじゃないかというと、必ず反論が出る。北欧の諸国はせいぜい五〇〇万人とか八〇〇万人の小さな国だから、それができる。しかし、日本みたいに一億二〇〇〇万人もいる国や、アメリカのように三億二〇〇〇万人もいる社会ではそんなことはできない、という意見が轟々と出てきます。しかし、私はそうは考えない、日本だって考えようによってはやれないことはない、方法はあると言いたいのです。たとえば、地方分権を徹底して全国を八つ位の小さな国に分けて連邦国家のようにすればいいのです。

泉　ありがとうございます。北欧型の福祉国家、それを道州制の小国連邦方式でやる、いいですね。日本列島を、九つとか一〇とかの小国に分けて、それぞれが独自色を出せば多彩な魅力ある日本列島ができるような気がします。では、しんがりになりましたが、塚本弘さん、よろしく。

塚本弘　私は、橋本先生が国内向きなら、外向けつまりグローバルな展開で考えたいと思います。実は、私は仕事がら世界各地を歩いており、先輩からも現実をよく見ろ、数字をしっかりみろ、と言われてきましたが、その点に関して一つ紹介したいことがあります。

それは、自動車の数字です。今や自動車産業は日本の基幹産業です。ところが国内だけ見ていては実態が見えない。世界市場での数字を把握しないと現実が分からない。自動車の海外生産の推移を見ていくと、一九九〇年代頃は日本の自動車メーカーの海外生産は三三〇万台位です。ところが二〇一五年には一八〇〇万台になっています。生産は二五年間で六倍近く増えています。その中でトヨタのケースで見ていくと、まさにグローバルな中で発展している、だから日本だけ見ていては間違える。トヨタは世界中で非常にたくさんの生産をし雇用もしている。むろん利益も所得も発生していて、それぞれの場所で税金も払っている。そのある部分は特許料や配当で日本に環流してくる、その辺を数字でしっかり把握しないと現実の姿が見えてこない。ぼんやり、いい加減にみていては分からない、錯覚や誤解をしてしまう怖れがあるのです。

いま、さかんに言われている日本の「失われた二〇年」という言葉も、漠然と否定的にとられてしまうけど、そう言えない肯定的な面もたくさんある。バブル崩壊の九〇年代以降、全然経済が成長していないと言いますが、グローバルな視点で海外もみれば色々の面で成長している。そういう部分もきっちり計算に入れなくてはいけない。現に所得収支はかなりのプラスになっているわけで、日本は全体としてかなりの黒字なんです。日本の国力はいまでも凄い、依然として世界で第三位のＧＤＰですから。

それから東京に来る人の感想を聞いてください。私は海外に知人が多いので尋ねてくる人も少なくなく、やってくるとガイドを務めています。すると、彼らは日本を見て賛嘆する、東京の町についても驚き感激します。日本は魅力ある国なんです。よく言われる三つのC、クリーン、コンビニエント、カンファタブル、これが東京の魅力です。むろん大阪でも名古屋でも、あるいは京都や福岡や札幌でもそれは言えるでしょう。では、地方はどうか、自然や歴史はあっても過疎化や高齢化が進んでいる、この地方をどうするかが非常に大事な点です。

でも、それぞれの地域で色々の新しい動きが出てきている。そこで何が一番の鍵かいうと、民の力によって新しい動きが出ていることです。私は、経済産業省出身ですけれども、やはり国の官僚は上からしか考えないですから、地元のことをきっちり考えるということができないんです。それぞれの地方のことはそれぞれの地方の人が一番よく知っているわけだから、その人たちの発意と行動で色々の問題を解決していくことが大事だと思うのです。

そして、もう一つ言いたいのは、この日本の近代化の歴史的体験は貴重な教材だから、開発途上国の人たちに知ってもらうことが大事ではないか、それをすることが地球時代の日本の大きな役割の一つではないのか、と感じます。お金だけでなく、そうした知恵を含めてのサポートが、アジア、中東、アフリカなどにとって肝要なのではないか、と私は思います。

泉　塚本さんはジェトロの元副理事長であり海外体験が非常に豊富な方です。アジアでもアフリカでも色々の面で近代化支援を仕事としてきただけに、現実味がありなるほどと思いました。海外で暮らす個人としての日本人、そして青年やシニアの海外協力隊などで働く人々、その中にも素晴らしい人がいる。そういう人を見ると期待が持てます。

3　科学技術と産業経済は道具、人類の平和と幸福のために

泉　さて、本日の主題「新しい日本の未来像」について、おさらいをしておきたいと思います。日本の近代一五〇年を振り返ってみると、要するに産業革命以降の技術革新を追いかけてきた。明治、大正、昭和前期、戦後においても、その意味では一貫しています。そして最近はとくに、コンピュータの導入以降、そのスピードが猛烈になってきた。その最先端がＩＴやＡＩに象徴される新技術です。この事態をどう捉えたらいいのか。この科学技術のめまぐるしいまでの進歩は、産業や経済に活用されて、我々の生活にも大きな影響を及ぼしている。技術革新と経済発展が車の両輪のように凄い勢いで進んで、私たちはそれに追いかけられているように思います。

もう三〇年近く前になりますが、ロケット博士と言われた糸川英夫さんが、こう言っておられるんです。「かつて人間は宗教の束縛によって精神の自由を奪われていたが、現在人類は再び自ら作った呪縛によって危機に瀕している。その呪縛とは何か。」それを彼は「テクノエコノミー」という価値観」と言っています。私はそれを技術と経済の至上主義、言い換えれば科学を信仰する科学教、経済を信仰する経済教、そのミックスがテクノエコノミーだと解釈しています。

その「近代教」の信仰が嵩じて、本来手段であった科学技術の進歩や道具であった産業経済の発展がいまや主人の座を占め、目的そのものになってしまった。そこに大きな疑問を感じるのです。その集約

的な数字が「所得」です。どんなことにも適正ということがありますが、個人所得はどれくらいあればいいか。所得と幸福の関連を調べた結果、一人当たり五万ドルが一つの基準だという説があります。日本円に換算すると、年間五〇〇～六〇〇万円です。いや、もう少し欲しいだろう、というので八〇〇～一〇〇〇万円という人もある。しかし、一五〇〇万円を超えると幸福とは無関係になるという。現実にはありすぎるとむしろ不幸を招く、金に縛られ、ふりまわされる、マイナス面が出てくるのです。経済学には限界効用という考えがありますが、所得もある一定額を超えると効用が逓減していく、それが実態だと思います。

それは進歩や発展のスピードにも適応されます。何事も「過ぎたるは、なお及ばざるが如し」で、よい加減、ほどほど、適性、適量、適時というものがある。つまり人間には人間らしいスケール、スピードがあるのであって、それを超えると人間らしい生活ができなくなる、このごく当たり前の素朴な原理が、いま忘れ去られていると私は思います。

その結果、人々は科学技術の進歩と経済発展のために、ラットレースのように忙しく働き、競争に明け暮れてストレスに悩まされ鬱病になる。なぜか、要するに近代文明そのものが行き詰まりに来ているのです。その端的な例は、コンピュータを駆使した金融工学によって貧富の差がいよいよ拡大し、原発事故によって放射能ゴミが地球のガンのように自然環境を汚染し人間生活に脅威を与える状況です。

私たちは一体何処へ行こうとしているのか。近代化の目的は本来何だったのか、真剣に考え直す必要があります。そこで気がつくことは、究極の目的は個々人の幸福です。国家のランク付けでもなくＧＤＰでもなく、人々が平安に人間らしい生活ができることではないですか。それにはどれだけのことがいるかと言えば、要件は五つもあればいいと思うのです。

一に食、二に住まい、三に仕事、四に人の繋がり、五にほどほどのお金、以上です。そこに幸福の原型があり、ベーシックなものがある。

それは近代化以前の日本の姿、あの江戸時代の生活を想起すればすぐ分かることです。ほどほどの住まい、ほどほどの食事、ほどほどの着るもの、そして信頼できる家族、仲間、そして日々励むことの出来る仕事です。それだけあれば十分なのです。それを保障できる平和な社会がいい社会なのであり、それを目指すのが政治の大眼目だと思います。当たり前のようなシンプルなことですが、改めてそれをここで確認しておきたかったのです。

それから、「志民」、「志ある民」のことですが、官には頼らない。自力で、改革を進めている方々です。NPO、NGO、それに期待したい。その発言や活動によって知恵ややる気が喚起され、同種の運動があちこちに広がっています。それぞれの人がそれぞれの形で改革の一役を担おうじゃありませんか。

さて、ここで、会場から少し質問や意見をうかがいたいと思います。挙手していただけますか。

質問1　私は、慶應義塾大学で教えていた者です。

これから先の日本を考えるというか、世界を考える時に一番重要なことは、先進国のほとんどの労働人口がサービス業が中心になっていることです。アメリカ等は七〇%ぐらい、日本も半分以上がそうですが、サービス業というのはこれからもどんどん進化して、製造業というのはサービス業の傘の下に入ってくる。そうした時に、日本はやはり世界を引っ張る資格があると思う。それは、おもてなしだと思います。人のことを考えて相手に快適なサービスをするという精神は、日本にずっと長いことありました。これをやはり売り出していき、世界のサービス業産業の基準を日本がつくっていく。信用第一もそうですし、そういった意味で、今、ものづくりが駄目だというんじゃなくて、次はサービス産業にいって、そこでどれだけリードしていけるか。

質問2　私はメンバーで日比谷図書文化館で色々近現代史の勉強をやっている者ですが、聞きたいのは、日本の将来をどうするか、次の世代にどういうことをやってもらうか、そのために、教育とか情報の伝達とか、どういうふうに若い人に伝えるか、そういうことについて、皆さんのご意見を窺いたい。

質問3　現在、第四次産業革命が巨大なうねりで起きています。その中心的なものは人工知能でありＩｏＴであり、これがために今後諸制度のすべてをリセットしていかなければいけないくらいの根本的大変化だと思うのです。近藤様が「現代はレイトリセットの時代だ」とおっしゃり、橋木様は北欧諸国について第四次産業革命に対して凄い準備をしているとお話されましたけれど、日本はこれにどう対応するのか、ということです。具体的にいえば、イギリスのある調査レポートによると、現在の職業の三分の一は、この二〇年で無くなるだろうといいます。非常に大きな革命のうねりが起きてきています。

そこで日本の未来像を考える場合には、そういう技術革新の大きな流れを前提に考えなくてはいけない。日本はこの巨大な変化に対して、どう準備するのか、ということを皆さんに問いたいと思います。

泉　ありがとうございました。それぞれに重要な問題が出ています。じゃあ、今の質問やご意見にも答えながら、また他のパネリストの方への賛同や反論もまじえて、順番にご発言をいただけますでしょうか。芳賀先生、よろしく。

芳賀　私は先ほど申しましたように、未来のことは分かりません。そこで、さっき橋木さんが語学教育の話をされたので、そのことについて意見を言いたい。私は日本の若者たちに外国語を学ばせることはほんとうに大事だと思う。英語はもう当たり前、その他に中国語、韓国語、フランス語、ドイツ語、ロシア語、そのうちの三つぐらいやらなければグローバルでも何もありやしない。

しかし、グローバル、グローバルといったって、日本人が心の根っこを失ってはどうしようもない。外国語を学ぶ前に日本語をしっかり学ばなくてはダメ、日本の古典をよく教えること、小学一年生あるいは幼稚園から、高校を卒業するくらいまでに、『万葉集』も『枕草子』も『奥の細道』も、夏目漱石も谷崎潤一郎も、福沢諭吉はもちろん久米の『実記』も。とくに『実記』は中学か高校に入ったら毎年、地理の代わりに読ませたり、それの英訳を読ませる。『実記』は、文庫一冊で英語の勉強にもなる、歴史や地理の勉強にもなる。

グローバリゼーションは、こういうところから始まるのです。日本がいかに苦労しながら工夫しながら知恵を発揮して近代化しグローバル化してきたか、その歴史をちゃんと学ぶ。未来など信用するな、歴史に学べということです。

泉　わかりました、芳賀先生ならではの威勢のいいお言葉でした。若い世代、次の世代へのメッセージとして非常に重要です。では、保阪先生、いかがですか。

保阪　私たちの国で伝えるべきことは結局三つほどしかない、と思います。

一つは、私たちの国はなぜ天皇制を抱えているのか、ということです。一九世紀まで世界は王制だらけだった。岩倉使節団が回覧した時にはフランスとスイスとアメリカしか共和制はなかった。それが二〇世紀になるとあっという間に王制は崩れて、世紀の終わりになると限られた国しか持っていなくなった。その中にあって日本は王制を維持している。それも類まれなる王制、天皇制です。その天皇制の存在をどういうふうに私たちの世代が抱え、次世代に継承していくか、ということです。国民が天皇とどう共存していくかということです。それが歴史の深みに触れることであり、それをまず知ることだと思います。

二つ目は、先達が私たちに命を懸けて言い残したこと、その言葉をしっかり聴く必要があるということです。たとえば、岩倉使節団の例で言えば、アメリカに密入国してボストンで神学を学んでいた新島襄ですが、現地でスカウトされて岩倉使節団の随員になります。そして文部省理事官だった田中不二麿に言われて、通訳としてヨーロッパを一緒に歩き、色々な大学や学校を見て回ります。そして田中に「日本へ帰って学校を創れ」と言われるのです。だが、新島はきっぱり拒否しました。「私はキリスト教の信者だから官の学校を創るわけにはいかない。私の思うような学校を創りたい」と。そして明治七年に帰って来て翌年、同志社を創るわけです。

その後、大学に昇格させたいと資金集めに奔走するのですが、明治一五年頃に勝海舟に会うんです。すると勝は「君の言いたいことは分かった。ところで君の大学の理念はこの国で何年経ったら実るのか」と聞くのです。そこで新島は「二〇〇年かかると思います」と言います。そしたら勝は「分かった、全面的に協力する」と言ったというのです。

新島はなぜ二〇〇年と言ったのでしょうか。それは、ヨーロッパで色々な大学を見た時に主要な大学は一四〇〇年代、一五〇〇年代に創られている。そうか、大学は一朝にしてはならないのだ、人材養成はそれだけ時間がかかるんだと感じたわけです。しかし、国づくりを急ぐ新政府の行政官である田中は、そんな悠長なことは言ってられない、「君、日本はそういう時代じゃないよ。とにかく早く人材養成をしなければならないのだ」と。

新島は命を懸けて同志社大学を創った。命を懸けて密航し、命を懸けて禁教であるキリスト教を学び、二〇〇年を懸けても人材を育てようとしたのです。そうした人物の命を懸けた歴史や言葉を語り継ぐ必要がある。それは長期的視野で古典を語り継いでいくことであり、そういう義務が私たちにあるのだと思います。

三つ目は、結局「負うた子に教えられ」ということで、若い世代に謙虚に学ぶことです。私はインターネットなどやりませんし、インターネットの隆盛に疑問を持ちます。インターネットは虚像を実像化して社会を虚像化していくと思っていますし、それは虚像社会が無限に拡大していくことだと懸念しています。けれども、それを私が嫌だと言っても、現実には広まっていく、それは時代の趨勢でしょう。

それに、インターネットというハードが悪いのではなくてソフトの方に問題があるわけです。そのソフトを使える人間の資質というものを私たちは彼らに分かる形で伝えていくことが大事だと思う。結局、歴史に残っているものを私たちはきちんと聞くことだと思う。時局について声高に叫んでいる人の文化伝統が果たしてそれだけの資質を持っているか、疑う必要がある。それが軽薄で傾聴に値しないことは、歴史を見ればよく分かります。声高に叫ばなくてもきちんとした仕事を残している人はいっぱいいるわけです。そういう人の言葉を伝える能力があるかどうか、それが私たちに問われているのであり、次の世代に何を語るかというのは、実は私たちが問われているのだと自覚する必要があるということです。

泉　ありがとうございました。次世代に何をどう伝えるか。「命をかけた言葉」を襟を正して聴かなければいけないと深く感じました。では、近藤さんどうぞ。

近藤　ご質問のうち、サービス産業が増える中で日本のおもてなし精神が力を持つのではないか、ということ、それにAIとかIoTというものがどんどん進んでいく中でそれにどう準備をしていくか、ということ、それについて一言申し上げます。

私はグローバリゼーションとAIは、止めようにも止められないと思っております。そうであれば、いかに害を少なく利益を多く使うかということだと思いますが、結局のところ人間を左脳と右脳とに単純に分けてしまえば、左脳的なことはどんどんAIがやってくれる。しかし右脳の方、つまり文化芸術、情緒感情の方はなかなかロボットにもできない。もちろんそういうプログラミングをすればある程度出来るのかもしれません。平田オリザという劇作家の作ったロボットの演劇があります。そこではロボットがスパゲッティを作って持ってくる、サーブしてくれる。「おかわり」というと、おかわりも持ってくる。ところがその奥さんが窓を開けて「見てごらんなさい、夕焼けがきれいよ」というと、ロボットが「私にはきれいというのは分かりません」という。そこで私は思ったわけです。そうか、感動や感激というのはやはりロボットにはできないんだな、と。

そのロボットを創った石黒浩先生（大阪大学）に電話して聞いてみました。「ロボットが夕焼けに感動するというのはできますか、そういうプログラミングをすればできますか」と。そしたら、「夕焼けを見れば、感動したジェスチャーをすることはできるけれど、心から感動するようなロボットをつくることは、今は無理だろう」と言われました。

そういうことで、どんなにAIが進んでも人間性というか、右脳的な働きは絶対にとられない。言い換えれば、おもてなしもそうです。相手の状況を見て直感的に判断し、相手の望んでいることをして、望んでいるものを出す、それはどんなにプログラミングをしてもできない。その右脳的な働きが日本人の得意とするところでもありますから、ＡＩの時代に日本が生き延びていく一つのエリアがここにあるかなと思うのです。

泉　明快なお応え、ありがとうございます。平田オリザのロボットの話は面白いです。彼には『下り坂をそろそろと下る』という本があって、その帯に「あたらしい「この国のかたち」」とあり、そこには「一五〇年、アジア唯一の先進国として君臨してきたこの国が、はたしてアジアの一国として名誉ある振る舞いをすることができるようになるのか」と書かれています。『坂の上の雲』の司馬遼太郎先生にもご意見も聞いてみたいところです。

さて、サービス業がどんどん増えていくという話がありました。それをホスピタリティとの関係とからめ、「美しい日本」を愛し、「観光日本」の将来性を大いに推奨してくださっているアレックス・カーさんにアドバイスをお願いしたいところです。

カー　観光やおもてなしの分野は、これから日本の強い分野です。とくにおもてなしについては中国は弱いですし。

私として最後に言いたいのは、非常にベーシックな話です。山折先生は、日本の山や海、石、木、そういうものから日本の思想や生活が生まれたという、近藤さんのお話ではそこから日本的な文化や芸術が生まれたというのでしょう。昔の外国人は日本の美しさを褒めました。いまの外国人はビックＣは三つあるという、クリーン、コンビニエント、カンファタブルですね。けれど私はビックＢがないと思います。ビューティフルのBです。本来あった美しい国土をこれほど汚しお粗末にした国はないと思うぐらいです。

皆さんには非常に申し訳ないんだけれども、都会の風景もそうです。この頃私は電車に乗ってもすぐにブラインドを閉めます。窓の外にひろがる風景、あの汚らしい光景は堪えられない、苦しくなるのです。現実には立派な寺院や仏閣にすごいものがある、ところがそこまで行く道はとても辛いのです。ゴチャゴチャした町並み、建築群、電柱に電線、過剰な看板、コンクリートで固めた川、こんな国土でいいのかということです。非常にもったいない寂しいことだと思います。

ですから、これからの一つの大きな仕事として大掃除が必要と思います。まず、これだけ汚くなった国土をいかに美しく戻すか、それを考えなくてはならない。それをそのままにして、日本には文化がある、芸術がある、美しい国だ、というのは、妄想の中にいるようなものではないか、と思ってしまうのです。ごめんなさいね、最後は少し面白くない、楽しくない話をしてしまいました。

泉　いやいや、頂門の一針、良薬は口に苦し、です。こういう鋭いご批判こそ、日本人に必要なのです。心して伺いました。では橋木先生、よろしくお願いします。

橘木　私はサービス産業についてお話したいと思います。サービス産業というと私にはまずイギリスが念頭にくるんです。イギリスの製造業は駄目になりました。駄目になったので「イギリスはサービス業で生きる」と宣言をして、皆さんご存知のようにロンドンシティという金融の中心地が栄えた経験がございます。ではなぜイギリスのロンドンが金融業の中心になったかというと、英語のアドバンテージが物凄くあったと思う。国際的な金融業というのは一つの言語でやりますから、ロンドンが中心のサービス業も同じです。国際的なビジネスとなると、どうしても英語が強い。その良い例がシンガポールです。アジアの金融センター、保険も含めて、それを東京とシンガポールが争いました。その時東京は負けました。シンガポールはイギリスの植民地だっただけに英語が国語です。みんな英語を喋る、書く。これじゃ日本は敵いません。でも、日本には日本語がある、日本の伝統があり文化がある。それをどう両立させていくか、が日本の課題でしょうか。

泉　そのことでは、数年前当会でドナルド・キーンさんをお招きして、「アメリカングローバリゼイションと日本人のアイデンティティ」というテーマでお話を聞いたことを想起します。その時、若い世代ほど衣食住から風俗習慣までますますアメリカ風になっていく情勢を憂えて、「日本人のアイデンティティはどうなるのか、風前の灯火だ」とキーン先生に問いかけたんです。そしたらキーンさんいわく、「日本語を使っているうちは大丈夫」と太鼓判を押してくださいました。

だから日本人はまず日本語をしっかりやる。そのうえで英語はもちろんあと一カ国語や二カ国語をあやつるくらいでないと、グローバル人材とはいかないぞ、ということではないでしょうか。

それでは、塚本さんよろしく。

塚本　サービス産業とＡＩロボットというところで非常に印象に残っているのは、グーグルの本社に行った時のことです。そしたら日本の製品がそこに一杯あるんですよ、何だと思います。マッサージ機。至る所に色々の会社のマッサージ機が置いてある。マッサージ機というのは一種のロボットです。凄くハイタッチハイテクの製品だと思います。日本は、きめ細かいあのマッサージのタッチを製品化していく能力を持っている、ということは、未来において、さっき近藤さんが仰ったように、感性の部分をどうやって伸ばしていくかのヒントになる。やはりそこら辺に日本の強みがあって、一種のアナログ的な感性をうまくハイテクと融合した形で、ハイテク・ハイタッチのものをますます発展させていったらいいと思います。

それから、さっきカーさんからお話があった汚い日本というのはまったく仰る通りです。だから電信柱にしても看板にしても、こういうのはやはり一つひとつ、それぞれの所に住んでいる人たちが主導してきっちり正していく、そういうふうなことが大事じゃないかと思います。

泉　ありがとうございます。今日では、働く場所も、遊ぶ場所も、ビジネスの場も投資する場も、美術や音楽をプレゼンテーションする場も、舞台は日本だけでなく世界ということになった。ですから、あまり日本、日本と、日本にこだわっていられない。数値の問題も、国境を越えて考えないと、現実から遊離してしまうことになる。

さて、塚本さんが紹介されたグーグル本社の「癒しのマッサージ機」は実に象徴的な話だと思います。それからウォシュレットのトイレット、あれも素晴らしい発明です。初めて日本にやってきた人が、あれを体験した時感動して「これをぜひ買って帰りたい」というのも分かります。実にきめ細かいおもいやりとセンスが最先端の科学技術と融合された機器といっていい。

ある意味で現代は素晴らしい時代です。豊かで便利で快適で、一〇〇年前の人が見たらビックリ仰天する時代に生きている。若い人はネガティブにならず、こんな素晴らしい時代に生きているのだと自覚して、ぜひポジティブに上を向いて生きてほしいと思います。

では、パネリストのみなさんから最後に一言ずつお願いします。順序を逆に、塚本さんからお願いします。

塚本　さっき保阪先生から「やはり日本人は真面目すぎるんじゃないの」と、アネクドートの話がありましたが、これからのキーワードは「余裕」ではないでしょうか。余裕を持って色々なことに対処する、歴史も余裕をもって考える、というのが大事だと思います。ところが明治以降は生真面目にやってきた。森鷗外がこんなことを言っているんです。「いったい日本人は生きるということを知っているのだろうか。学校に入るとひたすら勉強をする。その先に生活があると思うから。仕事に就くと目の前の仕事をひたすらこなす。その先に生活があると思うのだ。でもその先に生活はないのである。現在は過去と未来とを繋ぐ一線で、現代に生活がなければ生活はないのである」と。彼は四九歳の時にそれを言っています。

やはりこれからはもう少し心の余裕を持って、美を楽しみ、余暇をエンジョイし、家族との関係や生活そのものを大事にする。そんなことが求められると思います。

橘木　私は、サービス産業を発展させてほしいという希望があります。サービス業は商業、金融、教育、福祉、医療など、やっぱり人間生活にもろに関係している分野ですので、そういう意味では、グルメもファッションも非常に重要なサービス産業だと理解しています。

カー　これまで日本にもいくつか革命がありましたが、日本の革命というのは、「元に戻りましょう、元に戻りましょう」という旗を揚げてやるんです。たとえば明治維新でもそれは幕府を廃止してもっと古い天皇制に戻ろうという名の下で、まったく新しいことをしました。それはずっと繰り返してきたことです。また、今もそのような転換期を迎えていると思うんです。たとえばファッション、グルメにしても日本は素材そのものを大事にするから、世界から評価される。つまり元の部分、元の日本にあった町の姿、山・川・海、元からあったものを再発見することによって、逆にグローバルになる可能性がある。クールジャパンがそういうものを再発見してそれに新しいテクノロジーをつけて、そこに次の出番があるのではないかと思います。

近藤　美とゆとりを大事にしていくこと、最近私もやっとガラケーを卒業しまして、スマートフォンになったんですが、やたら時間がとられるんです。便利なだけに、そっちに取られてしまう。もっと重要なことがあるのに、電車に乗ってもついつい見てしまう。そうすると、窓から富士山を見たりする時間がなくなってしまう。これは非常にまずいので、技術革新で便利になることは、それによって、やるべきことを最短で済ませて、余った時間を、ゆとりを持つ、美を味わう、そういうことに使うべきだと思います。

大事なのはプロセスであって結果ではない。何でもグーグルで答えが出ちゃう、知ったことになってしまう。『源氏物語』でもグーグルでひけば一〇行位であらすじが書いてある。これで読んだことにしちゃう。これが非常に危険なので、時間をかけて手間をかけて苦労して勉強する。そういう時間を技術革新でむしろつくるというような方向にいくべきだと思います。

保阪　私も基本的には、真面目な中に余裕を持つことですかね。冗談が言える、ユーモアを持つことが大事だと思います。それから語学は最低二つは覚えるというのが、これからの時代だと思います。私の編集担当者は三〇人位いるんですが、そのうちの三人は二カ国語ができるんです。その三人とも皆外国人と結婚しています。結婚して言葉を覚えたのではなくて、言葉ができるから結婚した、そのうち二人は中国人で一人はイギリス人ですが、中国人と結婚している人は大体恐妻家が多く、お金が自由にならないと愚痴っています。しかし、そういう異文化交流は必要だと思うし、結婚という形にまでならなくても異文化交流ができればいい、言葉ができれば気楽に話せるし冗談を言い合えるようになる。それが民と民の間の理解を生み親近感を育み、国同士のいさかいをなくしていく原動力になっていくのだと思う。

4　世界中がモデルにしたがる国、「自然・伝統・文明が響きあう国」へ

泉　さて、いよいよ最後になりますので、米寿も間近い芳賀大先生にぜひお願いしたいことがあるのです。「芸術の国日本」について一言おっしゃっていただけませんか。みなさんご承知ないかと思いますが、先生は二〇〇九年に白と墨に赤の題字をのせた見事な装幀のご本を出版されました。六〇〇頁を超える大判の著作で、そのタイトルが『芸術の国日本――画文交響』なのです。画文とは絵画と詩文のことでそれが響きあうという意味です。日本の美術と文学の両分野における永年の蘊蓄を傾け、あの煌めくような芳賀流の流麗闊達な筆法で自在に縦横に語られた素晴らしいエッセイ集なのです。先生ご自身も「わが夢の一冊」と称しておられるくらいですから思い入れもたいへんなものがあると拝察します。その中に、日本を「言霊の幸《さきはう》ふ国」、「詩歌の国」と書いておられますので、まずその辺から。

芳賀　その題名は、日本は本来なによりも芸術においてすぐれた国であったという私の信念と、これからもそうであってくれとの私の願いとを込めたものなのです。それから一昔前になりますが、日本文

化史における絵画について『絵画の領分』という本を書きました。その時「画文交響——美しい伝統」という言葉も使ったのです。中国では詩人文人と画人が共鳴しあって合作するのが一つの理想的境涯とされてきたし、日本でも気のあった同士が画賛などよくやっています。絵画と詩文が響きあう、「詩中に画あり、画中に詩あり」、つまり妙境に入るわけだ。

それで日本の詩歌や絵画の題材は何が多いかというと、自然なんです。花鳥風月であり雪月花であり、四季折々の風光であったり、それからもう一つの題材が、恋、出逢い、別れ、さまざまな情、ということになる。それが日本の伝統には連綿と流れ続いている。万葉古今の時代から、『源氏物語』、『伊勢物語』、宗達、光悦、そして芭蕉、蕪村、白隠、仙厓、さらには子規、漱石と続く。そこへ西洋の近代文明が入ってくる。そこで今日のテーマの「自然・伝統・文明の交響」となるわけで、なかなかいい題を付けられたと思う。

西洋ではこうはいかない、自然は対象と捉えて、征服するもの、克服するものと考えてしまう。ところが日本では自然の中に入っていく、自然に抱かれる、自然に溶け合う、自然と響き合う、そこに日本の特性がある。

私は、京都造形芸術大学の学長に任命されて、一〇年ばかり上賀茂の川のほとりに家を借りて住んだのですけど、やはり京都はいいね。四季の風物がこの上もなく美しい。三方を山に囲まれ、そこから流れ出る清流が市街のあちこちに音を立てて流れている。料理も美味しいし、人もおっとりしているし、平安以来の雅な伝統がそこここに伝わり、古典の詩歌も日々の暮らしの中で身近に感じられる。大正期後半の駐日大使で二〇世紀フランスの最大の詩人の一人だった、ポール・クローデルが、京都について

「王朝以来の芸術と宗教の雰囲気を濃く宿す都、世界で最も美しい都市の一つだ」と言ったけど、そういうことを感じたな。もっともカーさんの目には、その京都も醜悪になりつつあると言われそうですが。

近藤　その「芸術の国日本」について、一言いいですか。私も芸術が日本の特長であり美がキーワードだと思っています。富士山を世界文化遺産に推して各国委員を説得する時に「美の国ニッポン」ということに力を入れました。北斎の『富嶽三十六景』、広重の『江戸名所図絵』、ここにも富士はよく出てくる。それから『東海道五十三次』の図絵には各地の風景が見事に描かれているし、平和でのどかで美しいです。その象徴が日本的霊性の自然信仰の山「富士山」だという認識で、それが芸術にも表現されている。それを世界の人々も理解したということではないでしょうか。

泉　「芸術の国日本」は、音楽やデザインの世界でも、和食や工芸の世界でも健在であり、これからいよいよ地球的に認められていく分野だと思います。ありがとうございました。

それでは最後に三日間のまとめとして、メッセージをお伝えしたいと思います。私が当会の仲間と語り合い練り上げたわれわれのヴィジョンです。いかにも楽天的で能天気だという批判もあるのですが、よく見てみるとリアルで身近で実現可能な「あらまほしき日本列島の姿」ではありませんか。人工衛星から見下ろした風景です。

かつて、先ほど芳賀先生からも紹介のあったポール・クローデルは言いました。「世界でただ一つ、どうしても生き残ってほしい民族を挙げるとすれば、それは日本人だ」と。また、アインシュタインは皇居や伊勢神宮を訪れ、自然信仰の祭祀的天皇の存在に心打たれ、「われわれは神に感謝する。神が人類に日本という国をつくっておいてくれたことを」と。

そして、あの第二次世界大戦中、米国戦略空軍は皇居をはじめ歴史的文化遺産を爆撃対象から外しました。それがため京都と奈良は危害から逃れることが出来たのです。

平和憲法の第九条を理念の機軸とし、日本列島をまるごと珠玉のような美しい世界文化資産にすれば、それがとりもなおさず最も日本的で最も効果的な「地球時代の安全保障策」になると考えたいのです。

冒頭にも紹介しましたが、明治創業時、横井小楠はこう言いました。「堯舜孔子の道を明らかにし、西洋器械の術を尽さば、何ぞ富国にとどまらん、何ぞ強兵にとどまらん、大義を四海に布かんのみ」。日本は明治期において強国を戦後昭和期において富国を実現させた。今や、世界に大義をひろめていくべき時だと思います。その大義とは何か。「仁義」のこころであり、人間が人間らしく暮らせること、つまり「個々人の幸福」であり、「世界の平和」でありましょう。その具体的な「かたち」として世界の中の「美味《うま》し国・ニッポン列島」のヴィジョンを朗読したいと思います。

美味し国・ニッポン列島〜住みたくなる、訪れたくなる国〜

悠久の宇宙に浮かぶ青い地球
その大洋に日本列島が弓なりに連なっている
北は亜寒帯から南は亜熱帯まで
緑の山々を脊梁とし白砂の海岸線に縁どられている

夕闇せまるころ大小の都市に光が輝き出す
仕事場、家庭、学びの場、研究所やデザインスタジオ
海浜にも山里にも小さな光がチラチラみえる
人々は学び働き恋をし家庭を営んでいく
各地からはグルメ食品や素敵なファッションが生み出され
知的、美的、精妙巧緻な機器が世界に送り出される

山紫水明の地には、神社仏閣、温泉、多彩な憩いのリゾート
飲食・談笑を楽しみ、助け合い、生き甲斐のある暮らし
これほど美しい自然と長い歴史を積み重ね
東西文明の思想を融合し最新文明の恩恵にも浴して
人生の悦楽を享受しうる国が他にあるだろうか

大国でもなく小国でもなく、中位・中道・中和の国として
平和を希求し世界のハーモナイザーに徹しようではないか
そんな地球時代のモデルになるような
オンリーワンの「美味し国」を
目指してはどうだろうか

夢と目標さえ持てば、日本人は凄い力を発揮する
幕末も戦後も日本人は大革新を遂げたではないか
明治創業の精神を甦らせて「新しい日本像」を
創り出そうではないか

みなさん、どうもありがとうございました。これで、グランドシンポジウムを終わります。

資料　岩倉使節団団員ミニ列伝〔名前（読み）生没年　出身　出発時数え年齢　役職〕

小野博正

1　本隊（二四名）

岩倉具視（いわくら・ともみ）一八二五〜八三　公家　四七歳　特命全権大使・右大臣
明治維新の立役者。明治国家・国のかたちを探り続けた男。下級公家・堀川康親の次男。日米修好通商条約勅許に反対し公卿・八十八卿列参を演出し、和宮降嫁や明治天皇を擁立して大政奉還を実現。外遊後は征韓論や明治一四年の政変で、外遊組主導の天皇制国家への道を拓く。華族の投資先華族銀行（第十五国立）創設。骨太、剛腹果断なリーダー。

木戸孝允（きど・たかよし）一八三三〜七七　長州　三九歳　副使・参議
維新の三傑。見識ある熟慮家。創業自助、誠実、温和でかつ悩める国家プランナー。萩藩医・和田昌景の長男。養子で桂小五郎。剣豪家だが「逃げの小五郎」で活路を開く。幕末長州藩の中枢に座り薩長同盟を締結。維新後は「五箇条の御誓文」起草に参画。廃藩置県を主導。外遊中は憲法、教育を研究。帰国後地方官会議議長。内治に尽力。

大久保利通（おおくぼ・としみち）一八三〇〜七八　薩摩　四二歳　副使・大蔵卿
維新の三傑。不評を恐れず沈思黙考して明治国家の基礎を築く。大久保利世の長男。一蔵。西郷隆盛と共に島津斉彬に取り立てられる。斉彬死後、島津久光に認められ藩政、国政に関与。倒幕、大政奉還に寄与。外遊帰国後は内務省を主導して富国強兵策をとる。佐賀の乱、西南戦争、台湾出兵では仮借ない態度で臨む。創業内治に努めた人。暗殺死。

伊藤博文（いとう・ひろふみ）一八四一〜一九〇九　長州　三一歳　副使・工部大輔

明治の今太閤。虚心に国家の為の政治を目指し初代総理大臣。百姓・林十蔵の長男。俊輔。父子で伊藤家（足軽）の養子へ。吉田松陰に斡旋の才を認められる。長州五人の密航留学生としてイギリス留学。長州征伐では力士隊長。維新後は外務省、大蔵省、民部省、兵庫知事歴任。帰国後六年、一四年政変を主導、以降大日本帝国憲法、皇室典範制定、初代韓国総監。

山口尚芳（やまぐち・なおよし）一八三九〜九四　佐賀　三三歳　副使・外務少輔

岩倉使節団副使四名の中で、唯一人、全行程を岩倉大使と行動を共にする。山口尚澄の子。範蔵。長崎で蘭学・英語を学ぶ。大隈重信に代わり佐賀藩を代表参加する。従者に息子・俊太郎（九歳）を伴う。帰国後は元老院議官・幹事、高等法院陪席裁判官、会計監査院初代院長、貴族院議員を歴任。

田邊太一（たなべ・たいち）一八三一〜一九一五　幕臣　四一歳　一等書記官・外務少丞

三回の洋行経験があって岩倉使節団の実質的書記官長役。幕臣・新政府官僚・晩年の自由人の三代を自在に生きた達人。帰国後は清国臨時公使、元老院議官、勅撰貴族院議員を歴任。晩年は詩文、書に親しみ、福地源一郎らと歌舞伎、落語界などに遊ぶ。琵琶湖疏水設計の田邊朔郎は甥、長女は三宅花圃で歌人、小説家、三宅雪嶺の妻。

何礼之（が・のりゆき）一八四〇〜一九二三　幕臣　三二歳　一等書記官・外務六等出仕

唐通事から英学に華麗に転じて維新の人材を多数育てる。代々唐通事・何栄三郎の長男。英米人から英語を学ぶ。ロシア対馬占拠事件から幕臣に。私塾で英語塾塾生百数十名。使節団ではアメリカから木戸と随行調査。共に帰国。帰国後駅逓寮、内務省、翻訳課長、図書局長、元老院議官、高等法院予備裁判官、貴族院議員など歴任。著作・翻訳多数。

福地源一郎（ふくち・げんいちろう）一八四一〜一九〇六　幕臣　三一歳　大蔵一等書記官
洋行四回。政治家。作家。劇作家。ジャーナリスト。歌舞伎座を創設。長崎儒医・福地源輔の長男。森山多吉郎、中濱万次郎に英語を学び幕府の通詞となる。帰国後は『東京日日新聞』で主筆のち社長。東京商法会議所創設に関与。演劇、文学活動に傾斜、イギリス・フランスの戯曲・小説の翻案、歴史的著作多数。人生多毛作を実践。

塩田三郎（しおた・さぶろう）一八四三〜八九　幕臣　二九歳　一等書記官・外務大記
幕末維新期で有数の英語・仏語通訳官。琉球問題処理で活躍。塩田順庵の三男。栗本鋤雲に漢学、メルメ・ド・カッションに仏語、名村五八郎に英語を学ぶ。横浜鎖港談判の池田筑後守遣仏使節団に参加。岩倉使節団には後発で、単身渡米して現地参加し、条約改正交渉通訳。帰国後は井上馨と条約改正交渉に尽力。特命全権駐清公使在任中中国で客死。

渡邉洪基（わたなべ・ひろもと）一八四八〜一九〇一　越前　二五歳　二等書記官・外務少記
明治のマルチ・オーガナイザー。東京帝国大学初代総長。藩医・渡邉静庵の長男。佐倉で蘭学、箕作麟祥、福沢諭吉に英学を学ぶ。医術より語学力、理数力、組織力を発揮。アメリカで使節団を離脱し帰国。妻帯で墺公使館。東京府知事、工手学校。国家学会。萬年会。東京地学協会。統計協会創設。駐墺公使、貴族院議員、鉄道会社社長、銀行重役等歴任。

小松済治（こまつ・せいじ）一八四八〜九三　紀州　二五歳　二等書記官・外務七等

ドイツ留学生第一号。医学から法学へ。グナイストの『法治国家』を翻訳。会津藩医・馬島瑞謙の長男。幕末会津藩命でドイツ留学し医学・法学を学ぶ。戊辰戦争後、父祖の地・紀州にて小松姓に改名。大久保・伊藤と一時帰国。使節団帰国後陸軍省出仕、判事になるが官を辞し法学書翻訳出版後司法省に復帰し、民事局長、横浜地方裁判所長等歴任。

林　董（はやし・ただす）一八五〇～一九一三　幕臣　二二歳　二等書記官・外務七等
日英同盟締結に尽力し、日露戦争を優位に導く。日本初の大使。佐倉藩医・佐藤泰然の五男。董三郎。幕府御典医・林洞海の養子に。ヘボン塾で英語を学ぶ。幕府英国留学生。戊申戦争では五稜郭に籠る。英語の才で、新政府に登用出仕。帰国後は伊藤博文傘下の工務省で活躍。香川県知事、兵庫県知事、清国公使、欧州各国公使、通信大臣など歴任。

長野桂次郎（ながの・けいじろう）一八四三～一九一七　幕臣　二九歳　二等書記官・外務七等
幕末の遣米使節団でトミーの名で名声を博したが、帰国後は不遇だった。幕臣・小花和度正の次男。豪農の養子で横尾為八に。再養子で米田為八、再々養子で立石斧次郎。維新後六度目の改名で長野桂次郎となる。英語を立石得十郎、森山多吉郎、マクドナルド、ハリス、ヒュースケンらに学ぶ。佐々木高行随行帰国後通詞を転々。疎んじられた。

川路寛堂（かわじ・かんどう）一八四四～一九二七　幕臣　二八歳　三等書記官・外務七等
川路聖謨の孫。大蔵省から英語教師へ。川路彰常の長男。安積良斎に儒学、箕作阮甫に蘭学、中濱万次郎、森山多吉郎に英語、メルメ・ド・カションに仏語を学ぶ。幕府英国留学生海軍術、英文学を学ぶ。帰国後外務省文書課長、西洋簿記にアラビア数字採用、アメリカ商会所設立に参画、大蔵省で翻訳に従事。各地で英語教師。地方の学校校長を経て隠棲。

畠山義成（はたけやま・よしなり）一八四二〜七六　薩摩　二九歳　三等書記官・留学生
薩摩藩第一次イギリス留学生（**変名：杉浦弘蔵**）。**『米欧回覧実記』公式記録員**。**東京開成学校校長**。イギリスで学び、オリファントと渡米、ラトガース大学入学。大山巌観戦団に随行ヨーロッパへ。使節団にアメリカから合流。回覧通訳となり、帰国後は開成学校、外国語学校校長、宮内庁御用掛、書籍館、博物館館長歴任、フィラデルフィア万博帰途に船上客死。

安藤太郎（あんどう・たろう）一八四六〜一九二四　幕臣　二六歳　四等書記官・外務大録
五稜郭闘士から使節団へ。**ハワイ総領事**。**酒豪から一転、日本禁酒同盟初代会長**。鳥羽藩医・安藤文沢の子。漢学を安井息軒に、蘭学を坪井芳洲に、英語を箕作秋坪に学ぶ。帰国後は香港副領事、上海総領事、ハワイ総領事を歴任。ハワイで夫婦共に洗礼。外務省初代移民課長、農商務省商工局長を経て辞官。麻布に安藤記念教会設立。

池田政懋（いけだ・まさよし）一八四六〜八一　佐賀　二四歳　四等書記官・文部大助教
天津領事。**大蔵省少書記官**。**長崎税関長**。**フランス語の達人**。通称・池田寛治、弥一。長崎でフランス語を学ぶ。ロシア・サハリン所属問題交渉に参議・副島種臣に随行。使節団ではパリで一時公使館勤務。成島柳北と交流。大久保に随行帰国。台湾出兵後の大久保清国全権弁務大臣に随行しボアソナードとの通訳。大久保暗殺後は不遇。早世。

中山信彬（なかやま・のぶよし）一八四二〜八四　佐賀　三〇歳　大使随行・兵庫県権知事
初代大阪株式取引所頭取。通称・中山嘉源太。長崎「致遠館」でフルベッキに英語を学ぶ。明治三年兵庫県知事。帰国後『中山信彬報告理事功程』提出。外務省権大丞や正院法務局勤務。明治六年の政変後、新政府に疑問を感じて官を辞し、実業界へ転身。大阪の実業家を取りまとめて、初代大阪取引所頭取に。比較的早世で実績少なし。

五辻安仲（いつつじ・やすなか）一八四五〜一九〇六　公家　二七歳　大使随行　式部助

明治天皇東京行幸の先発隊長。宮内庁式部寮『理事功程』編纂。子爵。宇多源氏系五辻高仲の子。父は八十八卿列参の一人。王政復古で西郷、大久保、桂らと同列の参与。回覧中は東久世通禧理事官随行。帰国後は宮内庁御用掛。華族の叙位進階などの三条実美の相談役。明治二二～二六年大膳大夫として天皇側近に。一四代京極高致は次男で子爵。

野村靖（のむら・やすし）一八四二～一九〇九　長州　三〇歳　大使随行　外務大書記

吉田松陰最後の同志とも。『留魂録』温存の恩人。廃藩置県を提案。入江嘉伝次の三男。野村家に養子　松陰塾入門。松陰と最後まで行動を共にする。七卿落ちの御用役。帰国後神奈川権令・同県令。駅逓総監。逓信次官。子爵。枢密院顧問官、駐仏公使歴任。伊藤内閣宮内大臣。松方内閣逓信大臣。明治天皇二親王養育係。御用邸で没す。

内海忠勝（うつみ・ただかつ）一八四三～一九〇五　長州　二九歳　大使随行・神奈川県大参事

七つの県知事を務めた地方行政のベテラン。会計監査院長。内務大臣。吉田治助の四男。内海家に養子。禁門の変、奇兵隊に参加。帰国後は地方行政官僚の道へ。兵庫・長崎・三重・長野・神奈川・大阪・京都の知事歴任。成瀬仁蔵と日本女子大学創設に参画。貴族院長。桂内閣で内務大臣。男爵。神奈川県より三多摩分離（東京所属）に関わる。

久米邦武（くめ・くにたけ）一八三九～一九三一　佐賀　三三歳　大使随行・権少外史

『特命全権大使　米欧回覧実記』の編著者。東京帝国大学教授。久米邦郷の三男。藩主・鍋島閑叟の近習を務める。博覧強記の質は閑叟に鍛えられる。岩倉の私設秘書で参画。途中から正式回覧記録者に任命さる。帰国後五年かけ『実記』一〇〇巻を完成三五〇〇部が出版される。帝国大学教授の時「神道は祭天の古俗」発言で辞職。後東京専門学校で講じる。

由利公正（ゆり・きみまさ）一八二九～一九〇九　越前　四三歳　後発で大使随行・東京府知事

横井小楠の「王道政治」を実践。「五箇条の御誓文」起草。三岡義知の長男。三岡八郎。小楠に師事。福井藩に招聘し、主君・松平慶永（春嶽）が幕府政事総裁職となると小楠と御用人に。新政府の会計事務掛・御用金取締で太政官札発行。東京府知事で使節団へ。明治六年の政変で下野。板垣らと『民撰議院設立建白書』に加わる。元老・貴族院議員。

岩見鑑造（いわみ・かんぞう）一八四二〜一九〇四　幕臣　三〇歳　外務大書記
由利公正の随行員・通訳として後発で使節団参加。晩年は狂歌師。幕臣だが、東京府二等訳官として由利の下にいた。経歴詳細不明。帰国後も政府に出仕することなく狂歌師。茶人（和敬会＝東久世通禧、安田善次郎らに所属）としての名を留める。明治一〇年『西洋諺草』（Henry Southgate 著の訳本）発刊。

2　各省派遣理事官・随行員（三八名）

佐々木高行（ささき・たかゆき）一八三〇〜一九一〇　高知　四二歳　司法省理事官司法大輔
明治維新の知らざれざる実力者。坂本龍馬と大政奉還を建白。土佐藩士・佐々木高順の次男。武市半平太と尊王攘夷党で活躍。龍馬亡き後海援隊を率いる。新政府で参議。侍補に。帰国後は宮中、元老院を舞台に「天皇親政運動」を展開。工部卿。宮中顧問官。枢密顧問官。大正天皇と皇孫養育主任。皇典講究所所長。侯爵。『保古飛呂比』（日記）。

山田顕義（やまだ・あきよし）一八四四〜九二　山口　二八歳　兵部省理事官・陸軍少将
小ナポレオンと呼ばれた男。武から法へ転身。長州藩士・山田顕行の長男。大叔父・村田清風。吉田松陰、藩校明倫館に学び、大村益次郎に兵学を学ぶ。戊辰戦争では陸・海軍参謀。大村より日本近代軍制創設を指示され使節団へ。帰国後山縣の徴兵令に反対、法制に転じる。司法卿参議。四内閣の司法大臣歴任。皇典講究所と日本法律学校創設。

田中光顕（たなか・みつあき）一八四三〜一九三九　高知　二九歳　大蔵省理事官戸籍頭・会計

幕末、明治、大正、昭和を生きた官僚政治家・黒幕的巨魁と称される。土佐藩士の子。土佐勤王党員。脱藩して長州・高杉晋作の弟子に。以降生涯長州閥に生きる。使節団の会計長。帰国後山縣の陸軍で会計長。初代内閣書記官長。会計監査院長。警視総監。学習院院長。一〇年間の宮内大臣。伯爵。幕末志士の顕彰に尽す『維新風雲回顧録』著。

東久世通禧（ひがしくぜ・みちとみ）一八三三〜一九一二　公家　三九歳　宮内庁理事官
急進派の公家。神戸事件で外交デビュー。初代北海道開発庁長官。東久世通徳の子。孝明天皇侍従。国事御用掛。尊王攘夷派公家で七卿落ちの一人。明治天皇侍従長に。帰国後は元老院副議長、枢密顧問官、貴族院副議長、枢密院副議長歴任。『東久世通禧日記』『中学国史』『尋常小学修身書』『花影暗香』など編述著など多数。

田中不二麿（たなか・ふじまろ）一八四五〜一九〇九　尾張　二七歳　文部省理事官・文部大丞
文部省「教育令」を出した後、一転、司法卿・駐伊・駐仏公使へ。尾張藩士の子。藩校明倫館に学ぶ。徳川御三家にもかかわらず尊攘派へ。王政復古後の小御所会議で尾張代表に。回覧中は新島襄を通訳に調査。帰国後文部大輔。再渡米で米国式教育令を出すが不評で司法卿に転出。公使、枢密院顧問官、司法大臣、改正条約副委員長歴任。

肥田為良（ひだ・ためよし）一八三〇〜八九　幕臣　四二歳　工部省理事官・造船・製作頭
咸臨丸の機関長。日本造船の父。伊豆の医師・肥田春安の五男。江川英龍の手代修業。長崎海軍伝習所の後、咸臨丸の機関方で渡米。幕府の翔鶴丸・富士山丸艦長。オランダで造船所資材調達。使節団では造船、港湾、鉱業調査。帰国後横須賀造船所完成に努む。機関総監、海軍機技総監、宮内省御料局長官歴任。皇室財産、華族銀行、日本鉄道に尽力。

安場保和（やすば・やすかず）一八三五〜九九　熊本　三七歳　大蔵省・租税権頭
無私で硬骨漢の政治家。地方行政の先駆者。後藤新平を見出し岳父に。熊本藩士・安場源右衛門の子。横井小楠の門下生。徴士で新政府参与に。胆沢県大参事の時、後藤新平、斎藤実などを見出す。酒田県大参事、熊本藩少参事歴任。アメリカから任に非ずと帰国。帰国後は福島・愛知県令、北海道庁長官、九州鉄道建設、参事院議官、貴族院議員。地方の治水・産業育成に貢献。

若山儀一（わかやま・のりかず）一八四〇～九一　東京　三二歳　大蔵省・租税権助

明治前期の碩学。実証的経済学者の草分け。旗本医師・西川宗庵の子。緒方洪庵に医学・蘭学を学び一時緒方姓を名乗る。開成所教授。フルベッキに経済学を学ぶ。回覧では紙幣・国債を調査。帰国後太政官租税助・農商務権大書記官、宮内省御用掛、参事院議官補歴任。いったん民に転じ「日東保生会社」創設。卓越した多数の経済書を出版した。

阿部潜（あべ・せん）一八三九～没年不明　幕臣　三三歳　大蔵省七等出仕

沼津兵学校創設の立役者。尾去沢鉱山の経営に関わるが帰国後、官業離れ。幕臣・阿部遠江守正蔵の三男。幕府時代は陸軍奉行にあたる陸軍頭。江戸城開城の直前に、一一万両を持ち出し、沼津兵学校創設の資金にしたと言われる。西周兵学校頭取、田辺太一、原田一道ら教授陣。使節団参加は大久保の引きとも。パリから帰国後鉱山関係に関わる。

沖守固（おき・もりかた）一八四一～一九一二　鳥取　三一歳　大蔵省理事随行・七等出仕

異色・江戸の絵師。行政官として近代日本を駆け抜ける。鳥取藩士江戸詰め絵師・沖一峨の長男。藩主と藩政を尊王攘夷に纏める。徴士で新政府に。使節団とアメリカで別れ自費で七年間英国留学。帰国後内務省少書記官。以降、群馬県大書記官、外務省少書記官・会計局長、神奈川県令、元老院議官、貴族院議員、滋賀・愛知・和歌山・大阪知事歴任。

富田命保（とみた・のぶやす）一八三八～一九一四　幕臣　三四歳　大蔵省理事随行・租税権大属

渋沢栄一と親交あり、推薦で新政府役人に。幕府御普請役・富田命孝の長男。昌平黌に学ぶ。外国奉行書物御用出役。

小笠原島調査団随行と横須賀製鉄所機材調達で英仏派遣。渋沢の改正掛で大蔵省出仕。帰国後内務省勧業寮で製茶事業推進。農務省工務局長で非職免官。高田早苗（母同士が姉妹）らと東京専門学校設立した影響か。

村田経満（むらた・つねみつ）一八三六～七七　鹿児島　三六歳　宮内省理事随行・宮内大丞

西南戦争で西郷に殉じた男。薩摩藩士・高橋良中の三男。村田清と結婚後村田新八に。従兄前田献吉・正名兄弟と英和辞書発刊。西郷の喜界島遠島に連座。旅行中に保守頑固党から西洋シンパに転身。西洋音楽・美術・芝居・文化に馴染む。帰国後官を辞して、鹿児島に戻っていた敬慕する西郷を頼ったのが運命を決めた。西南戦争で戦死。

長与専斎（ながよ・せんさい）一八三八～一九〇二　長崎　三四歳　文部省理事随行・文部中教授

西洋医学への道の先駆をなし医療福祉・公衆衛生と『医政七六条』制定。肥前大村藩医・長与俊達の養子長与中庵の子。緒方洪庵の適塾で塾頭。ポンペ、ボードウィン、マンスフェルトに師事。帰国後、文部省医務局長、東京医学校校長を兼務。東京司薬場創設。内務省衛生局初代局長。元老院議官。貴族院議員。宮中顧問官。中央衛生会会長。

中島永元（なかじま・ながもと）一八四四～一九二二　佐賀　二八歳　文部省理事随行・七等出仕

明治前期の教育行政に携わった教育官僚。佐賀藩士・中島永遠の子。藩校弘道館。長崎で蘭学、フルベッキに英語を学ぶ。明治・大学権少丞で大阪開成所。帰国後文部権大丞、文部権大書記官、内記局長、会計局長など中央教育行政全般に携わる。大阪第三高等中学校校長、文部省参事官、元老院議官、貴族院議員、女子師範学校設立御用掛歴任。

近藤昌綱（こんどう・まさつな）一八四九～九四　幕臣　二三歳　文部省理事随行・文部中助教

明治の文部、司法官僚。検察官。ドイツ学者。旗本・近藤庫三郎の長男。通称・鎮三。幕府洋学開成所でドイツ語を学び開成所教授手伝並出役。新政府の大学校忠得業生。文部少教授。中助教へ。使節団ではベルリンで公使館勤務外務省二等書記官で残留。帰国後、文部省、司法省経て再度ドイツ留学。大審院。長野地方裁判所検事。翻訳多数。

今村和郎（いまむら・わろう）一八四六～九一　土佐　二六歳　文部省理事随行・中教授
日本民法制定に尽くす。日本人で初めてパリ国際会議で発表。土佐藩豪商の長男。箕作麟祥よりフランス語を習得。文部省で使節団に加わるも回覧中、佐々木高行司法省理事を補佐し司法省に転じる。パリ国際会議で四つの発表。左院御用掛でパリ残留留学。帰国後太政官・内務省・外務省などに勤務。再渡仏後仏人ボアソナードと民法取調委員。著書多数。

大島高任（おおしま・たかとう）一八二六～一九〇一　岩手　四六歳　工部省理事随行：鉱山助
幕末・明治期の鉱山技術者。日本近代製鉄の父。南部藩侍医・大島周意の子。最初江戸・長崎で医学を学ぶが『大砲鋳造法』を手塚律蔵と翻訳し、鋳鉄に目標を替え高島秋帆の子に西洋技術を学ぶ。水戸藩で反射炉・高炉を完成、連続出銑の道を拓く。帰国後釜石官営製鉄所。佐渡鉱山局長。技術学校・工学寮創設に関与。日本鉱業会初代会長。

瓜生震（うりゅう・しん）一八五三～一九二〇　福井　一九歳　工部省理事随行：鉄道中属
通弁出身から官に入り、のち三菱高島炭鉱支配人など実業界に転身。越前多部家に生まれる。分家して瓜生姓に。長崎で蘭学を学び坂本龍馬の海援隊へ。岩倉使節団には工部省通弁で参加。回覧中に鉄道・交通・鉱山知識を得て帰国後は、後藤象二郎の鉱山事業に転じる。東京海上保険、九州鉄道、大日本精糖などの役員。女子教育奨励会に関与。

岡内重俊（おかうち・しげとし）一八四二～一九一五　高知　三〇歳　司法省理事随行・権少判事
坂本龍馬海援隊秘書役から、終生の勅撰貴族院議員へ。土佐藩士・岡内清胤の長男。長崎土佐商会勤務から海援隊へ。イカロス号事件や土佐のライフル銃購入に貢献。帰国後は、司法大検事、大審院刑事局詰、高等法院陪席判事、長崎上等裁判所心得を歴任。元老院議官。終身勅撰貴族院議員。男爵。晩年は政友会所属。

中野健明（なかの・たけあき）一八四四～九八　佐賀　二八歳　司法省理事随行・権中判事

明治の外交官。大蔵官僚。のち長崎・神奈川県知事。佐賀藩士・中野中太夫の次男。長崎でフルベッキに英語を学ぶ。新政府で大学校中助教兼第寮長から外務少丞で条約改正案作成。帰国後外務省一等書記官。駐オランダ公使館。その後大蔵大書記官、関税局長、主税局長、長崎・神奈川県知事を歴任。多彩な能力があったようだ。

平賀義質（ひらが・よしただ）一八二六〜八二　福岡　四五歳　大蔵理事随行・権少判事

黒田藩最初のアメリカ留学生。使節団に洋食行儀指南。悲劇の最期。福岡藩士・平賀源六の子。藩命で長崎で洋学を学びアメリカボストンに留学四年、帰国し團琢磨らに英語を教える。帰国後函館裁判所長、検事局判事を歴任するが長男の服毒自殺の報に接し駆けつけた際、誤って同じ毒を飲み絶命。『日本法律資料全集』『英法小言』『米国カリフォルニア州刑典』を残す。

原田一道（はらだ・いちどう）一八三〇〜一九一〇　幕臣　四二歳　兵部省理事随行・兵学大教授

幕末にオランダ兵学を学び明治の陸軍少将へ。備中鴨方藩典医・原田碩斎の長男。山田方谷に学び、江戸で蘭学を学ぶ。池田遣仏使節団に随行、オランダ士官学校で学ぶ。維新後沼津兵学校教授、陸軍大佐、兵学校頭、帰国後は陸軍砲兵畑を歩み、元老院議官。貴族院議員。勲一等旭日大綬章。兵大学教え子に桂太郎・寺内正毅・乃木希典など綺羅星の如し。

吉原重俊（よしはら・しげとし）一八四五〜八七　鹿児島　二七歳　外務三等書記官

薩摩藩米国留学生の一人。日本人初のイエール大学入学。日銀初代総裁。薩摩藩士の子。藩主の句読師助。大山巖・西郷従道と英艦隊へ切込み未遂。武田斐三郎に洋学、ブラウンに英語を学ぶ。使節団にはアメリカで参加。帰国後外務省一等書記官から大蔵省へ転身。租税助。横浜税関長。大蔵省租税・関税局長。横浜正金銀行。日銀総裁現職死。

新島襄（にいじま・じょう）一八四三〜九〇　安中　二九歳　文部省理事随行・三等書記

密航渡米。アマースト大学で日本人初の学士。同志社英学校創設。安中藩士・新島民治の長男。本名・七五三太。『大美連邦志略』と漢訳聖書『真理易知』に刺激され箱館から密航。使節団には田中不二麿随行でアメリカ参加。文部省『理事功程』草案作成。神学校を卒業して宣教師で帰国。同志社英学校・同志社女学校創設。同志社大学へ道拓く。

手島精一（てじま・せいいち）一八四九〜一九一八　沼津　二三歳　大蔵省理事随行・留学生

留学先アメリカから使節団参加。工業教育、博物館等社会教育事業の先駆者。沼津藩士・田沼四友の次男。手島家へ養子。藩校で洋学を学び留学。帰国後東京開成学校監事。フィラデルフィア博覧会、パリ万博視察を経て東京職工学校創設。東京教育博物館館長。『実業教育論』『青年自助論』を著し、共立女子職業学校校長。東京高等工業学校教授。

河野敏鎌（こうの・とがま）一八四四〜九五　高知　二八歳　司法省後発隊・司法少丞

儒教的君臣国家を目指した明治期初期の政治家。土佐藩郷士・河野道好の長男。安井息軒に学ぶ。土佐勤王党で活躍。江藤司法卿理事随行で後発隊を率いる。帰国後司法大丞、西南戦争臨時裁判所裁判長、元老院副議長、文部卿で国家主義に。初代農商務卿、枢密院顧問、内務大臣、司法大臣、農商務大臣、文部大臣等歴任。子爵。勲一等。

鶴田皓（つるた・あきら）一八三五〜八八　佐賀　三七歳　司法省後発隊・明法助

日本近代法典の編纂者。司法官僚に徹した文人で碩学。佐賀藩士・鶴田斌の子。草場船山に儒学。江木鰐水や昌平黌・安積良斎に学ぶ。維新後、大学少助教。パリでボアソナードの講義を受ける。帰国後は一貫司法畑を進み検事兼元老院議官、大審院検察長歴任。五法編纂に尽くす。第二代検事総。一弦琴、謡・詩作・探梅・観月の風流人の顔も。

岸良兼養（きしら・かねやす）一八三七〜八三　鹿児島　三五歳　司法省後発隊・権中判事

初代大検事（今の検事総長）かつ第二代大審院長。薩摩藩士・岸良兼善の長男。長崎で何礼之の英語塾で学ぶ。新政府では一貫して司法畑を歩む。帰国後河野敏鎌と共にかつての上司で司法省使節団団長（実際は都合で参加しなかったが）の江藤新平断罪処刑裁判に加わる破目に。大検事。大審院長を経て、司法少輔兼元老院議官のまま現職で死去。

井上毅（いのうえ・こわし）一八四四～九五　熊本　二八歳　司法省後発隊・司法中録
明治国家形成のグランド・デザイナー。清廉・真摯な法制官僚。熊本藩士・飯田権五兵衛の三男。井上家に養子。藩校時習館や江戸・長崎で学ぶ。明治に開成学校で仏語を学ぶ。パリでボアソナード法講義。帰国後大久保利通、岩倉具視のブレーンとなる。大日本帝国憲法、教育勅語、皇室典範、憲法義解など明治の国のかたちを定めた多くの法制策定に関与。

益田克徳（ますだ・かつのり）一八五二～一九〇三　佐渡　二〇歳　司法省後発隊・司法八等出仕
実業家にして明治財界に茶の湯ブームを起こす。益田鈍翁（兄）の師匠。佐渡奉行所役人・益田鷹之助の次男。英学・漢学を修む。五稜郭で戦い高松藩預かり。慶應義塾で飛び級。帰国後前島密と海上保険条例作成。東京海上創設に関わる。東京米穀取引所理事長など渋沢栄一の諸企業創設・役員に関わる。激務の傍ら風流温雅な作庭・陶芸も。

沼間守一（ぬま・もりかず）一八四三～九〇　幕臣　二九歳　司法省後発隊・司法七等出仕
幕臣から自由民権運動家。嚶鳴社・東京毎日新聞社創設。幕臣・高梨仙太夫の次男。沼間家に養子。長崎で英人より英語と西洋兵学。ヘボンに医学・英語を学ぶ。戊辰戦争後土佐藩預かり。帰国後司法省六等判事。その後法律講習会（嚶鳴社）を創設。元老院に属すが官を辞し、『嚶鳴雑誌』、東京毎日新聞社創設。政党・自由民権派の道を歩く。

名村泰蔵（なむら・たいぞう）一八四〇～一九〇七　長崎　三二歳　司法省後発隊・司法七等出仕
仏人ボアソナード招聘とその民法思想導入に多大な貢献。長崎・島村義兵衛の子。蘭語通詞・名村八衛門の養子。仏語・独語・英語を学ぶ。徳川昭武遣仏使節の先遣役。ボアソナード同伴帰国。以降ボアソナードの著作多数翻訳。太政官少書記官。司法大書記官。大審院検事長。大審院長心得。貴族院議員。退官後東京活版製造所社長。鉄道・建物会社社長。

川路利良（かわじ・としよし）一八三四～七九　鹿児島　三八歳　司法省後発隊・警保助

警察制度を創設した日本警察の父。薩摩藩与力・川路利愛の長男。重野安繹に漢学。真影流剣術家。禁門の変で長州藩遊撃隊監督を倒す軍功で注目される。戊辰戦争でも戦功。西郷の招きで東京府大属、邏卒総長歴任。帰国後は警察制度を改革整備し、警視庁創設で初代大警視に。明治六年政変で西郷に従わず警察制度確立に献身。再渡欧で病み帰国病死。

高崎豊麿（たかさき・とよまろ）一八三九～一九一二　鹿児島　三六歳　左院後発隊・少議官

幕末の志士。**作詞家**。**桂園派歌人**。**御歌所初代所長**。薩摩藩士・高崎温恭の長男。正風。倒幕派に反対し土佐・後藤象二郎ら平和的大政奉還に与す。帰国後は左院が江藤と共に無くなっており宮中侍従番長、御歌掛に。薩摩藩士で桂園派の八田知紀に和歌を習う。天皇の寵愛で終生御歌所長。初代国學院院長。枢密院顧問官。勲一等旭日大綬章。

安川繁成（やすかわ・しげなり）一八三九～一九〇六　白河　三三歳　左院後発隊・五等議官

新聞学のパイオニア。**統計学の父**。**麻布の繁成寺開祖**。磐城棚倉藩士・岩崎八十吉の四男。大鳥圭介塾、大学南校、慶應義塾に学ぶ。帰国後安川繁成視察功程『英国議事実見録』を提出。訳本『英国政治概論』、あるべき新聞論『英国新聞紙開明鑑記』出版。官庁複式簿記、予算のあり方、統計年鑑の先駆性。日本鉄道監査役。愛国生命社長等。

西岡逾名（にしおか・ゆうめい）一八三七～没年不明　佐賀　三四歳　左院後発隊・中議官

詩書に優れた文人・**司法官**。佐賀藩医・西岡春益の子。藩校弘道館に学ぶ。父と上京負傷志士治療。明治に木戸孝允の推薦で酒田県権知事、東京府権大参事に。使節団ではパリで統計・経済学者ブロック博士に師事。大審院判事、宮城・長崎・函館控訴院院長、函館馬車鉄道副社長歴任。辞官して小田原に隠棲。文墨を友とする。能書家で知られる。

小室信夫（こむろ・しのぶ）一八三九〜九八　京都　三三歳　左院後発隊・少議官

京都の豪商一族出身から自由民権活動家。そして実業家へ。豪商山家屋の小室佐喜蔵の長男。足利将軍木像晒し首事件連座で徳島藩に幽閉。明治に徳島藩より徴士で出仕。岩鼻県権知事、徳島藩大参事から左院へ。帰国後自由民権運動に傾斜。北海道運輸。共同運輸。日本郵船創設に関与。銀行・鉄道・製紙会社起業に参画し重役・社長など。

鈴木貫一（すずき・かんいち）一八四三〜一九一四　彦根　二八歳　左院後発隊・五等議官

パリ以降の生涯が不明の人。彦根藩士・武藤叶翁の四男。藩蔵奉行・鈴木権十郎の養子。幕末アメリカへ留学。明治元年に帰国。バラ塾で洗礼を受ける。彦根藩立洋学校を自宅で開設し米商人グッドマンを教師に招く。左院でパリに行くと一等書記官で公使館勤務。公使館公金問題で辞任。帰国後彦根で西洋文化・語学を教え大坂・京都に移住病死。

3　使節首脳随従者と留学生（二七名）

（使節首脳随従者一八名と同行留学生四三名の計六一名の一部、比較的来歴の判明したものを抽出）

大久保彦之進（おおくぼ・ひこのしん）一八五九〜一九四五　鹿児島　一三歳　留学生

出世・名誉に淡白な生涯を貫いた大久保利通の嫡男。侯爵。幼名・彦熊。利和。岩倉使節団派遣にあたり、弟の牧野伸熊（伸顕）と共に、父に附いてアメリカ留学へ。アメリカでは前田献吉（前田正名の兄）に預けられる。フィラデルフィアのマンチュア・アカデミーに留学、帰国後開成学校入学。大蔵省主計官、貴族院議員を務め、日本鉄道株式会社や私鉄・甲武鉄道創設に関わるが、一九二八年弟・三男（利武）に侯爵を譲り隠居、終戦まで長生きする。

牧野伸熊（まきの・のぶくま）一八六一〜一九四五　鹿児島　一一歳　留学生

昭和天皇の信頼篤き、オールド・リベラリスト。伯爵。牧野伸熊（のち伸顕〔のぶあき〕）は大久保利通の次男に生まれ、生後すぐに牧野吉之丞の養子となる。養父死去後は大久保家で育ち、兄と共にアメリカに留学し、帰国後東京帝国大学を中退し外務省入省。以降一貫して各国公使や政治の中枢にあって、特に西園寺公望、近衛文麿、吉田茂の薫陶を受け、宮内大臣、内大臣として天皇の側近にあって重きをなす。

岩下長十郎（いわした・ちょうじゅうろう）一八五三～一八八〇　鹿児島　一九歳　大久保利通従者

岩倉使節団の二神童の一人、もう一人は山口俊太郎（九歳）　父・岩下方平は、薩英戦争の和平交渉正使。家老の父とパリ万博に参加しそのまま留学、明治元年いったん帰国するが、パリへ再留学。大久保利通の従者で使節団に随行して、兵部省理事官山田顕義とパリで軍事調査やボアソナードの法律講義の通訳を務める。帰国後、明治法制整備の一端に関与するが、二八歳の時、横浜の夜会に招かれて、散会後海に入り水死。

山縣伊三郎（やまがた・いさぶろう）一八五八～一九二七　山口　一五歳　伊藤博文従者

朝鮮総督府政務総監を務めた。山縣有朋の養継嗣にして、文人。山縣有朋の姉の子、亥三郎ともいう。有朋に子がなく継嗣に。枢密顧問官や義父有朋の公爵を継ぐが、息子に継承し、風雅風流の道へ。蘭画、尺八を能くし、素空の雅号で『素空公墨蘭画存』『風雲集』『風雲集拾遺・年々詠草』『常盤会選歌』を残す。平成八年肥薩線にお目見えの列車『いさぶろう号』『しんぺい号』は、伊三郎と後藤新平を冠した記念号。

鍋島直大（なべしま・なおひろ）一八四六～一九二一　佐賀　二六歳　留学生

最後の佐賀藩藩主、明治・大正天皇の側近となり新政府に貢献。鍋島直正（閑叟）の次男。一八六一年に佐賀藩主に。殖産興業を進めパリ万博に有田焼を出品。明治四年一月、私費留学のため横浜まで来て、父閑叟の死の報で中断、使節団随行留学生で実現。従者に田中永昌、松村文亮、百武兼行。オックスフォード大学で文学専攻。佐賀の乱でいったん帰国するが、妻と再渡欧。プリンス・ナベシマと社交界で名声を博す。帰国後鹿鳴館舞踏会で夫妻ともに活躍。元老院議官。宮中顧問官、貴族院議員、皇典講究所所長歴任。

松村文亮（まつむら・ふみすけ）一八四〇～一八九六　佐賀　三二歳　留学生

普仏戦争観戦団と岩倉使節団と連続して渡欧、軍艦春日艦長。父は佐賀藩金丸文雅。村松に改姓。長崎海軍伝習所で航海術を学び、佐賀藩三重津海軍学所で航海術を教える。明治三年、大山巌普仏戦争観戦ミッションに参加。帰国後再び、鍋島直大の随行で使節団に加わり、主に兵部省理事官の下で視察。帰国後は海軍少佐となり、提督府に出仕。兄・中牟田倉之助、弟・多々良惣五郎と海軍一家。

百武兼行（ひゃくたけ・かねゆき）一八四二～一八八四　佐賀　二九歳　鍋島直大随行

鍋島直大と共に三回渡欧し、西洋絵画を研究した先駆者。佐賀藩士・百武兼貞の次男。幼名：安太郎。鍋島直大の後見役で随行、オックスフォード大学で経済学を学ぶ。西洋画（風景画、人物画）も学び、イギリスの展覧会にも入選。「臥裸婦」（日本初の裸婦油絵）、「バーナード城」「母と子」「マンドリンを持つ少女」など先駆的な絵画を残す。帰国後まもなく亡くなり、名声を得るに至らなかった。

吉川重吉（きっかわ・ちょうきち）一八六〇～一九一五　岩国　一三歳　留学生

岩国藩主吉川経幹の次男、一三歳で渡米、ハーバード大学卒業、男爵。福岡藩留学生の黒田長知、金子堅太郎、団琢磨主従と共にアメリカで学ぶ。卒業後、ヨーロッパを半年遊覧して帰国。外務省に入省、井上馨と条約改正に関わる。ベルリン公使西園寺公望随行で、ローマ法王・レオ一三世、ヴィルヘルム皇帝、ビスマルク帝相に謁見。ハイデルベルグ大学に遊学。貴族院議員。南洋協会設立に参加。子女・孫の伴侶に、原田熊雄、和田小六（木戸孝允系）、都留重人、獅子文六など華麗なる家系をなす。

黒田長知（くろだ・ながとも）一八三九〜一九〇二　福岡　三四歳　留学生

人生の達人、知藩事から悠々の隠居生活へ。伊勢津藩主・藤堂高猷の次男に生まれ、福岡藩主・黒田斉溥養嗣子となり、明治二年、第一二代福岡藩主に。金子堅太郎、団琢磨を随行に使節団留学生となる。帰国後、明治一一年に、家督を息子・長成に譲り隠居。如淵と号して、書、文学、絵、囲碁、将棋、能などの道へ。明治三五年、六五歳で永眠するまで、正室と六人の側室と粋な人生を送る。子の長成はケンブリッジ大学へ留学、貴族院副議長を三〇年勤めた侯爵。

金子堅太郎（かねこ・けんたろう）一八五三〜一九四二　福岡　一九歳　留学生

生涯日米の友好のために尽くした初代日米協会会長、憲法の番人。福岡藩士・金子清蔵直道の長男。藩主・黒田長知の随行で、団琢磨と米国留学生となり、ハーバード大学を卒業。のち同大学OBセオドア・ルーズベルトの知遇があり日露戦争の収拾にむけた広報外交に尽力する。帰国後、民権運動にも関わるが、官僚として頭角を現し、大日本帝国憲法や諸法典の起草に関わる。日本法律学校（日本大学前身）初代校長。伊藤内閣の農商務大臣、司法大臣歴任。明治天皇紀・維新史・帝室などの編纂局総裁で活躍。

團琢磨（だん・たくま）一八五八〜一九三二　福岡　一四歳　留学生

三井財閥の総帥、日経連・日本興業倶楽部創始。作曲家・團伊玖磨の祖父。福岡藩馬廻役神尾宅之丞の四男。一二歳で藩の勘定奉行・團尚静の養子となる。黒田長知の随行で米国へ留学。マサチューセッツ工科大学鉱山学科を卒業し帰国。大学助教授など務めた後、工部省三池鉱山局技師の時、民営化で三井三池炭鉱会社に移籍。三井のドル箱会社に育て上げる。その手腕で、三井合名会社理事長、三井財閥の総帥となり、日本経済界の旗振り役となる。昭和金融恐慌の際、三井のドル買い占め批判から血盟団に暗殺される。

江川英武（えがわ・ひでたけ）一八五三〜一九三三　韮山　一九歳　留学生
アメリカの大学卒業帰国後、いったん仕官したが、すぐに辞官して自適の生涯を送る。江川英龍（坦庵）の五男。兄英敏の死で三八代江川太郎左衛門を継承。明治二年韮山県知事。兵部省の命で、留学生として使節団に加わる。ピークスキル兵学校、ラファイエット大学を卒業して帰国。桂谷牧場、川口牧場を開設しつつ、内務省、大蔵省に奉職するが薩長閥の新政府に馴染めず辞官。地域の英語教育に尽力する。書画に長じ、号は対岳亭、翫古斎（がんこさい）、余霞楼（よかろう）、免毒斎（めんどくさい）に人柄が偲ばれる。

森田忠毅（もりた・ただたけ）一八四四〜一九一七　韮山　二八歳　留学生
咸臨丸、岩倉使節団、そして韮山で牧場経営へ。壬生藩士の子：斎藤留蔵。江川塾に入門。砲術、漢書、蘭学を学び、韮山代官所書役見習いで咸臨丸・遣米使節団に加わり『亜行新書』（日記）を残す。帰国後軍艦砲術方お雇いとなり、砲術教授方森田貞吉の養子となる。使節団には江川に随行、海軍省の命でピークスキル兵学校に学ぶが中退。旧主・江川と共に牧畜、農業を研究して帰国。韮山に羊牧場を経営する。

鳥居忠文（とりい・ただふみ）一八四七〜一九一四　壬生　二五歳　留学生
壬生藩最後の藩主、在米在学一二年　、ワイ移民政策で活躍、貴族院議員を二四年間勤めた。子爵。栃木壬生藩藩主・鳥居忠擧の三男。壬生藩知事、司法中録を経て、司法大輔の佐々木高行理事官の自費随行留学生となる。いったん帰国を挟んで、アマースト大学とボストン大学で一二年間法律を学ぶ。帰国して外交官の道へ。貴族院議員。アメリカ・ハワイ合併条約調印時の公使館書記官。絵画、骨董、囲碁、謡曲の趣味。

大村純熙（おおむら・すみひろ）一八三〇〜一八八二　大村　四一歳　留学生
大村藩最後の藩主、松浦昶行・湯川頼次郎を随行にイギリス留学。肥前大村藩主・大村純昌の八男。兄の死後藩主を継ぐ。丹波守。号：台山。幕末の藩内の佐幕派と尊攘派の対立を押さえて、薩長討幕派に与す。戊辰戦争で活躍、藩内に、小学校、中学校を設立。奨学制度、育英制度、郷土振興事業に尽力。その一環で貢進生となった一瀬勇三郎は控訴院長を務めた。大村藩知事を経て使節団自費留学生となる。

清水谷公考（しみずたに・きんなる）一八四五～一八八二　公家　二七歳　留学生
初代北海道知事、開拓使次官、箱館戦争の総督。公家・清水谷公正の次男。いったん出家して比叡山に入るが、兄の死で還俗して継嗣となる。ロシアの脅威と蝦夷地に鎮撫使派遣を建策したことから、北海道に関わることになる。随行留学生として参加、ロシア、ヨーロッパなどで四年間滞在したが、帰国後早い時期に逝去したので経験を生かして活躍する機会は少なかった。

坊城俊章（ぼうじょう・としあや）一八四七～一九〇六　公家　二五歳　留学生
有為転変の人生を送った公家軍人、『坊城俊章日記・記録集成』を残す。名家の家格の公家権大納言・坊城俊克の子。一七歳で孝明天皇の侍従となる。慶応四年参与兼外国事務局権輔。大坂警備にあたる。明治に入り、奥羽按察使、初代山形県知事を経て、使節団留学生で参加。ロシア、ドイツを遊学軍事研究にあたる。帰国後、陸軍中将、西南戦争では中隊長、大尉、近衛都督伝令使。日清戦争では大隊長少佐。伯爵。

武者小路実世（むしゃのこうじ・さねよ）一八五一～一八八七　公家　二一歳　留学生
武者小路公共（きんとも。後トルコ、ドイツ大使）、武者小路実篤（作家）の父、日独協会初代会長。堂上公家・武者小路実建の子。使節団にはドイツ留学生として参加。ドイツからは法律書、百科全書、ゲーテ、シルレルの文学書を持ち帰る。帰国後、兄・公香の死で、家督を継ぐ。西南戦争の視察報告。熊谷裁判所判事。日本鉄道会社創立発起人。憲法発布準備に携わる。子爵。

平田東助（ひらた・とうすけ）一八四九〜一九二五　米沢　二三歳　留学生

米沢藩士から長州・山縣有朋閥の重鎮へ。米沢藩士・伊東昇廸の子。同藩医師・平田亮伯の養子となる。藩校・興譲館、大学南校に学ぶ。使節団にはロシア留学生として随行。青木周蔵、品川弥二郎の説得でドイツ留学に切替え、ベルリン大学で政治学、ハイデルベルグ大学で国際法、ライプチヒ大学で商法を習得。帰国後、内務省、大蔵省を経て、伊藤博文の憲法調査に随行。以降政治の中枢で元老並みの活躍。伯爵。

松崎万長（まつがさき・つむなが）一八五八〜一九二一　公家　一四歳　留学生

ドイツで学んだ公家、明治初期の建築家。孝明天皇の侍従長・右京太夫堤哲長の次男。公家・甘露寺勝長の養子となる。弟に亀井茲明。孝明天皇の稚児。幕末に松ヶ崎姓に。ドイツ留学で随行。ベルリン工科大学で天皇の手元金で建築学を学ぶ。帰国後、皇居造営事務局御用掛や国会議事堂など官庁集中計画に携わり、ドイツの師、エンデやベックマンを招聘。造家学会創設委員。青木周蔵那須別邸、仙台七十七銀行本店、台湾・台北西門市場・基隆駅・新竹駅・学校・公会堂など建設実績多数。

日下義雄（くさか・よしお）一八五一〜一九二三　会津　二一歳　留学生

生涯、井上馨に愛され長州閥の一角をなした元会津藩士。会津藩の侍医・石田龍玄の長男。旧名・石田五助。弟は白虎隊で自刃の石田和助。藩校・日新館に学ぶ。会津戦争で落城前に脱出し箱館戦争に参加し、捕虜になる。小松済治の紹介で井上馨の知遇を得て、長州藩日下家の養子となり日下義雄に改名。米国留学生で随行。いったん帰国、井上馨の欧州視察に随行。ロンドンで経済学・統計学を学ぶ。帰国後内務省、太政官、農商務省統計課長を経て、長崎県令・福島県知事、鉄道事業、第一銀行常務など実業家としても活躍。

中江篤助（なかえ・とくすけ）一八四七〜一九〇一　高知　二五歳　留学生

韜晦、逆説、風刺、めくらましのプリズム人生、君民共治主義者、中江兆民。足軽身分から、藩校・文武館入門。藩留学生で長崎でフランス語を学び、駐日フランス公使・ロッシュの通訳、福地源一郎・日新社塾頭、大学南校助教から使節団へ。フランスで学び帰国後、仏蘭西学舎を開き、民権論など講ず。東京外国語学校校長を経て、自由民権運動の新聞、出版などに関わる。主著：『三酔人経綸問答』『一年有半』等。

永井繁子（ながい・しげこ）一八六二～一九二八　静岡　一〇歳　留学生

日本音楽教育の草分け。瓜生外吉（のちの海軍大将、男爵）と結婚。佐渡奉行属役・益田鷹之助の四女。兄・益田孝。幕府医師・永井玄栄の養女となる。五名の女子留学生で渡米、アボット家に寄宿し、NYヴァッサー大学音楽科を卒業して、一〇年後に帰国。帰国後、留学中に知り合った瓜生と結婚。明治一五年、文部省音楽取調掛に採用されてから、明治三五年に辞職するまで一貫して近代音楽教育を担う。

津田梅子（つだ・うめこ）一八六四～一九二九　東京　八歳　留学生

日本女子教育の先駆者。幕臣・津田仙（キリスト教三傑：新島襄、中村正臣、津田仙の一人。渡米経験あり）の子。アメリカで日本弁務館書記のチャールズ・ランマン家に寄宿し、私立女学校・アーチャー・インスティテュートで、ラテン語、フランス語、英文学、自然科学、心理学、芸術など学んで卒業し、明治一五年帰国。日本語を忘れ、活躍の機会ないままに再渡米。生物学、教育教授法を学んで明治二五年再帰国。英語講師をしながら、「女子英学塾」（津田塾大学の前身）の基礎を築く。生涯独身を貫く。

山川捨松（やまかわ・すてまつ）一八六〇～一九一九　会津　一二歳　留学生

会津藩の家老の娘、大山巌と結婚、鹿鳴館の貴婦人となる。会津藩家老・山川尚江の末娘・咲子。留学生参加を機に、「捨てて待つ（松）」と捨松に改名。兄・山川浩（陸軍少将、男爵）、山川健次郎（東京・京都・九州各帝国大学総長、男爵）。ランマン家とレオナルド・ベーコン家に寄宿し、ヴァサー・カレジを総代で卒業後、看護婦養成学校で上級免許を取得し帰国。大山巌の後妻となり、鹿鳴館の社交・慈善バザーなどに活躍して社交界の花となる。

吉益亮子（よします・りょうこ）一八五七〜一八八六　東京　一五歳　留学生

眼病の為、一年で帰国。女子英学校を創設するがコレラで早逝。士族・吉益正雄の娘。父親が黒田清隆北海道開発使次官の下で働いていた関係で留学生に選ばれたが、一年足らずで眼病を病み、上田悌と共に帰国。築地の海岸女学校で教鞭をとり、明治一九年には、京橋に父親が創設の女子英語学校で教えるが、同年、不幸にもコレラに罹り死去する。

上田悌子（うえだ・てい子）一八五五〜一九三九　東京　一六歳　留学生

ホームシックで一年で帰国、平凡ながら豊かな人生を享受した女性。幕臣・上田畯（幕府の遣欧・遣露使節団で二回渡欧経験、黒田清隆北海道開拓使の下で働いていた）の娘。五人の女子留学生の最年長。明治五年に吉益亮と共に一年で留学を断念して帰国。その後、医師・桂川甫純と結婚。一男四女を育て、昭和一四年、八四歳までの長寿を全うした。英文法学者・詩人で訳詩集『海潮音』を残した上田敏は甥。

人名索引

あ　行

か　行

さ　行

た　行

な行

は　行

ま 行

や 行

ら　行

わ　行

米欧亜回覧の会設立20周年記念グランドシンポジウム
「岩倉使節団の世界史的意義と地球時代の日本の未来像」プログラム

（2016年12月２～４日，東京都千代田区一ツ橋・学術総合センターにて）（肩書は当時）

第１日（12月２日・金）「岩倉使節団は明治国家に何をもたらしたか～その光と影」

10：00　開会挨拶／泉三郎（会代表）
10：15　基調講演「日本近代史における岩倉使節団の意味」／芳賀徹（東京大学名誉教授）
11：00　講演
「岩倉使節団は何を見たか～久米邦武を中心に」／W・ウィリアム・スティール（国際基督教大学名誉教授）
「岩倉使節団の光と影～大使副使を中心に」／泉三郎
「岩倉使節団関連群像列伝（163名の小伝）から見えてきたもの」／小野博正（会員）
13：20　会員発表「知られざる岩倉使節団の群像」
A会場：安場保和／芳野健二，団琢磨／桑名正行，金子堅太郎／吹田尚一，山田顕義／根岸謙，林董／岩崎洋三，長与専斎／西井易穂，井上毅／大久保啓次郎
B会場：新島襄／多田直彦，田中不二麿／大森東亜，渡辺洪基／赤間純一，女子留学生／畠山朔男，吉原重俊／吉原重和，畠山義成／村井智恵，田中光顕／小野寺満憲
17：20　総括パネルディスカッション／モデレーター：五百旗頭薫（東京大学教授），パネリスト：芳賀徹，M・ウィリアム・スティール，マーティン・コルカット（プリンストン大学名誉教授），泉三郎，小野博正，村井智恵（会員）　**【19：00終了】**

第２日（12月３日・土）「日本近代150年を考える～“もう一つの道”を問う」

10：00　開会挨拶／山田哲司（会員）
10：10　基調講演「日本近代150年をどう見るか」／保阪正康（ノンフィクション作家，日本近代史研究者）
10：50　報告「近代国家建設の理念と現実」
「建国から発展，そして大戦の途へ」／吹田尚一
「日本近代の一つの悲劇」／持田鋼一郎（会員）
コメンテーター：瀧井一博（国際日本文化研究センター教授），成田龍一（日本女子大学教授）
13：30　「戦後国家再建の軌跡と展望」／報告者：井出亜夫（会員），森本淳之（会員），コメンテーター：保阪正康，楠綾子（国際日本文化研究センター准教授）
15：20　総括パネルディスカッション／モデレーター：泉三郎，パネリスト：保阪正康，瀧井一博，成田龍一，楠綾子，山田哲司，半澤健市（会員）
18：30　レセプション　演奏：*i-Café* 弦楽合奏団　**【20：30終了】**

第３日（12月４日・日）「志民の創る　地球時代の日本の未来像」

10：00　開会挨拶／泉三郎
10：10　基調講演「世界の中の日本の役割」／五百旗頭真（熊本県立大学理事長）
10：50　講演「地球時代の日本の立ち位置を問う」
「日本の価値観」／山折哲雄（国際日本文化研究センター名誉教授）
「日本資本主義の功罪」／橘木俊詔（京都女子大学客員教授）
「日本が目指す社会像～大平構想を踏まえて」／福川伸次（東洋大学理事長）
13：40　講演「自然と伝統と文明が響き合う社会へ」
「美味し国・ニッポン」／近藤誠一（地球システム・倫理学会会長，元文化庁長官）
「美しき日本を求めて」／アレックス・カー（観光立国，美しい景観の提唱者・実践者，東洋文化研究者）
「和の国・しなやかな日本列島」／藻谷浩介（日本総合研究所調査部主席研究員）
「究極の生き残り作戦～循環システムの構築」／星野恵美子（那須野ヶ原土地改良区連合参事）
「ホームレス状態を生み出さない日本へ」／川口加奈（NPO 法人 Homedoor 代表）
「日本をほぐす」／堀内正弘（多摩美術大学教授，コミュニティスペース“シェア奥沢”主宰）
16：30　総括パネルディスカッション「岩倉使節団の世界史的意義と地球時代の日本の未来像」／モデレーター：泉三郎，パネリスト：芳賀徹，保阪正康，近藤誠一，アレックス・カー，橘木俊詔，塚本弘（会理事，実行委員長）
18：55　閉会／塚本弘　**【19：00終了】**

近藤誠一（こんどう・せいいち）　**第23章・第24章**

1946年　神奈川県生まれ。

1971年　東京大学教養学部卒業。

外務省，ユネスコ日本政府代表部大使，駐デンマーク大使，文化庁長官などを経て，

現　在　近藤文化・外交研究所代表。

主　著　『FUJISAN 世界遺産への道』毎日新聞社，2014年。

『世界に伝える日本のこころ』星槎大学出版会，2016年。

アレックス・カー（Alex Arthur Kerr）　**第24章**

1952年　アメリカ・メリーランド州生まれ。

1977年　オックスフォード大学ベリオール・カレッジ修了。

現　在　東洋文化研究者，著述家。

著　作　『美しき日本の残像』新潮社，1993年／朝日文庫，2000年。

『ニッポン景観論』集英社新書，2014年。

橘木俊詔（たちばなき・としあき）　**第24章**

1943年　兵庫県生まれ。

1973年　ジョンズ・ホプキンス大学大学院（Ph. D.）。

京都大学経済学部教授，同志社大学経済学部教授などを経て，

現　在　京都女子大学客員教授，京都大学名誉教授。

主　著　『日本人と経済――労働・生活の視点から』東洋経済新報社，2015年。

『21世紀日本の格差』岩波書店，2016年。

塚本　弘（つかもと・ひろし）　**第24章**

1946年　滋賀県生まれ。

1968年　京都大学法学部卒業。

経済産業省大臣官房審議官，日本貿易振興機構（JETRO）副理事長などを経て，

現　在　米欧亜回覧の会副理事長，貿易研修センター顧問。

マーティン・コルカット（Martin Collcutt） **第19章**

1939年　イギリス・ロンドン生まれ。
1975年　ハーバード大学大学院博士課程修了。
　　　　プリンストン大学教授などを経て，
現　在　プリンストン大学東洋学部名誉教授。
主　著　*Five Mountains: the Rinzai Zen Monastic Institution in Medieval Japan*, Harvard University Press 1981.

保阪正康（ほさか・まさやす） **第20章・第24章**

1939年　北海道生まれ。
1963年　同志社大学文学部卒業。
　　　　出版社勤務を経て，著述活動に。日本ペンクラブ国際委員など歴任。
　　　　「昭和史を語り継ぐ会」を主宰。
現　在　作家，評論家。
主　著　『昭和陸軍の研究（上・下）』朝日新聞社，1999年／朝日文庫，2006年。
　　　　『ナショナリズムの昭和』幻戯書房，2016年。

五百旗頭真（いおきべ・まこと） **第21章**

1943年　兵庫県生まれ。
1969年　京都大学大学院法学研究科修士課程修了。
　　　　神戸大学大学院法学研究科・国際協力研究科教授，防衛大学校長などを経て，
現　在　兵庫県立大学理事長。
主　著　『占領期――首相たちの新日本』読売新聞社，1997年／講談社学術文庫，2007年。
　　　　『大災害の時代』毎日新聞出版，2016年。

山折哲雄（やまおり・てつお） **第22章**

1931年　岩手県生まれ。
1959年　東北大学大学院文学研究科博士課程単位取得退学。
　　　　国際日本文化研究センター所長などを経て，
現　在　国際日本文化研究センター名誉教授，国立歴史民族博物館名誉教授。
主　著　『近代日本人の美意識』岩波書店，2001年。
　　　　『日本文明とは何か――パクス・ヤポニカの可能性』角川書店，2004年／角川ソフィア文庫，2014年。

多田直彦（ただ・なおひこ）　**第15章**

1938年　大阪府生まれ。
1960年　同志社大学文学部卒業。
　　　　イオン株式会社などを経て，
現　在　同志社大学良心学研究センター研究サポーター，東京新島研究会幹事，米欧亜回覧の会幹事。
主　著　「新島襄と「梅」」『新島研究』第104号。
　　　　「『良心教育』におけるパスファインダーの活用」『新島研究』第105号。

畠山朔男（はたけやま・さくお）　**第16章**

1940年　宮城県生まれ。
1964年　同志社大学経済学部卒業。
　　　　東通株式会社，丸紅株式会社，丸紅メタル常務取締役などを経て，
現　在　一般財団法人気仙沼サポート・ビューロー代表理事，米欧亜回覧の会幹事。

西井易穂（にしい・やすほ）　**第17章**

1934年　徳島県生まれ。
1960年　大阪大学大学院薬学研究科修士課程修了。
　　　　中外製薬株式会社，同応用研究所長，同取締役などを経て，
現　在　医学博士，米欧亜回覧の会会員。
主　著　『うまし国伊勢の偉人たちと歴史漫歩』風詠社，2010年。
　　　　『万葉集から大化の改新と明治維新の心を探る』ブックウェイ，2017年。

村井智恵（Tomoe Murai Scanlan）　**第18章**

1961年　東京都生まれ。
1980年　東京都立工芸高校デザイン科卒業。
現　在　米欧亜回覧の会会員。シカゴ在住。

五百旗頭薫（いおきべ・かおる）　**第19章**

1974年　兵庫県生まれ。
1996年　東京大学法学部卒業。博士（法学）（東京大学）取得（2011年）。
現　在　東京大学大学院法学政治学研究科教授。
主　著　『条約改正史――法権回復への展望とナショナリズム』有斐閣，2010年。
　　　　『大隈重信と政党政治――複数政党制の起源　明治十四年-大正三年』東京大学出版会，2003年。

吉原重和（よしはら・しげかず）**第９章**

1947年　東京都生まれ。

1970年　電気通信大学応用電子工学科卒業。

　　　　日本ビクター株式会社勤務を経て，

現　在　自営技術コンサルタント，米欧亜回覧の会幹事。

主　著　「新島襄と吉原重俊（大原令之助）との交流」『新島研究』第104号。

赤間純一（あかま・じゅんいち）**第10章**

1953年　東京都生まれ。

1980年　東京都立大学大学院中退。

現　在　学習塾代表，米欧亜回覧の会会員。

芳野健二（よしの・けんじ）**第11章**

1940年　京都府生まれ。

1963年　京都大学経済学部卒業。

　　　　新日本製鉄勤務を経て，

現　在　吉祥寺雑学大学など市民教室講師，米欧亜回覧の会会員。

主　著　「木戸孝允――悩める国家プランナー」米欧亜回覧の会編『岩倉使節団と米欧回覧実記』。

根岸　謙（ねぎし・けん）**第13章**

1986年　埼玉県生まれ。

2018年　東北大学大学院法学研究科修了。博士（法学）。

現　在　東北大学大学院法学研究科助教，米欧亜回覧の会会員。

主　著　「スウェーデンにおける高齢者の住まいに関する法制――居住に関する権利関係を中心として」『東洋法学』59巻２号（2016年１月）（太矢一彦教授との共著）。

大森東亜（おおもり・とうあ）**第14章**

1942年　東京都生まれ。

1966年　明治大学商学部卒業。

　　　　明治大学職員，ニューヨーク大学客員研究員などを経て，

現　在　米欧亜回覧の会会員。

主　著　「岩倉使節団と米欧高等教育回覧――十九世紀米欧高等教育モデルと日本モデル形成」米欧亜回覧の会編『岩倉使節団と米欧回覧実記』。

岩崎洋三（いわさき・ようぞう）　**第5章**

1940年　東京都生まれ。

1963年　国際基督教大学教養学部卒業。

三菱銀行国際部・代々木上原支店長，ダイヤモンド抵当証券株式会社取締役，財団法人統計研究会理事・事務局長を経て，

現　在　米欧亜回覧の会理事。

主　著　「フルベッキ――明治新政府の顧問に招聘され，日本の近代化に貢献した宣教師」『涼川会文集』第2巻第1号，2013年4月。

吹田尚一（すいた・しょういち）　**第6章**

1933年　福井県生まれ。

1955年　早稲田大学第一政治経済学部卒業。

財団法人三菱経済研究所研究員，株式会社三菱総合研究所常務取締役，敬愛大学国際学部教授を経て，

現　在　米欧亜回覧の会顧問。

主　著　『西洋近代の「普遍性」を問う――「開かれた歴史主義」のための研究ノート』新評論，2006年。

『近現代日本の興隆と大東亜戦争――戦争を無くすことができるのか』文眞堂，2014年。

小野寺満憲（おのでら・みつのり）　**第7章**

1937年　満州チチハル生まれ。

1960年　東北大学工学部卒業。

荏原製作所，同袖ヶ浦工場取締役工場長などを経て，

現　在　技術士会の翻訳センターに所属。米欧亜回覧の会会員。

主　著　「ターボ機械のロシア語技術資料展望」『ターボ機械』1999年12月。

『ヒューマンロボティクス――神経メカニクスと運動制御』丸善出版，2017年。

桑名正行（くわな・まさゆき）　**第8章**

1931年　福岡県生まれ。

1954年　東京大学法学部卒業。

三井物産株式会社勤務，明海大学・秀明大学非常勤講師を経て，

現　在　米欧亜回覧の会顧問。

主　著　「鎖国論管見　徳川鎖国の実態」明治大学教養論文集（2002年）。

「北方領土と深川の四傑」（江東区教育委員会入選作）。

執筆者紹介（執筆順，＊は編者）

＊泉　三郎（いずみ・さぶろう）　**まえがき・第３章・第19章・第24章**

編者紹介欄参照。

芳賀　徹（はが・とおる）　**第１章・第19章・第24章**

1931年　山形県生まれ。
1960年　東京大学大学院比較文学比較文化専攻博士課程修了。文学博士。
東京大学教養学部教授，国際日本文化研究センター教授，京都造形芸術大学学長，岡崎市美術博物館館長，静岡県立美術館館長などを経て，
現　在　国際日本文化研究センター名誉教授，東京大学名誉教授。
主　著　『平賀源内』朝日新聞社，1984年／朝日選書，1986年。
『絵画の領分——近代日本比較文化史研究』朝日新聞社，1984年／朝日選書，1990年。

小野博正（おの・ひろまさ）　**第２章・第12章・第19章・資料**

1941年　山梨県生まれ。
山梨県立巨摩高校卒業。
日本郵船勤務，同ベトナム主席駐在，三協運輸（現・三協）常務取締役を経て，
現　在　米欧亜回覧の会理事（歴史部会担当）。
主　著　「大隈重信と佐賀藩」「岩倉使節団をめぐる三つの謎」米欧亜回覧の会編『岩倉使節団と米欧回覧実記』。

M・ウィリアム・スティール（M. William Steele）　**第４章・第19章**

1947年　アメリカ・カリフォルニア生まれ。
1976年　ハーバード大学大学院博士課程修了（Ph. D.）。
ハーバード大学講師，国際基督教大学教授などを経て，
現　在　国際基督教大学名誉教授。
主　著　『もうひとつの近代』ぺりかん社，1998年。
『鏡のなかの日本と韓国』共編，ぺりかん社，2000年。

《編者紹介》

米欧亜回覧の会（Iwakura Mission Society）

「岩倉使節団」とその記録『米欧回覧実記』に関心を抱く人々の集まり。この歴史的な大いなる旅とエンサイクロペディア的見聞録『実記』はまさに温故知新の宝庫であり，これを素材に歴史を学び，現代が直面する諸問題についても自由に語り合う会。設立は1996年。５周年記念と10周年記念には国際シンポジウムを開催し，その記録は『岩倉使節団の再発見』（思文閣出版，2003年），『世界の中の日本の役割を考える――岩倉使節団を出発点として』（慶應義塾大学出版会，2009年）として刊行。

泉　三郎（いずみ・さぶろう）

1935年　東京都生まれ。

1959年　一橋大学経済学部卒業。不動産業などの経営を経て著述活動。

1976年から　岩倉使節団の足跡をフォローし，約８年で主なルートを辿り終える。

現　在　特定非営利活動法人「米欧亜回覧の会」理事長。ノンフィクション作家。

主　著　『新・米欧回覧の記』ダイヤモンド社，1987年。

『米欧回覧120年の旅』図書出版社，1993年。

『堂々たる日本人――知られざる岩倉使節団』祥伝社，1996年。

『岩倉使節団――誇り高き男たちの物語』祥伝社，2012年。

他にDVD「岩倉使節団の米欧回覧」（２枚組）を制作。

岩倉使節団の群像
――日本近代化のパイオニア――

2019年２月10日　初版第１刷発行　〈検印省略〉

定価はカバーに
表示しています

編　者　米欧亜回覧の会
　　　　泉　三　郎
発行者　杉　田　啓　三
印刷者　田　中　雅　博

発行所　株式会社　ミネルヴァ書房
607-8494　京都市山科区日ノ岡堤谷町１
電　話　(075) 581-5191（代表）
振替口座・01020-0-8076番

創栄図書印刷・新生製本

ISBN978-4-623-08400-5
Printed in Japan

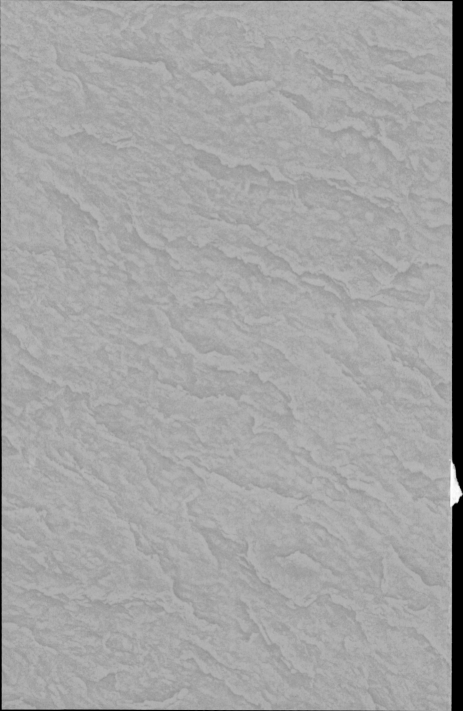

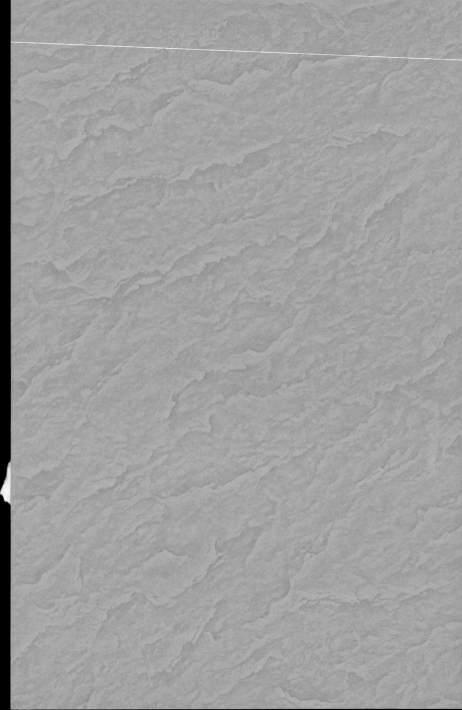